柴泽俊年谱

山西省古建筑与彩塑壁画保护研究院　编著

文物出版社

图书在版编目（CIP）数据

柴泽俊年谱／山西省古建筑与彩塑壁画保护研究院编著. -- 北京：文物出版社，2023.9

ISBN 978-7-5010-8191-2

Ⅰ.①柴… Ⅱ.①山… Ⅲ.①柴泽俊（1935-2017）-年谱 Ⅳ.①K826.16

中国国家版本馆 CIP 数据核字（2023）第 177727 号

柴泽俊年谱

编　　著：山西省古建筑与彩塑壁画保护研究院

责任编辑：窦旭耀
封面设计：王晓明
责任印制：王　芳

出版发行：文物出版社
社　　址：北京市东城区东直门内北小街 2 号楼
邮　　编：100007
网　　址：http://www.wenwu.com
经　　销：新华书店
印　　刷：宝蕾元仁浩（天津）印刷有限公司
开　　本：787mm×1092mm　1/16
印　　张：17.75
版　　次：2023 年 9 月第 1 版
印　　次：2023 年 9 月第 1 次印刷
书　　号：ISBN 978-7-5010-8191-2
定　　价：160.00 元

1955 年，柴泽俊与母亲在太原晋祠合影

2009 年，柴泽俊与夫人李英珍女士合影

柴泽俊（右一）与李正云、祁英涛、姜怀英、陆寿麟勘察南禅寺大殿

1973年7月，柴泽俊（右一）向专家汇报南禅寺大殿周围发掘情况

1973 年 8 月，柴泽俊（中间讲话者）现场汇报南禅寺大殿修缮设计方案

柴泽俊（中）与日本学者田中淡
等研究应县木塔加固保护技术

柴泽俊考察运城汉代陶楼

柴泽俊（中）在西藏与布达拉宫修缮方案专家组合影

柴泽俊（中）讲解万荣飞云楼模型

柴泽俊同日本古建专家勘察太原晋祠圣母殿

柴泽俊（中）研究太原晋祠圣母殿前木雕盘龙的加固方法

柴泽俊在罗马古代拱门遗址

柴泽俊应国家文物局邀请在山东泰安为全国古建筑培训班讲学

柴泽俊实地考察应县木塔暗层残损情况

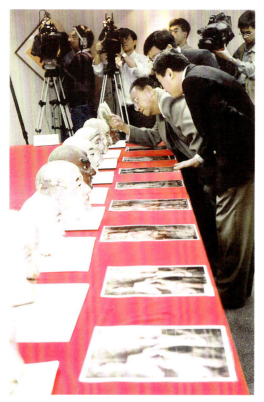

柴泽俊用高倍放大镜鉴别回归的
罗汉头像

柴泽俊在大同华严寺考察塑像

柴泽俊（左一）与国家文物局副局长郑欣淼（中）勘察应县木塔

柴泽俊与原建设部副部长、两院院士周干峙勘察应县木塔

柴泽俊（右一）与古建筑专家郑孝燮（中）、张锦秋勘察应县木塔

柴泽俊考察五台山佛光寺

柴泽俊考察五台山佛光寺

2000年10月，柴泽俊（右一）与吴良镛先生勘察应县木塔

柴泽俊在永乐宫迁建过程中所写《关于新址问题》《永乐宫迁建工程方案》及《工作报告》

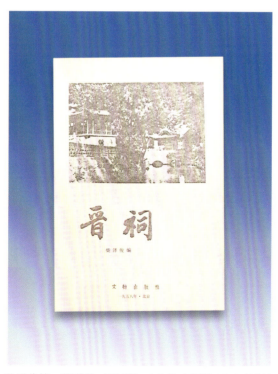

柴泽俊第一部著作《晋祠》（文物出版社 1958 年版）

柴泽俊部分著作书影

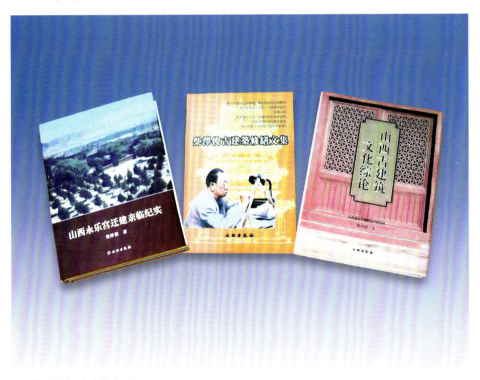

柴泽俊部分著作书影

柴泽俊部分著作书影

柴泽俊部分著作书影

目　录

柴泽俊年谱 · 家世

柴泽俊出生在山西省临汾市东宜村。

临汾地处山西南部，居古平水之阳，又是尧舜之都，故亦称尧都平阳。东宜村在临汾市西四十里，汾水西侧。再往西便是吕梁山脉的一座山峰，叫姑射山，主峰称平山，山之泉为平水。与它相邻的村庄是西宜、刘村、界峪、段村、西马册等四五十个村庄，共同位于以临汾市为中心向东、向南延伸的一块平原上。

东宜村三百多户，主要由柴、李、孙、郭四个姓氏组成，柴姓为大户家族。

曾祖父柴百朋，生于1850年，养育四个儿子：长子作栋、次子作梅、三子作梁、四子作庭。祖父柴作梅生于1880年，读了几年私塾后，便跟着乡村里的一位中医学习，后来在村子里开了一间药铺。25岁时与邻村姑娘结婚。他为人和善，乐于助人，在十里八乡口碑很好，人称"东宜药铺主人"，家境较为宽裕。

柴作梅有四个孩子，两儿两女：长女延弟，长子延盛，次女延桃，幼子延英。

柴泽俊的父亲柴延盛1908年出生，于1925年考上山西大学堂。学校的教育理念是新潮的，经过五四运动的洗礼，马列主义得到传播。山西的工人、农民、学生运动蓬勃开展，高君宇、彭真等共产党人成立了山西学生联合会，发动了民权运动、反帝运动、反基督教运动。这对正在读书的延盛产生了极大的影响，每次放假回乡，他都给这个古老而闭塞的乡村带来许多新的信息。延盛努力学习，考试几乎是"榜榜第一"。1929年7月他带着"六榜第一"的牌匾回到家乡，同年娶邻村比他小一岁的孙氏为妻。1930年，柴泽俊的哥哥柴文俊出生。这一年蒋、冯、阎中原大战，晋南、河南、陕西一带天逢大旱。延盛去山东一家矿业公司做事。1933年，延盛20岁的弟弟延英被拉了"壮丁"。柴泽俊的两个姑姑延弟和延桃先后出嫁到邻村，家中只留下柴泽俊的祖父、祖母、母亲和比他大四岁的哥哥。

1934 年 10 月 4 日拂晓,谱主柴泽俊出生,祖父给他取乳名为僧郎。

1936 年 9 月,延盛回家乡住了几日,说是要到晋中一带办事,带了点行李就走了。开始还有书信寄到家里,后来音信皆无。1937 年 5 月,家人得到消息,延盛病故,年仅二十九岁。家人未见到尸首,一个月后同乡捎回延盛的遗物。祖父柴作梅看到延盛的遗物,几件衣物、一支笔、几个笔记本,还有两本泛黄的油印小册子,分别是《列宁选集》和《陈独秀文集》。

1937 年冬天,柴作梅老人因劳累过度亡故于避难的参峪山上,年仅五十七岁。

自此柴泽俊和哥哥柴文俊便同母亲相依为命,度过了最艰难的童年岁月。

表一 柴泽俊家族谱系

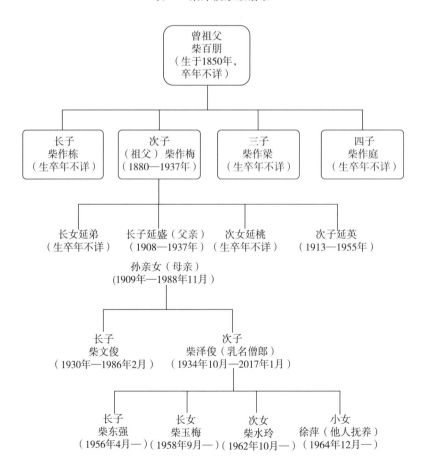

柴泽俊年谱 · 苦难岁月

1934 年　甲戌

10 月 4 日，出生于山西临汾市东宜村一个普通农民家庭。本名柴泽俊，乳名僧郎。是巧合还是天缘，他的乳名竟与他今后一生的古建事业相连。

1935 年　乙亥　周岁

春，父亲延盛去山东矿业做事，母亲带着他和哥哥居住在东宜村。祖孙三代同住在祖上留下的四合院内。失散多年被拉去做壮丁的叔叔延英回到临汾，是某保安团的班长。

1936 年　丙子　二岁

9 月，叔叔延英成家，与他们同住大院内。

九·一八事变五周年，山西太原海子边成立"山西牺牲救国同盟会"。父亲由太原回家小住几日，后又到晋中办事，几封书信后再无消息。

1937 年　丁丑　三岁

5 月，传来父亲延盛病故的消息。父亲时年二十九岁，全家人悲痛欲绝。

6 月，同乡捎回父亲延盛的遗物。

7 月 7 日七七事变，中国人民的全面抗战开始。

9 月 13 日大同沦陷。

10 月 26 日娘子关失守。

11 月 2 日忻口战役结束，8 日太原沦陷，24 日阎锡山到达临汾。刘少奇率领的中共中央北方局由太原转移到临汾刘村镇。第二十八集团军总部移至临汾。

同月，祖父带着柴氏家族搬到临汾市西二十里距东宜村几十里地的参峪村避难。

12月末，祖父柴作梅去世，年仅五十七岁。这一年祖父承受着失去儿子的痛苦，肩上压着三代人生活的重担，再加上时局动荡，设在村子里的药铺也倒闭了。心力交瘁的他离开了这个使他牵挂不尽的世界。带着家人来参峪村避难是他做出的最正确的选择。柴氏族人在这里一住便是八年，直到抗战胜利。

1938 年　戊寅　四岁

2月28日，日军攻占临汾。晋绥军、八路军撤走。日军在刘村镇修建据点，驻一个团兵力。

哥哥文俊带着柴泽俊在参峪村拾柴火，帮母亲做家务。

1939 年　己卯　五岁

春，一天他和哥哥拾柴回来看到母亲哭泣，他依偎在母亲身边说："我不会惹你生气。"母亲抱着他哭了。事后母亲告诉哥哥说："叔叔要赶我们走。"

1940 年　庚辰　六岁

秋，他常常半夜醒来看到母亲依然在油灯下织补纺线。这一幕几十年后柴泽俊依然清晰记得。延英叔叔多次逼母亲改嫁，目的是霸占东宜村一排青砖窑洞和三亩耕地。

一天，两个生人把他和哥哥一起关进了山沟里的一座土窑。他们看见妈妈也被关在离他们不远的窑洞里，是叔叔关的。哥俩叫喊着，可叔叔根本不理他们。哥俩整整一天没有吃饭、喝水，哥哥对他说："叔叔要饿死咱们。"两个不到十岁的孩子没有力量挣扎，他们不明白为什么亲叔叔会下如此毒手。后来两个孩子连哭的力气都没有了。不知过了多久，村里的人才点着火把找到他们。这件事在他俩幼小的心灵留下了难以修复的创伤。他们认为叔叔是天底下最坏的人。

后来叔叔不再逼母亲改嫁了，而母亲更坚定了誓不改嫁的决心，这两个孩子就是她的希望。

1941 年　辛巳　七岁

秋，柴泽俊已到读书年龄。参峪村村长是个读过书的开明人士，也最懂文化的重要。柴家来避难的第二年，村长就在半山腰的两眼破窑洞里垒了书桌和讲台，请城里的老师讲课。哥哥断断续续一直在上学。

村长按年龄把他们（包括附近村子里的孩子）分成三个班，每个班八九个学生，哥哥在大班，他在小班，自此开始读书识字。

1942 年　壬午　八岁

战乱年代老师不好找，上课总是不稳定，短短几个月就换了好几任老师。但他仍然认真完成作业，学习成绩一直名列前茅，授课的老师很喜欢他。

1943 年　癸未　九岁

这一年仍在参峪村读书。秋天，母亲得了伤寒，连续数天高烧，滴水未进。哥哥回东宜村找中药，他跪在母亲床边照料，一直到哥哥买药归来。几天后母亲才渐渐好转。

1944 年　甲申　十岁

春，参峪村长再也找不到愿意来教书的老师，无奈就与附近几个村长共同组织办学，学校设在参峪村西侧的姑射村。

去姑射村有大道可走，但由于日军的封锁，只能从参峪村的山谷底沿一条弯曲的小道去姑射村。这条路阴森、坑多，常有野兽出没，但为了读书也只好这样，幸好有村长的儿子李官印与他同岁，正好相伴读书。

其时，哥哥已 14 岁，不再上学，在家帮母亲干活。

他常在回家路上拾一些柴禾，每天背回一小捆，可换一小碗玉米面。一次放学后母亲给哥俩做了两碗汤面，说是汤面，其实汤多面少，可这是一年中很少能吃到的，太香了。他很快就吃完了自己这一小碗，哥哥还没回来，他情不自禁地拿起勺子喝了一口哥哥那碗的汤，母亲见了说："你就吃一口吧。"他强忍口水说："不，给哥哥吃。"这是他记忆中最清晰的一次"奢侈"的享受。

秋天，学校来了一位新老师，他的教学方法很独特，常常带学生们去野外。一次，大家在参峪沟底观赏沟坡上的野生植被，看到星星点点的红叶夹在郁郁葱葱的山坡上，点缀着两侧的山梁。老师指着红叶问同学，谁能用一句诗来形容此景，小泽俊脱口说出"霜叶红于二月花"，老师说这是杜牧诗中的一句。

泽俊突然看到草丛中有跳跃的蚱蜢，便和几个小同学去逮，终于逮住一只，让老师看，老师指着蚱蜢说："同学们，秋天一过，蚱蜢的生命也就结束了。现在占领我们刘村镇的日本人就像这只蚱蜢一样，蹦跶不了多久了。还有一首词，其中有一句，请同学们记住：'只恐双溪舴艋舟，载不动，许多愁。'舴艋舟是一种像蚱蜢一样的小船，写这句词的人叫李清照。"

柴泽俊在晚年回忆说："这种启发式联想教学方法教给了我善于思考的学习方法，影响了我的一生。"

1945 年　乙酉　十一岁

春，在校读书。

夏，停课数周，回村在家里干农活。

8 月，得知日本人投降的消息。族人开始安排返回东宜村的事宜。

同月，柴氏家族的大多数都已返回东宜村，他们一家因祖母生病未能返回。柴泽俊仍旧在参峪村居住，在姑射村上学，感觉周围的环境开始变得宽松。

1946 年　丙戌　十二岁

3 月，祖母没能走出参峪村，伴着祖父长眠于此。

月末，他们一家返回了阔别八年的乡村——东宜村。

到 6 月，柴泽俊在东宜村小学已读了一个学期。8 月，听说距东宜村五六里的界峪村学校办得好些，母亲就决定让他去上这所学校。在这里他读小学四年级第一学期。

11 月，国共战争的烽烟已蔓延至晋西、晋南地区，办学八十四年的界峪村学校被撤销。愿意继续读书的学生被安排在刘村学校，他选择了继续上学读书。

1947 年　丁亥　十三岁

继续在刘村小学读书。是年临汾战役展开，晋绥军 3 万人被解放军 10 万人包围在城中。

1948 年　戊子　十四岁

5 月 17 日，临汾城被解放军攻破。

6 月底，柴泽俊在刘村学校读完小学五年级的课程。由于成绩突出，他被刘村学校推荐到北刘村初级中学读初中一年级。

7—8 月，在北刘村初级中学读书。

10 月，柴泽俊继续读初一。

校党支部书记牛沼勋要带一批新入团的青年随部队南下做地方工作。报名的有十七八个，有的是家里同意的，也有没告诉家里人偷偷出走的。柴泽俊也报了名，但没敢同母亲商量。一同报名的还有同村的邓文年，两人同岁，邓文年是家里同意去的。

10 月 31 日，他们一行不到二十人，携带了简单的随身物品，在牛沼勋的带领下绕经段村，到襄陵县稍事休息，继续向古城镇赶去。柴泽俊第一次走这么远的路，心里既兴奋又担忧。兴奋的是自己大了，可以到外面闯荡了，他想去见世面，等到了南方站住脚再来接母亲；担忧的是自己偷着出来，如果母亲知道，让不让去是一回事，母亲肯定着急，该怎么办？他有点后悔，不如先向母亲说清楚再走，可万一家里不同意，自己岂不错过这次机会了？他的脚步沉重起来，到古城镇有三十多里的路程，他随着别人跌跌撞撞往前走。这段路就像是永远走不完一样，很长很长。童年的往事以及生活在参峪村的那些艰苦的日子浮现在脑海里，他想到母亲含辛茹苦把兄弟俩拉扯大，并供他上学，现在母亲还生活在贫困的村里，自己岂能一走了之。这一走，家里就剩下母亲和哥哥两人，该是多么孤单和寂寞啊。自己应该帮着哥哥给家里干活，让生活好起来。一路走着一路想，不觉天就黑了，他们在古城镇住了一晚。

11月1日，继续赶路。下一站是新绛县。这一天，他感到头胀痛得厉害，胸口憋得喘不过气来，两腿发软，一天也没有吃东西。好不容易走到新绛县，便在南关的一个小客栈住下，很快昏昏睡去……朦胧中，听到哥哥的声音，在耳边说些什么。他努力使自己睁开眼睛，但怎么也睁不开，脸颊滚烫，喉咙里似乎有什么东西，就是吐不出来。

11月2日上午他才醒来，只见哥哥坐在身边，生气而又疼爱地责备他，是母亲听到邻居邓文年的家人说起，才知道这事。哥哥说，小泽俊必须回家。牛沼勋看到他烧成这个样子，已不能再走，时间又紧，便同意留下他，带着其他人走了。哥哥带着他回到东宜村。

是月，柴泽俊回到家乡，辍学务农。

1949年　己丑　十五岁

1月，哥哥文俊娶妻成家。泽俊种地、运肥、砍柴，和母亲相伴为生。

是年，当地开始土改。他们家的财产主要是父亲留下的三亩地和一幢北房，没有雇工，没有牲畜和像样的农具，因此阶级成分被定为上中农，即富裕中农，属于革命团结对象。

1950 年　庚寅　十六岁

春节期间，泽俊开始和哥哥一起学蒲剧、锣鼓。锣鼓那铿锵激越的鼓点，使他对家乡这块土地的情感得以抒发。哥俩最拿手的鼓点是《过桥》和《打铁》。

5 月，临汾蒲剧团来东宜村演戏。蒲剧团有几位名演员，剧团团长王存才还是山西省政协委员。哥俩跟着他学戏，喜欢演的剧目有《血泪仇》《小二黑结婚》《小女婿》等。哥俩跟着剧团走村串乡，最熟悉的戏台是临汾魏村牛王庙戏台，这也为他日后研究平阳地区戏台培养了感情基础。村里这些文艺活动，陶冶了哥俩的情操，培养了他敏捷的思维和牢固的记忆力，锻炼了口语表达能力，丰富了他的词汇。

1951 年　辛卯　十七岁

是年，仍在家乡务农。当时在东宜村一带负责土改工作的领导叫仝云（仝云曾在共青团山西省委工作，后来担任过太原市委书记）。仝云很喜爱这个年轻人，经常给他安排一些工作，柴泽俊都积极肯干。

1952 年　壬辰　十八岁

春，仝云调回太原，临行前叮嘱柴泽俊和另一名同乡青年郭武翔去太原找他。

夏，柴泽俊和郭武翔第一次来到太原。他们没有找到仝云，惆怅离去。但此行唤醒了他那颗想要外出闯荡的心，他决心走出山村到省城发展。他明白，要想在大城市立住脚，就得学习专业技能。

初秋，柴泽俊说服了母亲，来到临汾市，开始参加各种技能培训。他先后学习掌握了木工和瓦工技能。

1953 年　癸巳　十九岁

秋，柴泽俊参加了为期半年的财会培训班及临汾市委举办的党史培训班，学习了中共党史、苏联布尔什维克党史、政治经济学和哲学等，第一次受到粗浅的思想理论教育。

柴泽俊年谱 · 成长阶段

1954 年　甲午　二十岁

1 月中旬，"财务培训班""党史班"结业。

月底，他带着自己制作的一对小椅子回到杶里。

2 月 3 日，春节，与母亲及哥嫂一起过节。向家人表示再次到太原的意愿。

母亲告诉他，父亲生前有一个朋友，早年在山西博物馆工作，让他试着找找。

18 日，他第二次来到太原。找到父亲的朋友徐德俊先生。徐先生引荐给太原市博物馆馆长高寿田先生。

3 月 1 日他开始在太原市博物馆做临时工。

9 月初，又由高寿田先生安排到晋祠文物管理所（简称晋祠文管所）做临时工。当时，太原市房产公司工程队正在晋祠修缮献殿。工地需要工人。他的工作是筛石灰、淋灰、拉沙、挖土方、堆石料等体力工作。

16 日，工长王田圆问柴泽俊："小柴，你会不会计算堆在一起的石材石料的重量和体积？我们需要在采购和运送时作财务核算及车辆安排。"他于是开始承担此项工作。到月末，柴泽俊对这批石材石料计算准确，安排合理。处理完毕后，工长很高兴，安排他专事材料工具管理和土方运输工作。

10 月初，随着工程进展，献殿落架拆卸工作开始。他主要负责被拆下的建筑构件的登记编号、分类码放、检修加固、进度汇报及安全管理工作。作为该工程工地施工员，他开始接触古建筑构件，如柱础、斗栱、梁架、榫卯等；初步懂得了台基、屋身、屋顶是构成单体建筑的三个组成部分；初步学习了建筑物的平面图、立面图、断面图等建筑术语和施工图纸。这些对于只有小学文化程度的柴泽俊来说，是艰涩的、新鲜的，却又具有强烈的吸引力。

10 月中旬，北京文物保护科学技术研究所工程师祁英涛、杜仙洲专程赴太原晋祠现场指导献殿落架翻修。柴泽俊抓住这个机会学习，两位专家走到哪儿，他就跟随到哪儿。白天，他认真听取指导意见，详细记录专家讲述的修缮程序、技术方法，对古建筑的专业术语、建筑特征、形制等方面不理解的内容，都积极主动地向专家请教。晚上凭记忆将理解的和不理解的都记入笔记，不理解的内容第二天再接着问。两位专家看他勤奋好学，便推荐他阅读《营造法式》和《清工部工程作法则例》。

柴泽俊在《从事古建筑调研保护四十五年小忆》一文中，对他本人初学这两部"文法课本"时的情景这样回忆：

> 从公元 1954 年参加太原晋祠献殿落架翻修工程开始（我当时二十岁），迄今已经四十五年了。初踏入社会，在思想上和知识领域中犹如一张白纸，一无所有。在晋祠献殿修缮期间，适逢著名古建筑专家祁英涛、杜仙洲等现场指导，指点迷津。从此，我便与古建筑等地上文物结下了不解之缘。
>
> ……
>
> 宋《营造法式》和《清工部工程作法则例》是古建筑工作者必读的两部文法课本。我最初接触这两部书时，犹如"天书"一般，深奥难懂，名词、术语不解。无奈，只得对照实物，阅读别人发表过的古建筑文章，识别其部件、结构和造型艺术，逐步领略其建筑风韵，然后再去学习宋《营造法式》和《清工部工程作法则例》。虽然也还有艰涩之处，但收效较前显著多了。①

11 月末献殿修缮工程暂时停工。

12 月，已经升任山西省博物馆副馆长的高寿田承担了设计制作"太原市规划模型"的任务，柴泽俊被调去做辅助性工作。白天他十分留意大工匠们所做的每一个细小模型的程序、造型、彩画，晚上在油灯下将白天所学到的知识整理成笔记。从这一时期起，白天工作，晚上整理一天的工作笔记，遇到问题第二天再去请教，这样的工作学习方式逐渐成了他的习惯，尤其是在永乐宫迁建的八年中。

是年 10 月，李希凡、蓝翎《关于〈红楼梦简论〉及其他》一文引起全国范围内对俞平伯《红楼梦简论》的批判，进而引向对胡适"资产阶级唯心主义"的批判。从这时候起，国内的各类政治运动便

---

① 柴泽俊《柴泽俊古建筑修缮文集》，文物出版社，2009 年，第 397 页。

逐渐多起来了。

1955 年　乙未　二十一岁

1 月，柴泽俊在参与设计制作"太原市规划模型"的工作中，经过大工匠们的指导，掌握了对模型构件编号、测量和计算尺寸的方法，并学会了木制附件的制作与搭套。尽管是第一次接触，但两年前学到的木工技术使他具备了一定的基础，很快就掌握了要领。这项工作历时三个月，于 2 月底结束。

3 月 1 日，时任山西省委副书记郑林指示，要在晋祠背后的悬瓮山植树。

同日，母亲由临汾来到晋祠，安排柴泽俊的结婚事务，两人照了合影。

5 日，省林业局一支测量队伍来到晋祠，与已完工准备撤离的模型设计制作人员同住一个院子。测量队的任务是在山上测定每棵树的位置、角度、经纬度等，以保证种植的树在坡度很大的坡面上保持垂直，目的是改善晋祠周边的环境，以衬托晋祠庙宇。

6 日，从这天起，一直到测量队工作结束，柴泽俊每天早上七点帮着他们用肩扛人拉的方式搬运测量仪器上山，晚上再搬回大院。他利用这个机会在技术人员指导下学习操作测绘仪器，学会了测量高程、斜角、垂直等多种测绘技术。这些技术在日后的古建测量中都得到运用。

6 月中旬，晋祠献殿复工。

6 月末，绿化测量的工作结束。

7 月 15 日，柴泽俊与比自己小一岁的邻村青城村姑娘李英珍结婚。婚后数天，妻子就回临汾去了。

7 月末，晋祠献殿修缮工程竣工。这是柴泽俊从参加工作就接触到的第一项古建工程。

8 月初，柴泽俊留守晋祠。晋祠文物管理所负责人刘永德先生向上级主管部门山西省文物管理委员会打报告，请求录用柴泽俊。

柴泽俊利用这段闲暇时间，常向晋祠文管所老会计张友椿求教。张友椿时年六十，是晋祠镇人，祖上做过晚清小官。他家中有很多文学、历史方面的藏书，他对晋祠文物和掌故也多有研究。

张友椿向柴泽俊推荐了一些学习材料，如清末学者刘大鹏所撰的《晋祠志》、清乾隆年间刘大櫆的文章《游晋祠记》、唐太宗李世民撰文并书丹的《晋祠之铭并序》碑文拓片、宋太宗赵光义敕建的《新修晋祠铭并序》碑（又名"太平兴国碑"）碑文及清代学者朱彝尊撰写的《游晋祠记》碑文。唐太宗李世民的《晋祠之铭并序》是柴泽俊最喜欢的一篇。其铭云：

> 赫赫宗周，明明哲辅。诞灵降德，承文继武。启庆留名，翦桐颂土。逸翮孤映，清飚自举。藩屏维宁，邦家攸序。传晖竹帛，降灵汾晋。惟德是辅，惟贤是顺。不罚不威，不言而信。玄化潜流，洪恩遐振。沉沉清庙，肃肃灵坛。松低羽盖，云挂仙冠。雾筵霄碧，霞帐晨丹。户花冬桂，庭芳夏兰。代移神久，地古林残。泉涌湍萦，泻砌分庭。非搅可浊，非澄自清。地斜文直，涧曲流平。翻霞散锦，倒日澄明。冰开一镜，风激千声。既瞻清洁，载想忠贞。濯兹尘秽，莹此心灵。狩钦胜地，伟哉灵异。日月有穷，英声不匮。天地可极，神威靡坠。万代千龄，芳猷永嗣。

柴泽俊常以"逸翮孤映，清飚自举"自勉。此句说的是，叔虞孤单地来到唐国，犹如展翅飞翔，出色地治理好唐地，成就了一番事业。他自己也是从农村孤身来到太原，要打拼出一块自己的天地。"惟德是辅，惟贤是顺。不罚不威，不言而信。玄化潜流，洪恩遐振"，以良好的道德和信义立于天地，才能走得更远。

9月，刘永德先生计划编撰一本介绍晋祠历史和景点的游览解说用的小册子，体裁采用"说说唱唱"的文艺形式，按游览顺序，边游边讲。柴泽俊便利用这个机会，一个景点一个景点地听取刘永德先生的讲述。他对照实物，把与景点相关的历史背景、人物事件掌故、遗址考证等相关资料默记于心。

9月10日，南京工学院建筑系主任、建筑大师刘敦桢先生率研究生来太原晋祠现场讲学，主讲山西宋、辽、金时期的建筑。柴泽俊协助教学管理，有机会听课，算是短暂的"系统学习"。但由于刘敦桢先生的南方口音，柴泽俊尽管全神贯注听讲，也有许多没有听清楚的地方。他就利用课余时间，借来别人的笔记整理补齐。

利用刘敦桢先生讲学之机，柴泽俊向先生请教：宋《营造法式》与清工部《工程做法则例》有许多读不懂的内容，自己又没有机会进入学堂进行专业学习，该如何学好古建筑这个专业呢？刘先生也注意到在几天的讲学中，这个年轻人始终坐在前排认真听讲，于是向他推荐梁思成先生在20世纪30年代编写的《清式营造则例》。

刘先生向他介绍："梁思成先生以清工部《工程做法则例》为课本，以参加过清代宫廷营建的匠师们为老师，以北京故宫为标本，并收集了工匠世代祖传的秘本，对清代建筑的营造方法及其则例进行考察研究，运用建筑投影图、实物照片，以生动的文字加以阐释，写出了这么一本书。因此，这部书出版近半个世纪中，一直是中国建筑史界一部重要的教科书。想要升堂入室深入研究，弄懂中国古代建筑的人，都离不开《清式营造则例》这个必经的门径，因为它是一部中国建筑的'文法课本'。"

刘先生还说："前几年，清华大学建筑系翻印了这部书，它是学生学习建筑史和测绘古建筑的主要参考书。你可找来读一读。此外，要对照实物学习。另外还要多看建筑大师们的专业文章，才能弄懂古代建筑。"

对于这一段难得的听课机遇，柴泽俊在其于20世纪90年代末期撰写的《从事古建筑调研保护四十五年小忆》中说：

> 对古建筑等地上文物的调查研究和修缮保护，需要有多学科的专业知识。例如，建筑史、宗教史、雕塑史、绘画史、建筑结构、建筑材料、测绘方法、施工技术、历代建筑特征、历代雕塑和壁画的变迁与风格等都是古建筑工作者必须涉足的知识领域。对于一个仅有三个月初中文化水平的我来讲，在如此诸多的知识面前，可以说是个"文盲"。经过反复思考，这是自己最大的缺陷，但不能就此止步。我坚信世上无难事，只要肯攀登。决不能让这一缺陷变成缺憾。于是便下定决心，利用一切可以利用的时机学习文化，学习各有关学科的专业基础知识，向智者求教（包括技术工人）。……

> 公元1955年，南京工学院建筑系主任、著名建筑史学者刘敦桢先生率研究生到晋祠考察讲学，我趁此良机跟着听课。尽管有一些内容没有完全听懂，但对晋祠古建筑的形制、结构和艺术成就的认识较

前大为提高了。①

10月1日，山西省文物管理委员会（简称省文管会）同意正式录用柴泽俊，试用期为一年。这一天是年轻的共和国的六岁生日，也是柴泽俊一生事业的新起点。

3日，正式入职太原晋祠文管所，做打扫卫生、烧茶炉等服务性工作。文管所编制共五人，所长刘永德，会计张友椿，其余两人为工作人员。

8日，所长刘永德安排柴泽俊兼导游，带参观团队讲解，柴泽俊于是自拟景点讲解提纲。

是月，一天晚上，柴泽俊与晋祠庙内僧人象离大师闲谈。柴泽俊问："有一位北京游客是商业方面的领导，愿意推荐我去北京从事商业工作，我应该去吗？"那时商业属于国营性质，是社会热门职业。

象离大师直视他的眼睛，数分钟后才回答："你如一张白纸，只有在晋祠这样渊源幽深的环境中，才会得到最好的发展。"

象离大师时年六十岁左右，已在晋祠十余年，平时做些杂事。抗战胜利那年，政府曾派人将藏于晋祠北面开化沟风峪洞的一整套《华严经》刻碑运回晋祠，但无人能将这些碑文按顺序整理陈列。象离大师凭借深厚的佛学修养，将这些珍贵的刻石整理出来，在晋祠陈列至今。1957年象离大师任玄中寺主持，成为新中国成立后玄中寺的第一任主持。他多次接待国际佛教友人，一生为我国佛教事业服务。

象离大师似乎与柴泽俊有缘，空余时间常以佛教知识传授。

10月25日，著名雕塑家、中央美术学院雕塑系教授刘开渠先生到太原晋祠和天龙山考察。他对晋祠圣母殿内的四十四尊侍女塑像进行品评，逐一赏析造型、神韵和艺术风格，并在太原湖滨会堂作了一场精彩的学术报告，题为《中国古代雕塑杰出的作品》。柴泽俊去听了刘先生的讲座。那些在他心目中曾经僵直呆板的一尊尊塑像，随着刘先生的点评变得鲜活生动起来，使他对古代雕塑、绘画和宗教都产生了极大兴趣。

三年后（1958年），在他出版的第一本书《晋祠》中完整地记录下刘开渠教授对圣母殿这群侍女塑像的形象评论：

---

① 柴泽俊《柴泽俊古建筑修缮文集》，文物出版社，2009年，第397页。

四十余尊宫女，各有各的特殊形象：身体的丰满与俊俏，脸型的清秀与圆润，各因性格和年龄大小而异；口有情，目有神，姿势自然，各呈现出极不相同的思想感情。全身比例适度，服装鲜艳，衣纹轻快随身体动作而转动。我们站在这些像的中间，不但看见了她们轻巧的行动，彼此的思想感情，似乎可以听见她们清脆的笑声，快乐的言谈，或不乐意的讽言讽语。这是人的社会，令人难忘的抒情的美的境界。这些像在长远的年月中，受到了损坏和低劣的装修，但原作的伟大气魄仍然存在。把她们重新复原，移置于光线合度的陈列室里，她们将呈现出无限美的和愉快的光彩。将惊动雕塑艺术的爱好者，成为古今中外历史上最伟大的雕塑作品之一。①

11 月初，郭沫若先生来晋祠考察。郭先生看到圣母殿侍女像颈部和脚部多有裂纹，像下木基座已局部腐朽，遂向山西省委提出修缮，并建议用石座隔潮。

是年 3 月，在北京召开了中国共产党第八次全国代表大会。邓小平代表中共中央做了《关于高岗、饶漱石反党联盟的报告》，陈云做了《关于中华人民共和国发展国民经济的第一个五年计划草案的决议》的说明。这一年成为发展国民经济第一个五年计划的起始年。5 月，文化战线在全国范围内开展了对"胡风反党集团"的批判。

1956 年　丙申　二十二岁

1 月，这个季节晋祠游客甚少，在日常的管理工作外尚有余暇。一日，柴泽俊前往张友椿先生宅院拜访。他看见先生用工楷摘录的《新修晋祠铭并序》碑（又名"太平兴国碑"）碑文，又见书案上有一叠空白卡片，就顺手拿了两张，抄录如下：

晋祠者，唐叔虞之神也。叔虞承后稷之洪德，衍周武之丕基。炳灵钟异，则有文在掌，命名符上帝之言；胙土分茅，则剪桐为封，开国荷成王之业。为时立则，济物推诚，符卜年定鼎之基，显盘石维城

---

① 柴泽俊编《晋祠》，文物出版社，1958 年，第 14 页。

之祚。其始也，嘉禾入贡，周公明一德之征；其后也，践土寻盟，文公成五霸之业。所谓功垂奕世，泽及生民，昭玉德于靡穷，霭芳风而自远。乃眷灵祠，旧制仍陋，宜命有司，俾新大之。……万拱星攒，千楹藻耀。皓壁光凝于秋月，璇题色晃于朝霞。轮焉奂焉，于兹大备。况复前临曲沼，泉源鉴澈于百寻；后拥危峰，山岫屏开于万仞。实惟胜概，克助神居。若古柏阴森，遗像肃穆。衮冕在德，如膺爵士之辰；牺象具陈，似听轩悬之际。制命有司，以时致享。有严有翼，美矣盛矣。

张椿友先生见他抄录认真，便向他讲述了一段此碑的来历。北宋太平兴国四年（公元979年），宋太宗赵光义灭北汉，将北汉都城晋阳（今太原市晋源区），火焚水灌，夷为废墟，并移并州州治于阳曲县唐明村（今太原市大南门一带）。当时民愤极大，怨声载道。为安抚民心，太宗遂命兴工役于晋祠，扩建祠宇。太平兴国九年（公元984年），赵昌言奉旨撰写此碑。碑文记载唐叔虞受封于此地，功绩非凡，有德于民，今见灵祠旧制简陋，遂命有司扩建。碑文还记述了晋祠殿宇规模及其构造。碑文记述的正殿正与现存圣母殿居中线发端、形制巍峨、构造壮丽、风格典雅等特征相同，且位置恰在鱼沼飞梁之后与山峰之前，也与圣母殿的位置相同。遗憾的是此碑是毁是丢下落不明。柴泽俊问道："既是唐叔虞祠，为何又变为圣母殿呢？唐叔虞祠又是何时移到祠内北侧的呢？另外现在圣母殿内的娘娘又是谁呢？是邑姜呢？还是一水神？"张椿友笑答，这正是你们这一代年轻人需要考证的。张友椿又指着卡片说，不要小看这一张张卡片，它们可以记录许多信息，作为查阅资料的索引，按顺序归类存放，是一种做学问的方法。至此柴泽俊养成了使用卡片的习惯。不论走到哪里，他的上衣口袋内都装有卡片，随时记录、抄写。此习惯一直保持到晚年。

张友椿先生又向柴泽俊推荐了梁启超先生所著《中国古代历史研究法》。对梁公此书，柴泽俊用力很深，对精彩的段落都做了摘录。

他在笔记中写道："金石、碑刻不仅是艺术品，同时也是作为考证、记载之史料，不可忽略，在对古建筑勘察时应一同考虑。"

他还在笔记中写道："史料的搜集和考证，目的是'求真'，'真'是传统学术。有些史料从表面上看似乎是孤立的材料，若把它联系起来会发现问题，会得出正确的、有价值的结论。"

他还读了梁启超所著《中国历史研究法补编》，书中论及史家之"四长"，他摘录如下：

> 刘子玄（知己）说史家应有三长，即史才、史学、史识。章实斋（学诚）添上一个史德，并为四长。实斋此种补充甚是。要想做一个史家必须具备此四种资格。
>
> 至于这几种长处的排列法，各人主张不同。子玄以才为先，学次之，识又次之。实斋又添德于才、学、识之后。今将次第稍为变更一下，先史德，次史学，又次史识，最后才说到史才。

他还在笔记中写下感悟："梁公将'史德'放在首位，是指史家心术正，不偏私，忠实公正。要避免易犯的毛病：夸大、附会、武断，须要戒之。'史学'的方法是：勤于抄录，长期积累发现问题，逐类搜求、跟踪、追寻。'史识'是指对历史的观察力，研究历史注重'求关联的事实'，处理好整体与局部的关系。培养观察力的方法，一是不要为因袭传统所蔽，二是不要为自己的成见所蔽。'史才'就是要掌握文章结构，语言文采流动，注意简洁，让文字语言形象、飞动，充满活力。不要投机取巧，一定要从笨处下死功夫。"

他在笔记中写道："这种读书学习的方法不仅是历史研究法，更是做学问的基本方法，一生当循此法而为之。"

柴泽俊晚年回忆说，张友椿先生对他三个方面的影响使其终身受用，一是在启蒙阶段推荐了有用的书籍，二是教授了一些古文知识，三是一笔一画地书写规范汉字。柴泽俊一生写作的文章，其手写底稿的字迹都是工工整整的。

通过读这些有益的书，又与有益之人交往，柴泽俊受到了潜移默化的影响，这些影响体现在后来的著书立说和文物修缮保护的实践中。

3月，随着读书范围的拓展，他更加关注文物方面的信息。在所长刘永德的办公室，他将几年来散落的刊物《文物参考资料》整理出几十册，尽管有部分刊物缺失了，他已感到十分满足，并开始认真阅读。

4月初，晋祠文管所开始对院内钟、鼓二楼重新油饰彩绘。他也同工人师傅一起操作。

4月中旬，所长刘永德先生编写的"说唱本"《晋祠风光》小册子草稿完成了。柴泽俊深受启发，开始从文物管理者的角度收集晋祠各景点的资料。他用作废的硬纸制作了许多卡片。又借到一部旧的"海鸥"牌相机，自学拍摄和洗印技术。

5月初，山西文管会向国家文化部文物事业管理局申请，请专家指导晋祠圣母殿侍女塑像底座隔潮的保护工程。

5月中旬，文物事业管理局回复批文，并派遣古建专家杜仙洲先生前来指导。文管会指定由柴泽俊负责施工。

杜先生现场考察，确定将圣母殿侍女塑像底座改成石料，底座高度由原木制底座的15厘米增至45厘米。

月末，柴泽俊找了一些石匠和木匠，并备足了石料、木料等工程材料。

柴泽俊注意到，因侍女塑像底座是木质，经过许多年的漏雨侵蚀，许多部位都已腐朽，经不起再次搬移。如何移动侍女像成了难题，他苦苦思索解决办法。一日，他偶然想到过去富人坐轿子出行的事情，灵机一动，受到了启发，决定与工匠先找一尊侍女做个实验。其做法是：备数块与侍女像等高的木板，与侍女的木底座捆紧，再用龙骨加固。然后在木板与侍女像的空隙中填充草袋或柔软物，使木板、侍女像和填充物成为一个整体。使之略倾斜，再用木板从底部插入，抬出，试移成功。圣母殿内全部四十四尊侍女塑像均用此办法一一移出。侍女像移出以后，在原位置做石料基座，砌牢。石料底座完全干透后，再将侍女像移入原位，安放在石料基座上加固。

这次施工前后历时五个月，数十年后的今天，侍女们依然安稳地笑迎宾客。

10月末，雨季过后，柴泽俊组织工人对圣母殿顶进行防漏勾抿维修，使之数年不漏。

这一年中的工作是他第一次主持施工，工程简单但责任重大。所有的侍女像都是珍贵的历史文物和艺术精品，每一尊都不能出现差错，施工风险大，压力大，责任大。这次施工为他赢得了良好的声誉。

是月，长子柴东强出生。夫妻两人虽然都在太原工作，但分别住在各自的单位宿舍，没有条件带孩子，不得已把孩子送回了临汾东宜村。直到孩子十三岁时，才把他接回太原。

是月，他在晋祠工作已两年，对晋祠的景观、典故和遗迹已了然于胸，工作之余便着手编写以《晋祠》为题简述其历史与名胜景点的小册子。全书分概况、晋祠的历史、晋祠的名胜景点、晋祠的今天与明天四个部分，重点写晋祠的历史及各个景点的介绍，侧重文物价值及建筑考证。全书草成时已是 1957 年春节，约 2 万字，还缺一些图片及文字说明。谨慎起见，柴泽俊打算把书稿放一段时间，补充修改后再定稿。谁知一放竟放了一年半的时间。

11 月初，柴泽俊前往交城玄中寺。这是他第一次外出观摩。徒步往返，约二百六十里路。他身背窝头、水壶、相机和测量仪等，沿途收集了大量有价值的信息。

此后数年，他多次前往玄中寺，阅读其金石文献、造像碑刻，观摩其庙宇建筑，了解掌握其形制构造，并与佛教高僧交流。二十多年后，在他撰写的《山西几处重要古建筑实例》一文中，玄中寺被列为重要一节。此文后收入《柴泽俊古建筑文集》中。

是年初，文化部副部长郑振铎在文化部召开的专家会议上介绍了永乐宫。这座元代道教建筑位于山西芮城县永乐宫镇，在三门峡水库淹没区内，寺内有珍贵的元代壁画，具有极高的艺术和文物价值。文化部开始安排永乐宫迁移的前期准备工作，如要求中央美术学院做好临摹永乐宫壁画的准备工作，要求山西省政府做好永乐宫迁移的准备工作。

5 月，毛泽东提出"百花齐放，百家争鸣"的"双百"方针。

1957 年　丁酉　二十三岁

2 月 7 日，春节后，柴泽俊接到山西省文管会调令，要求在 2 月 10 日前到五台山佛光寺文物管理所报到。

这次调动来得突然，他只得依依不舍地向同事告别。《晋祠》一书尚未定稿，也只得放下。

2 月 8 日早上，他从太原乘当时仅有的窄轨火车出发，到达终点五台县蒋村时已是中午，然后徒步四十里，傍晚时分到达东冶村，在一座小庙里住下。一路以干粮为食。

2月9日清晨，从东冶村步行八十里，经豆村镇东北至佛光山，到佛光寺文管所报到时已是黄昏时分。文管所所长叫张桂成，五台当地人。他见柴泽俊风尘仆仆按时前来报到，面露惊异之色。因这里地处偏僻，条件艰苦，少有人来。

2月10日，星期天，所长和寺内工作人员都回家了，只留下他和一位僧人。二月的五台地区仍然春寒料峭。一早，他开始观察佛光寺外围及寺内建筑布局。

佛光寺位于五台山南台西麓的一个山坡上，东、南、北三面被小山环抱，向西开敞。寺区松柏苍翠，殿宇巍峨，山静鸟鸣，环境幽雅。寺内院落广阔，布列舒缓。朝向与一般寺院坐北朝南不同，而是依山势坐东朝西。寺内主要轴线为东西方向，建筑高低错落，分三层展开。从山门影壁起，共三进院。进山门是第一个院落，西面是天王殿及左右便门，北侧是文殊殿，南侧现在是伽蓝殿，原是普贤殿，东面是与第二进院相连的花墙，四角以墙和角房连接，是一座典型的三合院。第二院西侧与第一院相邻，两院之间隔以半身花墙，南北建有对称的配殿，东面以通向第三个院的高台阶门洞为中心，两边各建砖窑三孔，又为一个三合院。第三院以石栏杆与第二院相隔，东面是正殿，即唐代建筑东大殿。南北各建有一排配殿，东南角建祖师塔，正殿前立石经幢，周围以墙相连。这是纵轴线上重叠递进的三大院落，是佛光寺的主要部分。在第二院的南北横轴线上，南面有一个院落，其西侧与南侧建有殿、堂和角房；北面也有一个院落，其东侧和北侧建有禅房，南院和北院都各自成为一个整齐的院落。佛光寺基本上是由这五个大小不一且方整规则的院落组合而成。在第三进院东大殿后面是塔群，塔群后是山峰。山峰的延伸部分紧挨着东大殿后墙的北侧一角，形成弧状的塔群区域。

柴泽俊面对这座孤零零地坐落在荒郊野外的庙宇，并未感到荒凉。他从简单的行李中取出携带的《营造法式》、清工部《工程做法则例》和梁思成先生编写的《清式营造则例》以及他自己装订的近几年的《文物参考资料》合订本。他做的第一件事是在东大殿木结构建筑实物前，翻开《文物参考资料》发表的、他曾多次拜读的梁思成先生《记五台山佛光寺的建筑》一文，逐字逐句地从细处体会文章之精意。

2月11日，周一，他在文管所办理了报到手续。

次日，他找来梯子和手电筒，观察东大殿的建筑结构和细节。在手电筒的光束下，他清楚地看到梁架古法之"叉手"。梁底的题记确有"上都送供女弟子宁公遇"字样，与殿前经幢所刻题记内容相符。这证实梁思成先生《记五台山佛光寺的建筑》一文中的记载与实体建筑是相符的。他都一一记录下来，并拍照留存。

2月至3月，他先后测绘了"佛光寺大殿剖面图""佛光寺大殿梁架结构示意图""佛光寺东大殿当心间横断面图""佛光寺东大殿纵断面图"等。

3月初，山西省人民政府要求省文化局和省文管会筹办永乐宫迁建事宜。

3月18日，他又接到省文管会通知，赶赴永济县永乐宫勘察永乐宫规模、布局、建筑、壁画及残损情况，为迁移决策提供资料。一周后返回太原向省文管会作了初步汇报。

新中国成立伊始，毛主席就提出要根治黄河。1952年在全国文物普查中，山西文物管理部门发现在芮城县城西20公里的永乐镇有一座道教宫观，原名大纯阳万寿宫，俗称永乐宫，随后上报中央，并成立永济县永乐宫文物保管所。文化部文物事业管理局于1954年派北京古建筑修整所祁英涛、杜仙洲等专家首次对永乐宫进行详细勘察测绘。1959年国家治理黄河工程开始，将在三门峡筑坝拦水，建筑三门峡水库。永乐宫恰在三门峡水库淹没区，文化部与山西省政府研究并上报国务院，批准永乐宫迁移保护。从1957年起至1958年，为永乐宫迁移之前的准备阶段，进行了临摹壁画、临摹记录彩绘、测绘全部建筑物、选择新址、研究迁建方案和经费人工等筹备工作。

4月初，他又接到省文管会任务，与五台当地人郎凤歧一道赴五台山台怀显通寺，参与无量殿的翻修工程。

对于五台山，他有太多的向往。在晋祠工作时，他就不断听人讲述五台山的许多传说，也从《文物参考资料》及其他文物刊物中读过一些有关五台山佛寺的文章。这次，因工作需要，他第一次踏进五台山腹地——台怀。

显通寺是一座历史久远的寺庙，它的前身是东汉永平十一年（公元68年）始建的大孚灵鹫寺，是洛阳白马寺之后的中国第二座佛教寺院，是中国佛教起源地之一。

显通寺在台怀大白塔以北菩萨顶脚下，环境清静幽雅。该寺坐北朝南，建筑布局紧凑，殿宇巍峨，中轴线上自前至后分别为观音殿、菩萨殿、大佛殿、无量殿、千钵文殊殿、铜殿、藏经殿。左右两侧配置厢房、配殿、僧舍等三百余间。

显通寺无量殿是明代建筑，宽七间，进深四间，歇山顶。全殿为砖石结构，无梁无柱，故又称无梁殿。建筑体量庞大，气势宏伟，檐头和横匾雕刻精细，是我国明代砖结构建筑的代表作。但该建筑当时已出现基础酥软的问题，殿身有裂缝数十道，最大的裂缝宽30厘米。殿顶多处渗水，四面墙体外倾。普通维修无法消除病患，需要落架大修。柴泽俊和工匠师傅们对脊吻和沟滴进行实测，对有雕刻的砖块测绘编号，分层拆卸，然后砌筑基础，重砌墙体，外檐雕刻和内部砖雕藻井、斗栱按照图纸编号和照片分层归安，砖雕部分大都原件原构。这在当时是文物保护工程中的大型项目。

这项工程从砖瓦烧造、砍磨对缝、大券砌筑到补配砖雕斗栱、藻井和各种花纹图案等施工项目，对于柴泽俊无一不是全新课题。他逐项经历，边学边干，一丝不苟，逐步掌握了砖结构殿堂的构造方法和修缮质量要求。每天晚上他都将白天的施工程序、进度及施工方法、技术问题整理成笔记，直到第二年6月份工程结束为止。对整个工程，从开始到结束，他都系统地记录总结，为日后从事砖结构建筑的考察研究和修缮保护奠定了基础。

5月中旬，他陪同山西省文化局副局长寒声及社文处的一位同志赴永济县联系永乐宫迁建筹备事宜。勘察了四处新址："一是永济县治东向15公里处，清华镇西南侧，坐南面北，方向大变，且地势高差殊甚；二是永济县东南7公里处，方向、地势同前；三是永济县城西4公里处，坐东南面西北，方向有变，当地已在此建工厂，为未来工业区；四是县城西南20公里处，在普救寺与万固寺之间，拟形成名胜区，坐东向西，地势坡度较大，土沟坑坎较多，经勘探地基中流沙数层，曾是山洪漫潏之地。经勘察，四处地形都不理想，而且距永乐宫皆远（60—100公里），迁运极不方便，故未定，搁置了下来。"[1]

---

[1] 柴泽俊《山西永乐宫迁建亲临纪实》，文物出版社，2016年，第94页。

6 月 12 日，他又与寒声副局长、酒冠五一行三人赴永乐宫，听取捷克斯洛伐克专家介绍壁画揭取的方法、造价和条件。

这两位专家在永乐宫勘察一番后，提出一种方法，即用一种化学材料注射墙皮内使墙皮软化，然后由下向上卷起来取下。这只是一种设想，回国后搞试验，试验成功再来实施，时间不能保证。至于如何包装，如何迁运，如何加固，如何安装起来恢复原状，待剥取后再研究。在谈到剥取壁画资金额度时，他们估计仅剥取壁画就需资金 200万元人民币，还提出中国派十五名工程师专家当助手，修建柏油马路和办公研究用的楼房。在场的人都对他们这种方法有疑虑，他们提出的造价和条件在当时都是不可能的。这两位专家回到北京后，与文化部协商未果，邀请外国专家揭取永乐宫壁画之事就此结束。事态在转化，当时正值中央号召"自力更生，艰苦奋斗，勤俭办一切事业"。从事永乐宫迁移准备工作的文物界业内人士清醒地感到，迁移工程中的难题只能自己来解决，并要尽可能地节约资金，外国的方法不一定适合中国壁画的壁质构造，更何况资金巨大，条件苛刻！①

7 月，显通寺施工在继续进行。他利用工作之余，结合佛光寺实物及显通寺施工实践，开始大量阅读一些建筑专家的论著，如祁英涛、杜仙洲、陈明达《两年来山西省新发现的古建筑》（《文物参考资料》1954 年第 11 期），省文管会编《山西文物介绍》（山西人民出版社 1955 年版），梁思成《敦煌壁画中所见的中国古代建筑》（《文物参考资料》第 2 卷第 5期，1951 年），刘敦桢《河南北部古建筑调查记》（《中国营造学社汇刊》1937 年第 4 期），《河北西部古建筑调查纪略》（《中国营造学社会刊》1935 年第 4 期），徐续《光孝寺大殿》（《文物参考资料》1956 年第 7 期）等大量文章。他从《清式营造则例》入手，结合《营造法式》，逐字逐句，一张图一张图地反复对照、反复推敲。

7 月末，他返回佛光寺，对东大殿的木结构再次对照研习。

8 月，正是雨季。他发现，由于佛光寺文殊殿东侧和北侧的地面高出殿内地面 1—1.5 米，土基逼近山墙和后檐墙，每当雨季，潮气渗入墙体

---

① 柴泽俊《山西永乐宫迁建亲临纪实》，文物出版社，2016 年，第 96—97 页。

和殿内，不仅地面泛潮，墙体下半部亦是潮气浓郁，致使墙内柱腐朽沉降，墙上壁画下半部数十平方米腐蚀脱落。

回到显通寺后，在无量殿施工之余，他开始准备佛光寺文殊殿的修复材料，准备待雨季后施工，以解决其墙体泛潮的问题。

9月初开始，文化部组织中央美术学院和华东美术学院师生34人，由中央美术学院陆鸿年教授带队，黄钧、罗铭、王定理等诸位教授参加，在永乐宫现场临摹三清殿壁画，历时三个半月，于12月中旬结束（参见陆鸿年《摹绘永乐宫元代壁画的一些体会》）。

柴泽俊受省文管会派遣，再次来到永乐宫，负责与当地政府联系，帮助安排师生食宿、选用工人为临摹工作支搭架木等。在临摹壁画之前，为了与教学相结合，美院教授们在现场讲学，讲授壁画常识、技法。利用这个机会，他始终列席旁听，尾随在师生们身后，现场观摩，倾听讲解。对于在现场没有完全听清楚的内容和笔记缺失部分，多次向授课老师请教，其中王定理先生在壁画的题材和画法上给予他许多指导，受益良多。

10月中旬，他返回佛光寺，在对佛光寺的文殊殿进行勘察和研究后，决定将殿宇北侧和东侧高出室内地面的土基挖深2米，修缮后檐和东山台明、片石，铺砌泛水和雨水通道，砌石墙阻挡高出殿宇的土基，使文殊殿内潮气大减。

11月、12月，由于五台地区气候寒冷，秋末冬初不便施工，显通寺工地暂停。他便利用这个季节步行寻访五台山内外佛寺和晋北、雁北部分古建筑。通过这一时期的游历寻访，他对佛教寺庙尤其是佛寺的构造和形制做了更详细的了解，也弄清了青庙与黄庙的区别，为他以后的古建筑保护工作打下了扎实的基础。

他在笔记中写道："五台山是兼有汉地佛教和藏传佛教的佛教道场。原先汉地佛教的僧尼一般身穿青（黑）色或灰色僧衣，因此称'青衣僧'，其居住和管理的寺庙便称作'青庙'，青庙的僧侣遵守汉地佛教的清规戒律，学习汉文佛教经典，按照汉地佛教的仪轨修行；藏传佛教，俗称喇嘛教，为藏、蒙、满等少数民族所信奉，其僧人穿黄色僧衣，亦称'黄教'，其寺院称'黄庙'，学习藏文佛教经典，遵守黄教的清规戒律。"

初冬的台怀寒风刺骨，早已没有游客了。他依然住在显通寺，这里也只剩下僧侣数人。他挨个考察了圆照寺、广宗寺、菩萨顶、慈福寺、碧山寺、殊像寺、南山寺、镇海寺、金阁寺，还登览了五台山的五个台峰。

中台名叫翠岩峰，是五台山第二大高峰，台顶周约 5 里，四面四水分流，大华池、甘露泉、玉花池、三株泉均发源于中台。台顶演教寺创建于隋代，是五个台峰上规模最大的寺院。寺中的正殿是五间窑洞，内供"儒童文殊"。寺中曾有舍利塔，可惜已经倒塌。他晚上住在演教寺内，半夜忽起大风，天气骤冷。第二天早晨，他踏着厚冰，步履艰难，攀登五台山最高峰北台。一路上见岩石间积有长年不化之冰。因北台气候变幻莫测，许多人不敢轻易攀登北台。他踏着寒冰积雪，下午 3 时才登上北台。台顶曾建有灵应寺，供奉"无垢文殊"，但早已不存。

天黑时他登上东台，住望海寺。望海寺大殿文殊殿用巨石垒砌而成，殿内供"聪明文殊"像。寺中还有花岗岩砌成的佛塔一座，高 5 米，形制秀美挺拔。台顶曾建有望海楼，已不存。四周殿堂塔坊虽存，却损坏严重。第二天中午过后，他离开东台，回到台怀显通寺。

这一时期他奔波劳累，生活和饮食极不规律，白天经常只吃一顿饭，且这一顿饭只是吃点随身带的干粮，喝点白开水。晚上住在庙里，再和僧人一起随便吃点东西。胃部常感不适，有时突然疼痛。时年只有 20 岁的他并未在意，有时胃疼难忍，就在当地卫生所或药铺买些止痛药。

数年后，柴泽俊回顾这段经历时说：

> 五台山气候寒冷，秋末冬春不便施工，便趁机勘察五台山内外佛寺和晋北、雁北部分古建筑，步行踏遍了五台山及其附近所有寺庙。登临台顶，领略五台风光，勾画寺庙布局，浏览碑文记事，拍摄照片，记录殿堂结构和附属文物。通过这些工作，青庙与黄庙之异同，官式建筑与民间建筑之差别，似乎都有了基本的概念。这在五台山诸寺中都有实例可证。山路崎岖，徒步艰难，挨饿受冻，脚腿酸痛，是勘察过程中司空见惯的事，但考察的收获早已抵消了跋涉的艰辛。各个寺庙不同的地形地貌和不同时代的布局与建筑规制给我留下了深刻的印象，为后来考察全省寺庙建筑提供了借鉴与实例。①

---

① 柴泽俊《从事古建筑调研保护四十五年小忆》,《柴泽俊古建筑修缮文集》，文物出版社，第 398 页。

是年 6 月，中共中央发出《关于组织力量准备反击右派分子的进攻的指示》。反右斗争在全国范围内展开。

1958 年　戊戌　二十四岁

1 月，显通寺停工期间，柴泽俊将到过的五台山寺庙的资料分类整理。又择日沿五台山北麓进入繁峙县所辖地域，考察三圣寺、永泉寺、弥陀寺、岩山寺等，并向东北方向走，沿途探访了达灵丘觉山寺、广灵圣泉寺、浑源悬空寺、应县佛宫寺释迦塔等。

2 月初，从显通寺返回太原，准备工程复工用料。他从台怀南行，过金阁寺、柳院寺，回到佛光寺向所长汇报工程情况。然后过豆村尊胜寺，经东茹村到达五台县城，观广济寺，再到善文村延庆寺、阳白南禅寺，过东冶镇，到达太原。因以往来去匆忙，未能造访沿途这几个寺庙，因此利用这段空余时间逐庙探访。

尊胜寺始建于唐代，后毁，再于民国复建。寺庙坐北向南，依山而建，七层楼阁，重重叠叠。寺庙内砖雕木刻，布局错落有致。

广济寺坐落在五台县城，现存大雄宝殿，面宽五间，进深三间，悬山顶，从形制看留有唐宋手法，柱头作覆盆卷刹，屋顶坡度平缓，侧脚和生起明显。室内采用减柱造法，前槽没有柱，后槽只用两根金柱，大梁横跨三间，显得空间很大，两根金柱立于次间，两旁平梁上垫驼峰，侏儒柱立在驼峰上，柱头上施栌斗，栌斗上施令栱，承托脊檩。侏儒柱两侧各用叉手，形成"人字杈梁"的结构。五台山现存寺庙中属于元代建筑的仅此一例。此庙与他即将去的永济县永乐宫同为元代建筑，引起了他的研究兴趣，因此他更为关注。

延庆寺大殿为金代建筑，与佛光寺文殊殿为同一时代，故而柴泽俊专程绕道观摩此寺。延庆寺在善文村，仅存大殿和东南侧一座北宋石幢。大殿为六架椽，歇山顶，略呈正方形，其大殿耍头、补间斜栱和驼峰的手法均与佛光寺文殊殿相似。在石幢幢身刻有"尊胜陀罗尼经"。在五台山内外所有寺庙中，金、元时代的建筑同唐代建筑南禅寺、佛光寺一样珍贵。

南禅寺坐落在阳白沟小银河一侧的河岸土崖山，其主体建筑大佛殿为唐代原物，寺内其余建筑为明清重建。大佛殿三间见方，内观为一大间，共用檐柱十二根，殿内没有柱子。大殿为单檐歇山顶，屋顶平缓，四面出檐深远，各个柱头上接硕大的斗栱，犹如羽翼舒展，具有中唐时期风格。殿内分布有十七尊塑像，仍保持原状，神态自然，表情逼真，体格丰满，栩栩如生。佛坛四周砖雕七十幅及三尊石狮一座石塔，亦均为唐代遗物。柴泽俊看到这些，心中大为赞叹，更激发起他对中国古代建筑的深厚文化积淀的向往。

此时的南禅寺属于佛光寺文管所管辖，他住一宿后，第二天经东冶镇坐火车返回太原，到达时已是晚上。

是月，他与妻子在太原一起度过春节假期。

3月初，柴泽俊随同筹备的建筑材料一同返回显通寺，维修工程于本月中旬开工。

是月，为根治黄河，三门峡水库工程动工筑坝。永乐宫迁移也进入实质性阶段，山西省政府数次指示省文化局和省文管会组织力量筹备永乐宫迁建事宜。

是月，著名戏剧艺术家梅兰芳先生游晋祠，并作《晋祠颂》，勒石成碑。

6月初，文化部文物事业管理局局长王冶秋在北京西板桥山西驻京办事处向山西省文化局副局长寒声作了四点指示：一是永乐宫文物很有价值，要全部迁移重建；二是文化部钱少，迁移永乐宫需要相当数量的资金，主要靠三门峡水库出资；三是要选择一个风景优美的新地址，把永乐宫重建起来；四是要派专人抓这项工作，把永乐宫迁移当作文物保护工作中的大事认真地抓起来。

6月末，显通寺无量殿翻修工程竣工。

7月初，山西省文化局领导和省文管会领导两次开会研究永乐宫迁建事宜。柴泽俊当时是文管会古建方面工作人员，曾几次勘察过永乐宫，因此得以参加会议，并做记录。

7月10日，省文管会调柴泽俊回机关参加"反右"运动。当时省文管会有几位同志被划为"右派"。

7月14日，柴泽俊赶到晋祠，补充了一些《晋祠》小册子中的内容，并拍摄了梅兰芳先生所作《晋祠颂》碑的照片。随后他将定稿的《晋祠》一书手稿寄往北京，交文物出版社。

　　7月21日，省文管会又调柴泽俊到永乐宫筹备迁建工作，同时调去的还有洒冠五和李春江。他们三人负责管理经费、材料设备的购置加工（包括木材烘干）、工人调配、施工管理、拍摄文物资料和工程进展照片。之后不久，洒冠五和李春江都先后返回文管会机关，因此文管会安排的工作任务均由柴泽俊一个人承担起来。

　　8月6日，柴泽俊携五万元赴永乐宫，洒冠五、李春江二同志同行。他们协同当地政府，组织有关人员进行迁建筹备工作。

　　8月9日，北京古建筑修整所祁英涛、杜仙洲、陈继宗等专家进驻永乐宫，进行勘测设计和揭取壁画的实地试验研究工作。

　　8月中旬，祁英涛先生回北京研究试验寺观壁画的揭取方法。省文管会也开始研究壁画揭取工作。柴泽俊曾多次赴一些寺庙观察旧墙皮的泥质合成和构造，想到外国盗窃者在稷山兴化寺、洪洞广胜寺都是切块剥取，并未造成破碎，遂赴稷山青龙寺中殿，观察盗窃未遂留下的画块痕迹，且在稷山文化馆内看到两小块兴化寺壁画，得到一些启发。回到太原后，他便同刘子邻（省政府参事，常驻省文管会）和刘宪武等人选择太原东郊延庆寺清代壁画做试验。画线后先用斜刀割缝，再用刀锯戳穿墙皮，约2平方米一块，用木板托下，运回省博物馆，背面浮土刷去，用胶矾水固定，拌麻刀泥抹平，装入木框，并放置在省博物馆陈展观察。

　　一个月后，祁英涛先生在永乐宫主持揭取壁画的研讨会。祁先生讲了他在北京的试验办法，柴泽俊也介绍了在太原试验揭取的情况。大家认为既不能在元代壁画上试验，又不能脱离永乐宫实际，因此决定先在纯阳殿外墙皮试验揭取（此处没有壁画），成功后再在殿内操作。

　　永乐宫建筑的勘察设计和壁画揭取的试验研究工作一直持续到次年2月。

　　从9月初开始，由陆鸿年教授带队，中央美院十八位美术专业的学生用三个多月的时间临摹了纯阳殿和重阳殿的壁画。

　　柴泽俊抓住这次机会，挤出时间，紧随左右，详细观摩，对壁画的构图章法、画题内容、榜文题记、绘画方法、画面色彩、画韵风格、各殿壁画面积、画面人物的大小、故事内容等都详细认真地做了记录。对画题内容（最不易说清和记述的方面），开始只是记述人物的大小、姿势、主从部位、布列格局、色韵风格、题材变化，逐渐能够识别故事、神祇、内容、体例、榜题。他查阅有关碑文、道藏、方志等参考资料，逐一核实对应。老师和同学们结合教学对永乐宫壁画现场研究和讨论时，他都认真听取，积极参与。这为他后来研究寺观壁画奠定了基础，开了端绪。

是月，柴泽俊的第二个孩子大女儿柴玉梅出生。

10月21日，在永乐宫原址成立临时迁建委员会。文化部文物事业管理局副局长王书庄在山西省文化局文物管理处副处长王孚和永济县副县长张仲伯的陪同下视察永乐宫。王书庄提议，由张仲伯副县长牵头，王浮副处长、山西省文管会柴泽俊、永乐宫文管所所长傅子安、北京古建筑修理所工程师祁英涛、中央美院教授陆鸿年、永乐乡政府领导组成永乐宫迁建临时委员会。

数日后，永乐宫临时迁建委员会成立。张仲伯副县长兼任主任委员，下设总务、工程两组。总务组长为傅子安，工程组长为柴泽俊。总务组负责行政事务和生活事宜，工程组负责材料购置加工、工程设计、施工及选址方面的工作。技术指导由祁英涛、陈继宗负责。

临时迁建委员会会议要求做好以下工作：1. 继续完成壁画临摹。2. 年底完成永乐宫建筑的勘察、测绘设计，为永乐宫迁移后的复原提供技术依据。3. 继续完成揭取壁画的试验，制定壁画迁移的科学方案。4. 由柴泽俊负责对新址的选择、考察、测定并提出考察报告，为新址确定提供精确依据。明确提出新址必须同时具备以下四个条件：①新址与旧址不能太远，且路面平坦。②地基要坚固，周围不能有山沟，并可泄洪。③自然景观要秀美、幽静、古朴、寺院坐落的方向不能改变。④地下水位不能偏高。

会议确定了永乐宫迁建范围，包括宫内壁画、建筑、泥塑残片、全部碑帖、吕公祠、道士墓、花草树木、玄帝庙、宫前齐王庙、清代塑像、元代碑刻、宫前砖刻对联、砖刻匾等文物。会议决定成立古建筑工程队，由省文管会管理，具体工作由柴泽俊负责。会议初步确定在1959年2月至3月正式召开永乐宫迁建委员会会议。

是月，柴泽俊、傅子安、常迺录（后改为苏建兰）三位同志在永济和芮城进行永乐宫迁建选址的实地勘察。1957年夏曾勘察过的四处地址因坡度和水源问题放弃，因此，这次是重新选址。他们在四个月里先后勘察了九处新址，每处至少实地勘察三次，且都进行了地基钻探。其中一次还特地请祁英涛和陈继宗进行实地指导。这几个月里长途奔波和风餐露宿，柴泽俊数次犯胃病，为十几年后的胃部切除埋下了隐患。

是年5月，在党的八大二次会议上，毛泽东提出"鼓足干劲，力争上游，多快好省地建设社会主义"的社会主义建设总路线。会后，"大跃进"运动在全国范围内从各方面开展起来。8月，中央决定在北京建十大建筑，作为国庆十周年的献礼。9月，"共产风"和"浮夸风"兴起，人民公社化运动形成热潮。

1959年　己亥　二十五岁

1月，由柴泽俊执笔的《关于选择永乐宫复原新址的报告》完成。

从1958年下半年开始，柴泽俊和临时迁建委员会工作人员傅子安、常遁录对意向中的九处新址进行了三次实地勘察，并进行了地基钻探。最后一次又与祁英涛、陈继宗实地勘察，确定了七处可供选择的新址。柴泽俊写成了简要文字材料，分析各处的利弊，向迁建委员会报告，呈请决策。这七处分别是：

①苍陵峪。位于中条山南端的西北山麓，坐东向西，背靠中条山，面朝黄河巨流。前面3公里为蒲州城故址，北侧2.5公里与万固寺相连，但距永乐宫原址较远，约60公里，且路途坎坷，地基皆为沙石层，如加固基础，需要增加迁建资金。

②水峪口。在永济县城西南5公里，坐南面北，背依中条山，面临五星湖，但距永乐宫原址73公里，道路崎岖坎坷，地形坡度较大，地基沙石多，造价甚高，且离铁厂近，污染较大，开山会影响建筑墙体和壁画安全。

③龙王庙附近。在永济县东北2.5公里，背靠中条山，面朝五星湖，坐南向北，风景尚好，但地势高差偏大，地基沙石亦多，距永乐宫原址80公里，道路不平，迁运极不方便。

④芮城塔寺处。在芮城县北1公里，坐北向南，方向与旧址相同，背靠中条山，面朝黄河，地形平坦，风景及环境没有吸引人之处，且地下水位较高，建筑基础会受影响。

⑤五龙庙附近。在芮城北3公里处，距永乐宫旧址23公里，背依中

条山，面朝黄河，背面紧靠战国时期古魏城的土城墙，墙上柏树成林，千米之处与村庄相连，距广仁王庙不远，庙前有五龙泉源，积水成谭，潺潺而泻，水流清澈，果林满目，风景幽雅，周边布局与环境与旧址颇为相似。且地基土质很好，海拔 540 米以上，比三门峡水库设计最高水位超180 米。交通较为方便，但距黄河约 7 公里，路途坎坷不平，不太方便，迁运壁画令人担心。

⑥张村附近。在原永乐镇东北 7 公里，张村东南隅，地势宽广平坦，地表下土质良好，坐北朝南，方向不变，背靠中条山，海拔 480 米，超出三门峡水库最高水位 120 米。距永乐宫原址近，迁移方便，但此处缺水，地形过分平坦，无依无靠，地址虽好，缺乏优美的自然景观。

⑦大平地。在旧永乐宫东北 2.5 公里处。地势宽广平坦，地基土质和地形高差皆好，背靠中条山，面朝黄河，坐北向南，后面有九座土山峰，迁建后殿宇的中轴线恰好对准九峰之中锋。前面地势稍低，黄河水面宽阔，正是三门峡水库的一个凸出部分。对岸左右为两座土山，对面是高大的秦岭，和华山相连，隔岸相望。此址左侧为黑龙洞，右侧为玉溪涧，两涧之中均有一股不小的泉水南泻。如加以绿化，风景将比原址还好。距永乐宫原址很近，迁运方便，但海拔只有 390 米，比三门峡水库最高水位仅高出 30 米，如水库水位一旦升高，有第二次迁移的可能。且此处距水库只有 700 米，如水库逐年塌岸，会影响永乐宫的安全，距国道十余公里，游人不便[①]。

2 月至 3 月中旬，在重阳殿内壁（即绘有壁画的墙体上）试验揭取了壁画 10 块和栱眼壁画 3 块，效果良好。及时进行包装，移置临时库房保存。在揭取中现场研究揭取方法并改进揭取工具和设备，理顺了操作程序，为大面积揭取取得了经验，创造了条件，奠定了基础。

2 月末，山西省文化局接到文化部文物事业管理局催促函，询问永乐宫迁建事宜，要求抓紧正式成立永乐宫迁建工程领导组。山西省副省长王中青和山西省文化局副局长寒声随即赴文化部请示迁建事宜，柴泽俊随行担任办事员和记录员。当时参加谈话的是文化部文物事业管理局局长王冶秋、处长陈滋德、副处长张珩。王冶秋局长答复了四项内容：一是三门峡

---

① 参见柴泽俊《山西永乐宫迁建亲临纪实》，文物出版社，2016 年，第 94—96 页。

水库放水时间已定，永乐宫必须在放水之前抓紧迁移，尽快组建迁建委员会领导组；二是迁建领导组主要由山西省的相关单位人员组成，可邀请三门峡工程局派员参加；三是文化部经费少，无力投资，主要靠三门峡工程局出钱；四是所需材料、物资、运输力、管理人员和工人以及新址征地事项，都请山西省内解决。

3月初，山西省文化局、省文管会拟定了永乐宫迁建委员会组成人员名单，报山西省政府审批。

柴泽俊返回永乐宫，与祁英涛工程师、张仲伯副县长研究迁建内容、造价估算及其他问题。柴泽俊起草了永乐宫迁建方案，说明了工程总体预算与材料、物资、运输力、人工的总体计划，以及本年度工程预算与各项计划。祁英涛工程师撰写了《永乐宫建筑和壁画价值简要介绍》。柴泽俊代替张仲伯县长拟定了《永乐宫迁建临时委员会四个月工作汇报》，改定了他前期执笔的《关于选择永乐宫新址的报告》。以上文件均准备提请迁建委员会予以审定。

3月21日至23日，在太原召开了永乐宫迁建委员会第一次全体委员会议，正式组建山西省永乐宫迁建委员会。会议参加单位有八个，分别是：文化部文物事业管理局、山西省文化局、山西省文管会、晋南专署、芮城县委、永乐镇卫星人民公社、三门峡工程局、北京古建筑修整所。会议特邀山西省副省长王中青与会指导，永乐宫迁建委员会成员是参加会议的正式代表，北京古建筑修整所办公室主任黎辉、山西省文化局文物管理处副处长王孚、山西省计委韩君正、山西省劳动厅劳动调配处处长李明、山西省文管会副主任罗家年及柴泽俊等人列席会议。

会议宣读了山西省永乐宫迁建委员会人员名单。主任委员为山西省文化局副局长景炎，副主任委员为晋南专署副专员李辉和山西省文物工作委员会主任刘静山。委员是：文化部文物事业管理局副局长王书庄、北京古代建筑修整所工程师祁英涛、三门峡工程局计划财务处副处长汪福先、运城县副县长张仲伯、芮城县副县长韩俊哲、芮城县永乐镇卫星人民公社副主任杨子亭。委员会下设办公室，根据委员会决议常驻工地，主持和承担永乐宫迁建工程任务。办公室设工程股和行政股。工程股分设计、施工、工人管理三个小组，行政股分材料、财务、总务三个小组。会议任命了四个部门负责人。

会议首先由柴泽俊汇报了新址选择的情况，介绍了七处新址，供会议审定。接着祁英涛工程师将永乐宫的建筑和壁画的历史艺术价值向会议作了扼要介绍。张仲伯副县长向会议汇报了几个月来永乐宫迁建临时委员会的工作情况。

会议决定芮城五龙庙附近为永乐宫迁建新址。会议将永乐宫迁建工程分为四个阶段：①揭取、包装、迁运壁画，拆除宫殿建筑，时间为1959年3月至1960年6月30日。②复原永乐宫整体建筑。③加固与复原壁画。④油饰彩画建筑物。会议明确了1959年度、1960年度和1961年度的工程进度，提出力争在1962年底完成全部工程。

至此，一场史无前例的巨大工程拉开了序幕。

4月初，柴泽俊受迁建委员会副主任委员刘静山嘱托，携带永乐宫迁建方案和工程预算报告专程报送三门峡工程局，并当面向工程局计划财务处副处长汪福先和一位副局长汇报了永乐宫迁建准备工作情况、迁建方案和91.2万元预算的详细内容。工程局答复："待研究后回复。"

4月末，迁建委员会主任委员景炎、副主任委员刘静山致函永乐宫迁建委员会办公室，信函主要包括三个方面内容：其一，原定材料组归行政股管理，欠妥。材料、设备、工具的购置检验、领用，皆工程所备，应改为工程股管理；其二，原安排郎凤歧任工程股股长，但该同志一直未到任，任命柴泽俊同志为工程股副股长兼施工组组长，除协助北京同志搞工程设计外，负责工程管理、施工技术、材料购置管理、工人调配与组织管理、工地安全管理等工作；其三，同意办公室上报意见，请芮城县韩俊哲副县长任永乐宫迁建办公室副主任，专事永乐宫迁建事宜，同意任命张兆谋为财务组组长（后改为张跃龙），田生贵为劳力组组长。

同月，永乐宫迁建工人总数达到660多人，这些工人是经山西省劳动厅批准在全省范围内调配的。所用工种庞杂，有大木作工、小木作工、雕刻工、解制工（解制木板枋材）、泥瓦工、石工、架子工、搬运工、控制和烧造砖瓦工、控制烧制琉璃工、揭取壁画和加固壁画工、油漆工、彩画工，各种劳力工等十几种类型。这些技术工人多来自洪洞、晋城、定襄、五台、永济、芮城、临猗等地。一般劳力由当地调配。培训工人、传授技艺及工人的组织管理，是保障工程质量的一个重要方面。因此，由柴泽俊在工地现场组织培训。

在材料和设备的配置方面，除揭取、加固壁画用酒精、漆片、砖瓦灰石外，还需要大量木材。木材是国家严格控制实行计划供应的，必须根据迁建工程的需要，按照木材的产地、材质、材种和规格列出计划，通过省文管会和省文化局上报省计划委员会，再转呈国家林业部批准供应。此次共调拨木材 2600 多立方米，其中杉篙 250 立方米、红松 20 立方米、落叶松 1600 立方米、杂板 120 立方米、硬杂木 400 立方米。其中 1400 立方米由省文管会付款购置，1200 立方米由山西省人民政府投资调拨给迁建工程。

此外工地还配置了起重设施，如倒链、滑轮、粗长麻绳等。由于运输工具计划上报很晚，当年拨付到位在计划经济下是不可能的，而迁建工程又急需运输材料和设备，砖、瓦、灰、沙石等的运输只得在当地雇用马车和人力车运送。

是月，柴泽俊组织工人在永乐宫旧址平整土地、规划布局，在四个大殿周围搭建存放古建构件和壁画的临时工棚，共建了 38 间。

5 月初，开始征购新址地基，平整基址，筑渠引水，迁移树木和坟丘，建设办公和住宿用房，建设存放壁画和有彩画木构件的房子，建设修复构件和加固壁画的房舍，修建工棚和蓄水池，修建永乐宫新址至县城的公路（约 3 公里），建窑烧造砖瓦等。这些工作几乎与永乐宫旧址上的搬迁存放工作同步展开。

在建设存放壁画和古建筑构件的库房时，柴泽俊要求防风雨、防潮湿、防火防盗、防虫鼠。因为承托壁画的壁板、锯末包和包装有彩画木构件的拷贝纸，都是用糨糊粘接的，老鼠偷吃糨糊会损伤壁画和彩画，因此防止老鼠侵害是非常重要的。防潮是因地处黄河故道，地势低洼；防虫是因墙壁由麦秸、干草和土坯构成，长时间受潮容易生虫子。要求库房必须向阳、干燥、通风。要求在高厚的地基上用 2 厘米厚的水泥抹地筑台，为隔潮，墙壁四周撒了很多生石灰。这些当年用来存放壁画和构件的库房至今依然在用，已成为办公区。

5 月 10 日开始揭取重阳殿壁画。重阳殿是供奉道教全真派首领王重阳和他弟子的殿堂，殿内壁画 158.06 平方米。除扇面墙背面画朝贺三清图像外，四壁绘满有关王重阳的神话传说，共四十八幅，描绘王重阳自降生开始，至传布教化、抛弃妻孥、远离家乡、放火烧庵、学道成仙，以及度化马丹阳等七真人的故事。壁画为连环画形式，其间自然景物相连相隔，各种建筑和人物分布于画面中。

揭取工作进行到第三天，晚上柴泽俊在工作日志中写道："由于内墙面积达数十平方米，连接在一起，考虑到揭取后又要迁运25公里才能到达新址，首先，将壁画表面浮尘除净，遍刷胶矾水一道，封护画面，防止脱落，并将有裂缝部分用团粉、浆糊粘贴拷贝纸和疏软棉布各一层，防止揭取和搬运时因震动而损伤。其次，在不损伤画面精细部分的前提下，用偏心轮机割锯截取。割开3—5毫米裂缝，分成大小不等的画块，约2—4平方米，用壁板靠近画面一侧，根据墙面的凹凸不平用旧棉花和拷贝纸铺垫，依附于画上即行揭取。……揭取的第一天，因未及时包装，墙块有些松散。第二天即随时包装。其方法为：将揭取的画块，按规格，除预制壁板外，四周用螺丝系紧，空隙部分用棉花锯末填充压实，编号并依次存放拍摄照片存档。待运。"

5月15日，在重阳殿一组壁画前，因两端都有空隙，且画面背后的墙体又因檐柱糟朽下沉，无法采用偏心轮机割锯截取。柴泽俊建议试用"双人拉锯"形式，在画面背后即墙壁泥皮与土坯之间垂直割锯。祁英涛工程师表示同意。先将画块依附于壁板上，待割锯完毕，将壁板转90°放平，揭取成功，并及时包装。

两天后祁英涛、陈继宗等工程师回京，壁画揭取继续进行。

5月末，柴泽俊的妻子来信说，欲带八个月大的女儿来工地探亲。此时工程正在紧张进行，柴泽俊无暇照顾妻子女儿。他给妻子回信说，要看工地施工情况，探亲之事后半年再定，

6月下旬，重阳殿壁画揭取工作完成，开始揭取纯阳殿壁画。

6月末，永乐宫新址库房和办公、住宿用建筑完成。

7月初，山西省文管会副主任刘静山在张仲伯、王孚的陪同下察看永乐宫施工情况。他们看到工地施工顺利、存放棚及工地井然有序，表示满意，强调要保证工地安全，并对当地政府在物件搬运工作中的帮助表示感谢。柴泽俊向几位领导汇报了工程进度及下一步的计划，表示力争在次年5月前完成永乐宫旧址拆除。

7月10日，祁英涛工程师带中央美院的实习学生和新参加工作的技术人员赴永乐宫现场讲授有关永乐宫建筑、壁画及其他附属文物的知识。柴

泽俊认真听讲，对永乐宫建筑和壁画又有了新的认识，并开始注意元代建筑对于唐宋建筑的继承和发展以及元代建筑对于明清建筑的影响。对于壁画的研究，他也以元代壁画为切入点。

祁英涛工程师在现场解决了部分问题，两天后返回北京。

7月16—17日连着下雨，工地积水较深，揭取工作暂停，柴泽俊带领工人冒雨疏导积水，抬高已包装待运的壁画。他又赶往新址察看，发现新区排水系统运转良好，区域内基本无积水。

这段时间他的胃痛加剧了，只能吃些粥类流食。

是月，成功揭取永乐宫中最大的一块壁画，面积达6平方米，也是纯阳殿画中最经典的画面，名为《钟离权度吕洞宾》。

8月初，纯阳殿壁画揭取完成，开始揭取三清殿壁画。

永乐宫工地发生了一件令人尴尬却又十分感人的事情。柴泽俊后来回忆道：

> 在揭取壁画过程中，为了大家精力集中，使揭取工作安全、顺利、迅捷，工地曾制定过几条纪律（制度），让参与揭取壁画的同志共同遵守：
>
> 一 不接待参观，非工作人员不得进入揭取壁画现场；
>
> 二 不会客，不开会，不请假；
>
> 三 不在揭取壁画时间内研究和谈论与揭取壁画无关的事项，有事晚上或其他休息时间研究讨论；
>
> 四 每块壁画揭取过程中（不含准备阶段）施工负责人现场指挥操作，重要画块争取祁英涛先生现场指导；
>
> 五 作息时间服从揭画需要，已到下班时间被揭画块还未揭下，必须坚持本块壁画揭取完成后下班。
>
> 这几条纪律（制度），虽然通俗、平凡、简单，确是揭取壁画期间集中精力、全身心投入工作的有效措施，也为永乐宫各殿壁画迅捷、安全揭取起着重要作用。也正是在这时，即1959年8月，揭取永乐宫三清殿壁画期间，遇到一件非常尴尬的事情。不妨实录如下：
>
> 揭取壁画开始，宫门即行封闭，来往人等皆从宫宇西侧吕公祠门道出入。原在宫门前卖茶水的邓老先生对永乐宫颇为珍爱，国家迁移

保护他十分钦佩，只是对各殿内墙皮上的壁画揭取后迁移复原保存很不相信，甚至认为没有这种可能性！在研究揭取过程中他十分关注，试验揭取成功后他十分惊奇，对我们的工作态度、工作作风和工作责任心十分赞赏。在揭取壁画期间，自告奋勇担当永乐宫义务传达员，在旧吕公祠门外一间简易房内居住，昼夜守护，认真负责，不让闲杂人等参观、探视和干扰揭取壁画工作。就在这时，1959 年 8 月，巧逢揭取三清殿壁画的关键时刻，山西省委第二书记、省长卫恒同志在芮城县委第一书记李琏同志陪同下赴永乐宫视察，了解永乐宫迁移进展情况和壁画揭取效果。邓老先生将卫恒省长等挡在门外，不让进入工地，并言曰："正在揭取壁画，谁也不能现场干扰！"李琏同志再三解释，邓老先生执意不从，卫恒省长被挡在门外一个多小时不能入宫。事不凑巧，当时正在揭取三清殿西壁上部壁画，画块较大，墙皮局部微有些酥软，原定程序和方法不尽适宜，屡出不测，很不顺利。来人几次召唤，未敢应允。待画块安全落在揭取台上后，我和祁英涛先生等即到门口迎接卫恒省长及其陪随人员，心想肯定受到严厉批评，甚至会遇到极大的难堪，遂向卫省长连连表示歉意，并申明恰遇到这块壁画不易揭取，耽误了很长时间，把省长挡在门外实在……卫省长不仅没有生气，反而心平气和地说：听门房同志讲，你们在揭取壁画期间不会客、不开会、不请假，非工作人员不得进入现场。这些措施是对工作认真负责的表现。揭取壁画是不能分心的，我赞赏你们这种工作方法和作风。随即从吕公祠转至三清殿内，询问迁建工程情况和壁画揭取效果，表示愉悦和支持。卫恒省长宽阔的胸怀，平心静气、和颜悦色的风范，关心和支持永乐宫迁移保护，体贴和爱护实地工作同志的艰辛和积极性，给我们留下了深刻的印象。[①]

8 月 16 日，庐山会议结束。

这一段时间，柴泽俊从家乡的来信中知道村里粮食紧张，生活困难，他也感到在永乐宫的伙食供应紧张，工人们伙食标准下降。他为母亲和哥哥一家的生活担忧，很想回去看看，但是工地上实在走不开，只能从工资里再挤出一些钱寄给母亲。他的工资每月共计 48 元，长子在家乡跟着奶

---

① 柴泽俊《山西永乐宫迁建亲临纪实》，文物出版社，2016 年，第 137—138 页。

奶，他原来每月给母亲寄 15 元生活费，知道家乡生活困难，就给母亲再多寄 5 元。另外每月给妻子寄 20 元，留下几元零用钱用于工地生活及购买书籍。他时常胃痛，但是舍不得吃药。更令他担心的是，工地上的工人师傅们思想情绪不稳定，有些工人已离开工地回乡。

三清殿壁画揭取正在进行，他开始筹办运输工具。

8 月 22 日，他雇了几辆马车尝试搬运。路面坎坷，颠簸很大，壁画极易震动受损，遂放弃此法。后又以人力车试之，壁画仍然容易受损。因此只得选择汽车。原本汽车在 3 月份第一次迁建会议已列入计划，但因上报时间太晚，本年度来不及列入调拨计划。他多次向省文管会、省计委、省物资公司报告急需汽车的情况，一直在焦急地等待。

9 月初，一些返回家乡的工人又回到工地，请求继续留下来。他询问原因，工人们回答：村里都在搞人民公社，砸锅卖铁大炼钢铁，大量土地干旱和荒芜，在村里种地还不如回工地干活。工人们回到工地是好事，但想到家乡的情形，以及母亲、哥哥一家和寄养在老家的儿子如何生活的问题，他不免担忧起来。

9 月末，三清殿壁画揭取完成。至此，永乐宫三大殿的壁画全部安全地揭取下来，存入不受风雨侵害的临时库房和殿宇中。

从 4 月到 9 月末六个多月揭取壁画的过程中，没有星期天，没有休息日，无论是烈日炎炎，还是阴雨连连，他都坚持在现场，集中精力组织揭取壁画。作为工程管理和施工负责人，他深感责任在身，无法推托，可以说是提心吊胆，如履薄冰。在祁英涛工程师的指导下，在自力更生、艰苦奋斗的精神感召下，为了与三门峡水库的泄洪时间赛跑，他和工人们一鼓作气，平安地揭取了三个大殿的壁画。工程施工告一段落，正逢国庆，永乐宫迁建委员会主任景炎、芮城县委第一书记李琏等同志相继到永乐宫工地慰问，宣布休息三天。

10 月 4 日，开始抽调工人拆卸龙虎殿。他与技术人员在现场研究墙体青砖可用比例和石质雕刻构件的包装方法时，发现墙体泥皮内有颜色，意味着残存有壁画遗迹，随即将此发现报告中央美院。中央美院陆鸿年、王定理等教授和八位学生赶至现场，与工人同志一道细心剥去抹在壁画外表的黄土麦糠泥，龙虎殿元代残存壁画显露出来，经辨认，壁画内容有神荼、郁垒、神将、神吏、城隍和土地神等。有的神像持剑荷矛，威风凛凛，虽然有残损和后人补修痕迹，但元代壁画风格依旧。壁画面积为80.12 平方米，是永乐宫中面积最小的一组壁画。如果拆卸龙虎殿时大意了，这组壁画将荡然无存，由此可以看出其在工作上高度的责任心。大家用软排笔和细小木铲耐心细致地清理掉粘在画面表层的泥土，美院师生们就开始临摹壁画。临摹工作用了大约二十天时间。至此，永乐宫壁画的临摹工作全部完成了。1960 年，美院师生所画的永乐宫壁画临摹稿在北京故宫博物院展出，1963 年 9 月又赴日本展出。从此永乐宫文物的价值受到国内外各界人士的高度重视，其迁建保护工程亦受到广泛关注。

是月，龙虎殿拆卸工作（包括壁画揭取）在祁英涛、陈继宗工程师的指导下顺利进行。

是月，柴泽俊多方联系申请调拨的汽车仍然不见踪影，他又与省、地、市运输部门联系，请求支援。三门峡水库蓄水时间日渐逼近，还有壁画数百块没有运走，尚余几座大殿没有拆卸，能否按时迁出水库淹没区尚无把握。此外山西省计委从湖南调拨的杉篙和从东北调拨的一部分木材运抵风陵渡火车站，堆积在铁路两侧，车站催着搬走，延期会罚款。而此刻车辆运输问题尚未解决。柴泽俊先生晚年回忆："笔者曾几次赴省计委和省物资总局反复申明永乐宫迁建情况——三门峡水库蓄水时间已定，永乐宫迁移任务繁重而紧迫，请求计划外配备汽车五至八辆，未能获准。随之与省、地、市运输部门联系，寻求支援，按规定付价，亦未允诺。在这急切无奈的情况下，忽然想起在揭取壁画期间卫恒省长（当时的山西省省长）曾到永乐宫视察过，不妨请他帮助解决。这时已进入 1959 年 10 月，未经联系获准，遂带着永乐宫迁建委员会申请运输车辆的文件闯进卫省长办公室。当时省长正在审阅文件，遂说明来自芮城迁建工程工地，壁画已经揭取完毕亟待迁运，古建筑已开始拆卸，随拆随运，时间有限，运输力急需，省计委和省物资局因去年无计划无法安排，经与省、地、市运输部门联系也无力帮助，无奈之下才来找领导，恳请予以设法解决。省长在永乐宫视察时见过我，还有些认识，见我急切、冒昧和无奈之情，遂微微一笑。他一边看着我递上的申请运输力文件，一边问我壁画揭取情况、揭取下来保存情况、建筑物拆卸情况等，随后接着说：'这是一项前人没有干过的古代文物保护工程，人们还不认识不理解它的重要性。我给批个意见，你拿上再去找一找计委。它们会想办法帮助解决的。'卫恒省长的批示是：'永乐宫是国家一处重要历史文物，搬迁在即，尽快给永乐宫迁移工程调配四辆汽车，免费提供。'我遵照省长指示，去找省计委领导，李进军同志（省计委主任）见到此件批文，用惊讶的目光看着我和文件上的批示说：'你回吧！一礼拜后到运城运输管理站联系，汽车由他们管理，汽油和司机暂由他们配备。'约十天以后，四部汽车（嘎斯51）开进了永乐宫，运输力难题初步得到缓解。"①

11月初，他们开始试验用汽车迁运壁画，尤其是试验在坎坷不平的路面如何将轮胎减压，放多少气才合适，以及如何装车和如何卸车，采取什么办法才能确保壁画不受损伤等。

中旬，开始正式迁运壁画。

月末，龙虎殿拆卸工程结束。结合龙虎殿拆卸情况，祁英涛工程师不失时机地为工人们现场讲授古建筑的拆卸技术、程序和方法等。他指出："古建筑是由众多构件组成的庞大实物，如何在拆卸、迁运、修复过程中，有条不紊、井然有序、不转向不错位、不倒置、不重叠，这就需要学会科学的方法。这个方法就是'构图编号'，就是在拆除前绘制拆迁草图，编排构件号码，将各种构件分别绘成俯视图、仰视图、侧视图、透视图等编号草图，按照一定方向顺次编号，以钻位为总号，以部件为分号，这样才能层次清楚，条理井然。"在谈到拆卸步骤和方法时，他讲："首先拆装修，如牌匾、隔山、板门、横披、天花板、枝条、藻井之类的依附于建筑之上的物件。其次拆地面压檐石、角石、方砖、象眼之类。再次拆支撑殿宇的四角和倾斜部位的戗柱，同时再搭拆卸构件的架木、坡道、吊台。然后自上而下分层次拆卸各种构件。"他特别强调："有的构件要边拆边包装，有的构件需要先包装后拆卸，还有的构件拆卸后立即搭套组合，再包装。这些要视古建筑情况而定。"他还专门讲了"包装构件""搭套构件"等重要内容。柴泽俊在现场边听边记，收获颇丰。通过授课，施工人员的专业知识有了极大提高，加之他们具有丰富的木工、瓦工等专业技能，所以在拆卸纯阳殿过程中得心应手。在祁英涛和陈继忠两位工程师的指导下，施工顺畅、安全、快捷。

12月初，开始拆卸纯阳殿，同时对永乐宫的宫门和吕公祠等附属建

---

① 柴泽俊《山西永乐宫迁建亲临纪实》，文物出版社，2016年，第121—122页。

筑也开始拆卸。

12 月中旬，各殿壁画和龙虎殿建筑构件的迁运正常进行，并开始拆卸纯阳殿的主体建筑。

是年，中央新闻纪录电影制片厂拍摄了永乐宫的新闻纪录片，后在全国放映。

1960 年　庚子　二十六岁

1 月，拆卸下来的壁画 341 块和栱眼壁画 179 块全部顺利运到永乐宫新址，存入库房中，几经检查无一损伤。柴泽俊制作了搬运和入库核查清单，一车一单，由验收人员签字确认，分清责任。这样保证了建筑构件、壁画等在搬运和存放过程中不会丢失、损毁。

月末，永乐宫工地建筑工人大都返乡与家人共度春节，工地上只留下他与两名看守人员。喧嚣的工地变得寂静，在冬天的寒冷更显得冷清。柴泽俊要照看永乐宫新址和旧址，他在这里度过了 60 年代的第一个春节。妻子带着一岁半的女儿来探亲，不到 4 岁的儿子依然在家乡。三天后妻子带着女儿返回太原工作。

安全工作是保障永乐宫迁建工程顺利进行的一项重要措施，任何安全上的隐患，都有可能给永乐宫迁建造成恶劣后果，甚至是永久遗憾。在永乐宫迁建期间的安全工作有两个方面的内容：一是文物安全，二是火险安全。柴泽俊在晚年这样回忆："永乐宫新址归宫址内，木材遍地，易燃物资随处可见，各个大殿和大殿拆卸后的各种木构件，新购进木材的各种加工和烘干过程，木质碎片、木屑、刨花等遍地皆是；揭取壁画画块包装箱上框架中，都是旧棉花包和锯末。其中，尤其是烤干木材（板材、枋材、飞子、装修等，从揭取壁画到修复各殿装修）数年未曾间断，这更是危中加险的工作。在这样的环境中工作或操作，真是如履薄冰，如临深渊。如何能使"安全"二字在全体职工心目中深刻铭记，践行不怠，并非易事。笔者自 1958 年后期从事永乐宫迁移前准备工作始，直到迁建工程结束，历时八年，始终是常驻工地，深感其安全工作极其重要。"

2 月初，他利用工地尚未开工之际，重读《营造法式》《清式营造则例》。在祁英涛、陈继宗两位先生位的指导下，通过对龙虎殿和纯阳殿的拆除，他已能准确无误地辨认各部构件、掌握结构特点、建筑形制、法式特征以及斗栱、梁架的拆除，学会了如何制作拆除草图和在实际施工中的运用。在准备拆除重阳殿前，他还总结归纳了前两座殿宇的拆卸经验，指导重阳殿和三清殿的拆除、迁运。

2月下旬，永乐宫新旧工地复工。

是月，纯阳殿拆除完毕，开始重阳殿的拆除工作，重阳殿亦名七真殿，因供奉全真教祖师王重阳和他的弟子而得名。它位于纯阳殿之后，面宽五间，进深四间六椽，单檐歇山顶，殿内梁架全部露明，构造简洁自然，结构处理大胆而灵活。殿顶屋脊弧度较大，两端翘起显著，外形轮廓给人以柔丽秀美之趣。

3月初，根据工程进度和经费开支比例计算，原迁建方案中的预算严重不足，申请追加经费30万元。柴泽俊再度去三门峡工程管理处办理手续，追加款项顺利汇迄。

是月，北京大学考古专业教师宿白先生提出：永乐宫是道教全真派三大祖庭之一，布局开阔，规模宏伟，始建于元代建立国号之前，当时教势隆盛，名士甚众，这样的大型宫观无配殿设置，已是少见之例，那么四周两道围墙之内有无廊庑围护呢？地面上遗迹不存，无法论定，希望趁迁移之际发掘确认。

山西省文管会根据宿白先生的建议，由考古工作人员李丰山等同志对宫区内外围墙附近全面钻探，并选择部分地段挖了探沟。经过近一个月的发掘，未发现围廊遗迹，亦无夯土建筑遗迹，只能以无围廊定论。

3月末，考古人员开始对已拆除的龙虎殿、纯阳殿及刚刚拆除完成的重阳殿的基础进行发掘。

4月初，开始拆除永乐宫主殿三清殿，这是永乐宫规模最大的宫殿。

在发掘已拆除的大殿基础的过程中，祁英涛、杜仙洲、陈继宗等工程技术人员也都来到工地参与发掘，并对永乐宫新址进行勘察和测绘。柴泽俊在晋祠学到的测绘技术在新址测绘中得到了运用，并开始学习制图。

是月，山西省运城运输管理站在数次实地调研永乐宫工程的运输情况后，决定将上年秋调拨的四辆汽车和四名司机移交给永乐宫迁建委员会。是年秋，山西省政府副省长刘开基视察芮城库区移民搬迁情况时，将一辆汽车调走，始终未归还。其余三辆汽车继续在工地运送物质，直至整个工程告竣。

5 月中旬,三清殿建筑拆除完毕,开始对永乐宫各种碑碣刻石包装运输。永乐宫西侧约 300 米的玄帝庙大殿及附近礼教村(离永乐宫约 3 公里)的石牌坊等也一并拆除迁运。

截至 6 月 30 日,赶在三门峡水库蓄水之前,除准备到冬天搬运的两个石碑龟座和一幢大碑碑身外,永乐宫所有的文物全部安全迁至新址。

永乐宫迁建工作是一项非常严谨细致且带有研究性质的实践,要对每个构件的完好程度、残损情况及如何处置进行检验评估和提出意见。为此,柴泽俊还绘制了检修加固登记表。表的左上角注明构件类别,表内有名称、部位、编号、完好或残损情况、保留或修补意见五个方面的内容。此表同时也是迁建修复实录档案,可供研究、检验和备查。表的末尾要求施工负责人、技术指导、施工员和木匠师傅签名。

5 月末,因农业生产遭受自然灾害和偿还苏联债务等因素,人民群众的生活陷入困难境地。中央和省委省政府三令五申,要求各单位合同工、临时工全部返回家乡参加农业生产劳动,千方百计度过灾荒。省级相关部门在临汾宾馆召开动员返乡生产会议。会议明确"永乐宫迁建工程暂缓,工人全部返乡生产劳动,灾荒过后再行修建"。柴泽俊根据省文管会通知,代表永乐宫迁建委员会参加了这次会议,在发言中阐明迁建工程不能延缓的理由、永乐宫的文物价值,特别是目前建筑、壁画已全部揭取运到新址,若停工,各构件和壁画都可能风化、腐朽和溃烂,会造成无法估量的损失。会议主持者对他的发言非常重视,电话请示省委省政府,回答是可留少部分人员,大部分工人返乡,文物不能受损。最终永乐宫留下 166 位工人继续工作,余皆返乡。工程进入中后期以后工人人数也一直未增加,直至工程结束。

6 月初,永乐宫四座大殿基础的发掘收获颇丰,丰富和加深了对我国古建筑基础构造的认识,极具学术价值。

6 月中旬,永乐宫新址工作人员办公室、生活用房以及两座较大的壁画加固修复室和木构件加固工房建成,为永乐宫移地修建、原件重构至恢复原状创造了适宜的工作环境和条件。

同时,他开始考虑对拆卸下的原木构件如何进行检修加固。

月末,新址工地烧制砖、瓦、琉璃制品的窑点火。早在 1957 年,在

51

五台山显通寺无量殿的修缮中，柴泽俊已初步了解了烧造砖瓦和琉璃制品的基本知识。为了做到万无一失，他与工匠师傅研讨配方成分，查阅宋《营造法式》中烧造砖瓦和琉璃的规范，还赴运城考察了琉璃构件的制作方法和技术。

是月，迁移到新址的建筑构件开始检验修复加固。每检验修复完成一个或一组构件，均由施工负责人柴泽俊、技术指导陈继宗、施工员苏建兰和张春兴，以及木工匠师石王喜、石在明、任宝珍、周成海等填写登记表，签字确认。这一阶段的工作是非常重要的，永乐宫每个大殿拆卸、迁移的构件数以万计，构造方法不同，残损情况不同，修复加固的方法也各有不同。每类构件的检验结果都要填表登记，然后汇集装订成册。这一阶段出现的矛盾和分歧是：一些旧构件已经出现裂、残、朽、折、损、缺等弊病，是一律更新，还是尽量使用？这就涉及一个古建筑保护中的原则问题，即"保存原状或保持现状"。在这一环节出现了较大的分歧，大家有不同的认识。这是古建维修中重要的学术问题。当时是柴泽俊践行梁思成先生"整旧如旧"建筑理念的起始阶段。柴泽俊晚年对此有如下回忆：

> 什么是古建筑原状？如何保护古建筑原状？这在当时是一个颇费思索的重大原则问题。结合实际，永乐宫拆迁前的残败景象——台基坍塌、板门格栅损毁、殿顶漏雨、翼角沉陷、墙面壁画千疮百孔等状况，能是永乐宫古建筑的"原状"吗？若视此为"现状"，这种"现状"也是保持不住的。客观地讲，这种状况只能视之为残状，而且这种残状即便是没有三门峡工程，没有水库的淹没，也是无法长期保存的，必须花大力气修缮保护。现在既已迁到新址重修复原，必须坚持保存永乐宫各个古建筑的原状，而坚持保存古建筑原状，就必须坚持尽可能地原有构件加固修补后继续使用，即原件重构，原状重现。这是当时修复工程开始阶段——检修加固旧构件时出现的一大分歧，也是一个颇为棘手的原则性问题。不少同志认为：一些旧构件已经出现裂、残、朽、折、损、缺等弊病，不能再用，一律更新。笔者认为：坚决不可，不能一律更新。除已缺失或残坏严重无法修补加固者外，对于一些裂损朽折的构件，能修则修，能补则补，想方设法修补加固后原位安装，继续使用，尽量不要更新。为此，曾经过不少次的小议

论、大讨论、研究与争论。老匠师们和一部分同志（包括办公室负责人、文管所负责人等）都认为：好不容易迁建一次，已裂已残构件不必再加固使用，费工费时费钱，要质量，要坚固，要一劳永逸；今后的永乐宫是各界人士参观的地方，要讲究，不能将就。笔者认为：要质量，质量就是原状，旧构件加固好（牢实），不会次于新更构件效果，而更换构件较多，就降低古建筑文物的价值。如果更换构件过半或者更多，应该说就是重建的古建筑，就是原大的复制品了。国家花这么多经费迁移永乐宫，是保护文物，绝不是搞复制品。因此，保持原状就是保护古建筑文物修复质量的最高标准，不能退让，坚持不懈。笔者的这一观点，几次都得到祁英涛先生等的肯定和支持，分歧稍有缓解，但依然不甚一致。随后向迁建委员会领导（主任委员景炎、副主任委员刘静山）写了专题汇报，不久即接到回信，答复是"迁建永乐宫是保护文物，按照国务院公布的《文物保护管理暂行条例》执行，要经得起历史检验，慎重从事，质量第一……"由于迁建委员会负责同志的回信和祁英涛等的支持肯定，分歧遂销声匿迹，加固旧构件，原件重构，逐渐得到了大家的认可。笔者在这次争论中，从理论和实践方面都得到了很大提高，受益良多。后来在许多古建筑修缮工程中，都坚持了这一观点和原则，取得了较好的效果，得到了诸多业内人士和专家学者乃至瞻仰者的一致赞叹！①

进行古建筑构件的检修加固工作时，永乐宫迁建工程正处在比较困难的阶段，工程项目繁杂多变，包括安坐标、各殿位置放线定位、挖基础、砌基砖、加工砖瓦、检验选购灰石沙等；大批工人和部分干部返乡生产劳动，已经摆开的工程项目随着人员的减少，也都延缓下来。因此这项工作只得时断时续地进行，加之检修各殿内外斗栱构件和装修中的天花藻井等工作尤为繁杂，对修补加固方法有时也会产生争议，反复几次始得统一意见，致使这项工作持续了四个月时间，才完成检验和加固意见的登记，而加固工作尚未进行。

7月，文化部文物事业管理局要求各级干部每年要下乡劳动一至两个月，首批文化部处室干部来到永乐宫参加劳动。省文管会在永乐宫工地新

---

① 柴泽俊《山西永乐宫迁建亲临纪实》，文物出版社，2016年，第173页。

址分别开设了干部食堂和工人食堂。

柴泽俊参加木工组劳动。古建筑是以木结构建筑为主的，木工是最重要的工种。他原有木工基础，因此在木工匠师的指导下，在木材材质鉴别、和木工榫卯结构技能的掌握上有了长足的进步。

10月，开始修缮加固保护各类木构件，修补加固柱子，加固残损斗栱构件，修配加固梁架，修补加固残损槫、椽、枋，补配加固装修。

永乐宫的各殿装修有隔扇、板门、兰额木雕、平棊、藻井和牌匾等。这些项目的加固，既需要精湛的雕刻技艺，又需要细致的小木作技能。

检修加固工作一直持续了数年，直到1963年永乐宫四座殿宇复原才结束。柴泽俊在祁英涛、陈继宗、杜仙洲等工程师的指导下，在老工匠师傅们的带动下，学到了许多新的知识，特别是老工匠师傅们对特殊疑难问题的处理使他积累了许多实践经验和体会。

年末，山西省委书记卫恒视察永乐宫新址的复建工程，陪同前来的有中共晋南地委第一书记赵雨亭、芮城县委第一书记李玉连等人。卫恒同志指示：①永乐宫复建一定要搞好，五龙泉水一定要引来，贯宫而流，有计划地着手绿化，要规划一下，和林业部门、当地学校和公社结合起来，要培养奇花异树，美化宫宇。②永乐宫壁画复原和殿宇彩画所需的黄金，由省里订个计划，可以拨给。③保证电灯安装器材。④琉璃厂完成烧制后可以保留下来，隶属于省文管会。⑤宫墙原系长廊，可以考察一下，如证实，可修。⑥原址柏抱槐、银杏树同意迁到新址。⑦引水绿化经费1—2万元由省财政解决。

1961年　辛丑　二十七岁

1月，继续修补、加固残损的木构件。他开始准备龙虎殿、三清殿、纯阳殿、重阳殿的台基（包括台明和月台）所需要的材料。

2月10日，工地停工。春节临近，工人们开始返乡，他留守工地。这年春节，妻子和孩子们没来，他也不能离开工地。

工地堆满了木材、用剩的边角料、木屑、已加固和尚未加固的梁架、斗栱。防火是最重要的，其次是防盗。这两年由于物质资料的匮乏，附近村民的生活已陷入困顿。他寸步不敢离工地，看守着这些木材。这是他来永乐宫度过的第三个春节。

2月中旬，利用春期期间空余时间，他开始研读宫门、龙虎殿复原设计图纸，结合《营造法式》学习龙虎殿的形制结构和特征。对《营造法式》的相关内容，有些他能够领悟，有些地方还有疑惑待解。

斗栱五铺作单抄单下昂，补间铺作用真昂后尾压在"下平槫"的下面，这在结构上具有实际挑承的作用。永乐宫建筑的斗栱构件用材比例大体上接近宋制，但也有例外，檐柱头上所用栌斗宽仅 30 厘米，而各种栱子长度都稍大于《营造法式》的规定，是何意呢？十四根露明柱均用素覆盆柱础，无雕饰，方仅 68 厘米，不到柱径的两倍。周檐柱径有粗细之分，如明间檐柱径两材，而四角柱柱径则用两材一契，为何？

梁架结构为"彻上露明造"，中间竖立中柱一排，以内额相连贯。前后檐各用"三椽栿"相对，后尾搭在中柱上，其上再叠架"平梁""搭牵"，立"蜀柱"馀"叉手"，两山则用"丁栿"承载上面的梁架，正脊采用倒"推山"做法，两次间于前后上平椽的背上各架"太平梁"一根，其上置栌斗和一斗三升、替木等承托脊椽，由此可见结构手法简洁利落，极富创造性。同时他也看到各缝椽木不在一条水平线上，由中间向两侧逐渐生起，使正脊和四面瓦坡构成一种圆和舒展的轮廓线，无强直压抑之感。从工艺手法看，梁栿构件多用圆木做成，断面无一定比例，参差不齐，加工粗糙，实际沿用唐、宋"草栿"的制作手法。阑额和普拍枋还是按"大木作"规范，阑额和普拍枋的出头部分均垂直切割，不加任何雕饰。柱子、椽头和飞子俱作"卷杀"，犹存宋、金遗制。

是月，他整理出在发掘原来基址时取得的可贵的元代工程做法：月台宽 15.6 米，深 12.15 米，墁墁方砖，月台的两侧各设朵台一个，上下各设踏道四条，"象眼"部分以条砖镶砌成菱形图案，叠涩达五层之多，是国内罕见实例。这种月台的布局，显然是根据道观设醮时陈设供器和执事人员的活动而设计的，与一般月台不同。

3月初，永乐宫工地开工。龙虎殿、三清殿、重阳殿的台基与基础工程启动，开始复原宫门建筑。

关于永乐宫新址诸宫殿的基础如何构筑，有一些不同的意见和争论，柴先生在《山西永乐宫迁建亲临纪实》中这样讲述：

永乐宫迁移后的修复过程范围，与其他古建筑修缮工程不完全相同。一般情况下，古建筑修缮多是瓦顶、屋身和台基塌陷部分，除建筑物倾侧而产生的不均匀沉降致使部分基础需要加固外，其他修缮工程多不触动基础。就是有的局部沉降，也多是加固沉降基础，很少全部重筑。永乐宫迁移后重新修复，各个殿宇的基础都要全部重筑重砌。这就涉及各殿基础的构筑方法、荷载功能和荷载时效问题。还在测绘设计期间（1958 年末至 1959 年初），就有人提出永乐宫迁移应该保持原状，但基础的构造方法应该是现代化的钢筋混凝土结构。还有人提议基础可以砌砖，但应该用水泥沙浆，凝固力和承载力均较白灰强很多，并且还认为这样做可以清楚地表明永乐宫创建于元初，迁移于 20 世纪 60 年代，基础等隐蔽工程就是要用现代化的材料和结构，无须再坚持传统做法。笔者认为：永乐宫的迁移和其他古建筑修缮性质是相同的，都是保护古建筑文物，而保护文物就必须坚持古建筑的原貌原状，严格地讲"基础也是文物"，能不扰动者尽量不予扰动。永乐宫迁移保护，各座殿宇的基础必然重筑，而且应该是按照永乐宫原有基础重筑。但原有基础当时尚未（也不能）发掘，原构造不详。从测绘时发现的情况看，各殿檐柱都有不同程度的不均匀沉降，原基础荷载功能有待加强。但这种加强应该是中国古建筑基础的传统用料和构造方法，要符合中国古建筑的传统脉络，要坚固耐久。现代化的材料和构筑方法（钢筋混凝土，水泥砂浆砌筑），它的老化期能耐多久，当时尚无定论，社会传言只是几十年，最多不超过一百年。基础一旦老化，殿宇必然倾弃，到那时后悔莫及，至少是要落骂名的！祁英涛、陈继宗两位工程师，在迁移设计的基础用料和构筑方法争议中说话不多，似乎胸有成竹。从设计图纸和文字说明中所示，不是后来发掘的各殿原有基础构造，而是用传统材料和优秀技法，革弊传承，较前强化了很多。笔者在标高定位、刨槽夯基、砌砖灌浆等一系列操作过程中，边学习边工作，现场组织施工，亲手和匠师们共同操作，学到了一些真知，掌握了某些技艺和操作方法，也取得了工程管理主动权！①

---

① 柴泽俊《山西永乐宫迁建亲临纪实》，文物出版社，2016 年，第 186 页。

　　3月中旬，杜仙洲工程师的助手来永乐宫勘察。柴泽俊抓住机会向他求教对龙虎殿形制的不解之处。

　　是月，组织人员烘干木材。这是件操劳费神而且具有风险的难事。

　　4月，省文管会招揽河津吕氏琉璃世家——吕鸿渐、吕远忠及其门人现场控制、烧造、补配琉璃构件，直至1963年修复纯阳殿和三清殿瓦顶工程。柴泽俊对于琉璃的研究就是从这一时期开始。

　　据吕氏家谱记载，明万历末年（公元1620年），吕氏已开始烧造琉璃，从此世代相传，延续不断。山西多处庙宇中的琉璃作品皆出自河津吕氏之手。1956年山西省手工业管理局曾将吕姓匠师招揽至太原，成立山西琉璃厂，1958年隶属于山西省博物馆管理。他们1960年返乡，1978年吕鸿渐、吕远忠正式成为山西省文物工作委员会古建队职工。20世纪八九十年代，山西许多庙宇的琉璃构件修复、补配和粘接出自他们之手。

　　是月，他在芮城县城内察看宋代建筑圣寿寺舍利塔、城隍庙和元代建筑文庙大成殿等文物建筑群。

　　圣寿寺遗址在县城东北，因寺内建有砖塔，又称塔寺。该寺创建于北宋，明、清曾数次重修，民国时寺为日军所毁，仅存宋代砖塔。塔体形制为仿木构楼阁式砖塔，平面呈八角形，十三级，高46米。塔身挺拔秀丽，向上每层逐收，成一锥状轮廓。下三层塔檐为砖体斗拱，完全仿木结构形制，四层以上塔檐均以一层砖叠涩挑出，保持唐塔叠涩出檐的遗风，塔顶为铁覆钵顶。塔内残存宋代佛教壁画。

　　离开塔寺步入城南，是城隍庙，始建于宋，现存有大殿、献殿、享厅、寝宫及东西两廊。大殿为单檐歇山顶，面阔五间，柱头施五铺作双下昂斗拱。享厅又称看台，亦为单檐歇山顶，面阔五间，进深三间，柱头施四铺作单下昂斗拱。献殿、寝宫为清代所建。献殿是全县现存唯一的卷棚顶古代建筑，寝宫为悬山顶形制。原有的元代舞台，为重檐歇山顶形制，东、西、南三面有转廊，内设藻井，精巧华丽。这组集宋、元、清风貌于一体的雄浑壮丽的古建筑，反映了黄河流域的建筑历史和灿烂文明，令他赞叹不已。遗憾的是这座城隍庙已被县医院占用，文物遭到损坏。

　　5月中旬，永乐宫龙虎殿基础完成，垒砌了台明和月台。祁英涛工程师等技术人员赴工地指导，月末返京。

　　是月，他向芮城县政府提交《关于将县医院迁移出城隍庙的请求报告》。

6月初，在对永乐宫诸碑的考证过程中，他得知元廷在修建永乐宫的第五年即公元1252年，便开始修建纯阳上宫。纯阳上宫建筑宏伟，有三清殿、纯阳殿及附属建筑关帝庙、三官庙，特别是建有规模宏大的藏经楼，内藏道家经典《道藏》一部及历代皇家圣旨等珍贵文物。1942年，纯阳上宫被日寇焚毁，仅存遗址。

他来到距芮城县城35公里的杜庄公社西尧村后十里中条山的九峰山上，山环水绕，景色极佳。目睹遗址，又激起他对日寇侵略的无比愤怒。多年以后，他曾撰写论文《日寇侵晋期间山西文物遭劫记略》，控诉日军侵华罪责，用历史启示后人。遗址存巨碑4通、中小型碑3通，其中有元廷敕封碑、明万历帝敕令藏经碑等，对研究历史和道教发展史都有重大价值。他一一通读，摘录卡片，以备日后查阅。

7月初，他来到位于芮城北古魏城城垣内龙泉村北广仁王庙察看。

7月10日，龙虎殿开始安装柱础、柱子、阑普、斗栱等木构建筑。

7月16日，他因多次闯进芮城县政府办公会和县委办公会请求将县医院迁移出芮城城隍庙而被点名批评，并被送进学习班学习了两天。对这一经历，他曾撰文《永乐宫迁建中几则难题》（手稿），作了这样的回忆：

> 芮城县城隍庙，前殿宋建，中殿（主殿）元建，后殿（寝宫）及两侧厢房等明建，布局基本完整。1959年至1962年期间，县医院占据城隍庙，塑像清除，地面、壁画、四周檐头、殿顶脊兽、各殿门窗等皆被改造或损坏。笔者认为，自己在芮城参与永乐宫迁建保护，眼皮下面的宋元建筑被占用单位改造损坏，如果不识，情有可谅，而识者不管，责任难逃。为此，曾几次向县文化局、宣传部、卫生局反映，医院应予迁移，城隍庙应予保护，均未收到明显效果。考虑到县医院的迁移，在当时国家经济很困难的情况下并非小事，文化局、卫生局等几乎都是无能为力的。因工作关系，我和分管文教卫的副局长接触甚多，曾多次向他反映城隍庙占用不当情况，应予保护。他说也曾向政府和县委提议过，似乎也无可奈何。面对此况，曾两次闯进县政府办公会和县委办公会反映：芮城县石牌楼拆除，县文庙元代大成门和泮池、石桥拆除，都是很有价值的文物，现城南街城隍庙塑像壁

画不存，建筑基本完整，且是宋元遗构，千万不可再毁了，县医院应设法迁移。况且，按照人们信仰城隍神掌管着死者亡灵和地狱冥罚，人们有病到城隍庙诊治或住院，这与民风、民俗和民众心理信仰相悖，许多人有病去到外地诊治恐怕与此有关。特提请县领导迁移县医院保护城隍庙为好。为此，1961年县里举办学习班，调我到县上脱产学习，期间有两位同志批评我：不论什么单位，在这里必须服从地方领导，你的表现不能说是反党，至少也是蔑视县委和政府。这时我清楚地意识到这是我闯进政府办公会和县委办公会惹来的麻烦，随后，我说明了城隍庙宋元建筑的价值，而且宋代木构建筑芮城县仅此一例，宋元城隍庙全国也很稀有了。县医院占用改变很大，一旦损毁，无法挽回。之后六天时间一言未发。县领导视察学习班时看见了我，让我返回永乐宫工作。

8月，他在平陆县察看枣园村汉墓壁画、平高村元墓壁画。

枣园村汉墓壁画时代较早，内容分天上、人间两大部分。墓顶和藻井上画天，有日月、星宿、流云、青龙、白虎、玄武、蟾蜍和仙鹤等。人间画有山水、树木、人物、屋宇、车辆耕牛以及犁地、套车、播种等农事活动。笔法简练，形象生动，极大地激发了他对壁画的强烈兴趣。平高村元墓壁画所绘世俗生活，都是当时社会生活的再现，是研究当时社会生产生活等方面的可靠资料。他认识到，由于墓室壁画埋在地下，不可能经后人重装或补绘，时代风格明显，史料确切，在这方面比寺观壁画更为珍贵。

是月，三清殿、重阳殿基础完成、台明、月台开始施工。他开始安排龙虎殿壁画复原所需木材和备件，并再次向省文管会提出木材补配申请，希望尽早列入调配计划。

9月中旬，宫门、龙虎殿工程竣工。祁英涛、陈继宗、杜仙洲等工程技术人员现场察看并筹备试验用于修复、加固龙虎殿壁画所需材料。

是月，他沿省道至芮城西南方向的中窑公社西侯度村的西侯度遗址、风陵渡公社匼河遗址寻访地上文物。

考古学家贾兰坡等于1959年10月在西侯度遗址厚约50米的红色土层之下的沙砾层中发现数十件石器和成批的动物化石以及一些烧骨和带有切痕的鹿角石，证明人类远在180万年前就用角和骨制造工具。匼河遗址为旧石器时代早期人类文化遗址，1957 年发现，结合黄河水库工程，发掘出土了许多石器和动物化石，得名"匼河文化"。

这两处 20 世纪 50 年代末期发掘的遗址，令柴泽俊产生了极大兴趣。且又都位于芮城永乐宫附近，因此他常利用空暇，去感受这些远古人类文化。

沿省道向北折，便是栖岩寺。该寺始建于北周，盛于隋唐，分上寺、中寺和下寺。他看到寺内舍利砖塔犹存，可惜院内碑石大多已裂，择其字迹能辨者查看记录。继续向北行五里，便来到万固寺。此寺与普救寺莺莺塔遥遥相对。从山脚下蜿蜒而上，入山门，右下方第一禅林内有大雄宝殿，殿内佛像高大。过大殿，从两侧石阶上行，中间有药师洞，左右是经院，竹柏翁郁。再往上，就入塔院。塔为多宝佛塔，高十三层，平面为八角形，各角悬有铃铎。塔前为水陆殿，塔后为无梁殿，雕刻精致。由此向上攀登可达寺院最高处的罗汉殿。此寺院西临黄河，东依中条山，翠柏林立，青竹茂密，山谷田野，泉水潭渠，尽收眼底。

10 月，柴泽俊组织有经验的施工人员，在祁英涛等专业人员指导下，反复对龙虎殿壁画的加固和修复进行试验。

永乐宫各殿墙壁都是水坯砌体，墙之内侧皆三道泥层封护。第一层为麦秸泥与水坯相连，基本取平，厚约 3 厘米；第二层麦糠泥厚约 2 厘米，墙体较前更平整；第三层为棉花沙泥，厚约 0.5—1 厘米，这层泥表面较薄，依壁抹压，其上绘制壁画。

对壁画的加固和修复，首先是减薄壁画画块泥层，基本铲平。其次是清洗画面。接着铲除麦糠泥层，保护原有棉花沙泥壁，还有粘接布揪、粘贴白布、粘木框等程序。

加固墙体主要包括檐墙下肩的砌筑和搭木构架构建墙体龙骨。然后恢复壁画原貌，通过"样画"（核对画幅、校对画块位置）、挂画和校正等程序，直至修复壁画画面。

这一系列的试验，用了一年多时间。龙虎殿壁画复原于 1962 年完成，为永乐宫其余各殿壁画的修复展示了前景。

青年时期的柴泽俊对蒲剧很喜爱，并经常登台演戏，自然就产生了对古戏台研究的兴趣。恰逢此次又在永乐宫施工，因此他利用闲暇时间在永济、芮城附近探访古戏台。他察看了永济县董村三廊庙乐楼、芮城东吕村圣母庙戏台及在永乐宫原址西北峨眉岭挖掘出的潘德冲石椁。

是月，由于自然灾害严重，国民经济下滑，三门峡水库工程停止对永乐宫迁建工程拨款投资。文化部决定从文化经费中专项拨款，直到迁建竣工。

11月9日，文化部文物事业管理局局长王冶秋同志视察永乐宫新址及水库淹没区，听取了祁英涛的迁建工程技术报告和柴泽俊的迁建施工汇报。

王冶秋同志说："永乐宫壁画经过六百多个寒暑，墙体壁质构造发生变化，画面上的设色黏度大大减弱，要是再予以揭取、包装、搬迁，绘制壁画的墙皮和画面还受的得吗？这是文化、文物、宗教、美术等各界人士最为担忧的事。我正是在这种舆论和议论中来永乐宫的。在我亲自目睹以后，心情十分激动。"

"诸方面的专家（包括文物界、美术界、宗教界、史学界、建筑界、园林界），都一致公认对永乐宫迁移保护是应该的、必须的、有价值的！经国务院批准，势在必行，但谁也没有想到，就是我们这些普普通通的专家和初离家园的职工却完成了这一前无古人的大事。对此不少人感到惊奇，这应该是很自豪的事了。"

"一座庞大寺庙的古建筑及其中的近千平方米精美的元代壁画完整地迁移新址复原保存，不敢说是绝后的，至少可以说是空前的。"

王冶秋同志临走时，柴泽俊向他提出："永乐宫施工木材紧缺急待解决；芮城县宋建城隍庙被芮城县医院长期占用，对文物损害极大，多次交涉无果，请上级领导帮助解决。"不久，这两个问题都得到解决。

王冶秋同志事后撰文说："永乐宫是仅次于敦煌的一座艺术宝库，在国内外享有很高的声誉，是国家珍宝。这座元代艺术宝藏复原后，可供千秋万代的人们来欣赏……"此后王冶秋局长还写了著名散文《神宫变异记》。

11月，三清殿、重阳殿、纯阳殿三大殿基础及台明、月台全部完成。

12月初，芮城县医院向县政府申请新址立项资金，两年后建成并搬迁，城隍庙得到妥善保护。

12月中旬，柴泽俊赴解州关帝庙，首次拜访这座让他心仪已久的关帝庙。

此庙位于山西省运城市解州镇。创建于隋初,重建于宋(公元 1014 年),明嘉靖三十四年(公元 1555 年)毁于地震,重建后于清康熙四十一年(公元 1702 年)再毁于火灾,后又重建。

他从端门进入,沿中轴线,过雉门、午门到御书楼前。此楼虽不高,但形制别致:二层三檐歇山式屋顶,前檐抱厦一间,单檐庑殿顶;后檐抱厦三间,单檐卷棚顶。这种前抱后厦的风格在清建筑中实属特例。整个庙宇建筑是仿宫殿形式建造的,呈中轴对称式的建筑布局。两侧是钟楼、鼓楼、刀楼、印楼和左右厢房,左右对称,布局严谨。他深深被这座气势恢宏、典雅豪华的集聚了帝王之气的庙宇所震撼。

崇宁殿是关帝庙的主殿,重檐歇山顶,周匝回廊,二十六根石柱上雕有蟠龙,殿内悬清康熙弟手书"义炳乾坤"。匾下是关云长塑像,崇宁殿以北为后宫,娘娘殿早已不存。

春秋楼为关帝庙最高建筑,明代增建,清代同治九年(公元 1870 年)重建。这是一座两层三檐歇山顶楼阁式建筑,阁内有楼梯,一楼的暖阁塑有关云长夜读《春秋》的塑像。二层外用木柱伸出,吊挂四周回廊。

此外,他注意到,关帝庙外,大楼南侧还有结义园。他在关帝庙小住几日,通读了现存碑文,拍摄并记录了许多珍贵文物资料。他也结识了关帝庙文管所张济严等文物工作者,后来在"文革"的动乱年代还得到他们的帮助,成为一生的朋友。

年末,他开始准备安装壁画试验用的木材等材料。

是年,他主持施工,亲身经历了从 1959 年起对永乐宫四个大殿的拆除工程,1960 年对残损木构件加固修复以及 1961 年宫门、龙虎殿木构建筑的复原工作后,已经对木构古建筑的全套修缮保护程序、步骤和方法有了较为全面的认识。他着手系统地整理汇集古建筑修缮保护施工纲要和全套程序,即从"拆卸事项和要求""加固和复制构件""砌筑和安装工程事项"到"油饰断白"等一系列施工环节。这些理论知识都在永乐宫纯阳殿、重阳殿和三清殿复原安装工程中得到实践的验证和不断的修正,逐渐系统化规范化。此举是他目光独到之处。

1962年　壬寅　二十八岁

1月初，柴泽俊开始准备重阳殿、三清殿安装柱础和压檐石所需的材料，以备开春施工。

是月，妻子因工作变动，带不到四岁的女儿来永乐宫小住数日。这是他们这个家庭两年中的一次不完全团聚，当时儿子尚在家乡。

月末，春节工地放假。

2月下旬，工人们陆续返回，恢复施工。开始安装重阳宫和三清殿的柱础和压檐石。

3月初，祁英涛等工程技术人员来到永乐宫开始修复加固和复原龙虎殿壁画。

4月初，重阳殿、三清殿安装架木、檐柱和金柱等。同年10月完成这两个大殿的木构主体建筑。

5月初，除去准备用于实验安装壁画的木材外，工地上的木材已所剩无几，尽快购置木材成为当务之急。此前早已提前申报，却始终没有消息，又赶上这一年自然灾害最严重，许多上年度申请的计划指标都已泡汤。对这一难题的解决，柴泽俊晚年曾回忆：

> 1962年5月，永乐宫迁建工程已进入全面恢复阶段，加固壁画、复原各殿建筑、加固残损部位和复制缺失构件等。当时三年自然灾害和苏联逼债给国家和群众生活造成很大困难，当时很多建设项目下马，许多单位人员返乡农村生产劳动，渡过难关，而永乐宫尚能保留相当多的人员继续保护复原，可见各级领导的重视和永乐宫迁建的重要性了。为永乐宫的迁移保护，国家已调拨木材两千多立方米，揭取和包装壁画已在当地购置榆槐木四百多立方米。对于如此大规模的文物建筑迁移保护工程，既无经验可谈，亦无较切合实际的预计能力，仅壁画背面的木框即用去已备红松的大半，壁画墙内的支柱即用去原备榆槐等硬木的大多数，这样复制门子隔扇天花藻井和加固斗栱的榆木等即缺数甚大。为此曾全面地反复核查计算，整个工程尚缺木材四百立方米，其中红松和榆木尤为急需。几次向省计委申请未能列入计

划；向临汾、太原、晋北等处的木材公司联系，也无指望；两次赴三门峡工程局求救，也无收获；派人两次赴东北几个林场要求在计划外资助一些紧缺木材，皆都碰了钉子。万般无奈之际，想到刘子怜先生在解放战争之际曾掩护过一些山西籍的老同志，现在都在中央一些部门负责，相随刘子怜先生先去找他们，或许能给予帮助。到北京后先找的原山西省省长王世英同志，王对永乐宫的迁移保护说是保存民族文化遗产的大好事，表示支持，但他说：我不接触建设和物资方面的工作，人也不熟悉。说着他走到另一个房间去了，过了几分钟他又走过来，手里拿着一个纸条，对我们说：我给程子华同志打一个电话，还写了一个条子，你们去找一下他，或许有办法。刘子怜同志在解放战争时期几次接触程子华，称是老相识，又有王世英同志介绍，我们就大胆去找。程子华同志客气诚恳，平易近人，我们简要地汇报了永乐宫的价值和迁建进展情况以及急需木材的困难。程子华同志解州人，距永乐宫很近，青少年时期曾几次去过永乐镇永乐宫，印象很好，一再表示这是一件大好事。说着他给李哲仁同志打了个电话，请帮助解决，并在我们递给他的申请报告上签了字。程子华同志当时是国家计委副主任兼商业部部长，李哲仁同志是国家物资总局局长。李哲仁同志是办公室会见我们的，平和热情，我们简要地说明来意和申请事项后，李哲仁说：这是一项前无古人的文物保护工程，应该支持，程子华同志有批示，特事特批，在北京木材库内解决，包括火车皮。①

月末，400立方木材抵达风陵渡。他立即组织搬运。

9月初，龙虎殿壁画复原安装完成。

9月中旬，他赴临猗附近巡查古建筑。在临猗县城北隅，看到一座寺院遗址，仅存双塔，东西排列，两塔相距五十余米，砖结构，平面方形。西塔七层，高30余米，第一层檐下砌砖雕斗栱，其余各檐皆叠涩伸出或收刹，塔内有阶梯可登。塔门两侧石柱上刻有侍女像。东塔亦七层，第一层中空，一层以上实心；一二层檐下有四铺作斗栱，二层以上每层倚柱四根，上施斗栱，把头作绞项作。他阅读碑刻得知，西塔为隋建唐竣，东塔为宋建。此寺院被称为"双塔寺"或"雁塔寺"。当地人告诉他，西塔相

---

① 据柴泽俊晚年口述回忆。

传为"白蛇塔",东塔为"许仙塔"。在县城东北二里处的峨眉岭上有一寺,叫"半坡寺",寺内建有同样的七层砖塔,恰在这双塔之间,该塔为"小青塔"。传说白蛇与许仙每年七夕相会。他又赶赴县城东北方向,确有一座七层塔矗立(可惜此塔于20世纪70年代中期被拆毁)。

从临猗县城西行四十里,抵临晋镇,有文庙大成殿。该殿坐北朝南,面阔五间,进深三间,单檐歇山顶,黄、绿、蓝琉璃筒瓦、板瓦覆顶。脊顶、脊刹、鸱吻色彩耀目,秀丽壮观。殿前有石砌月台和围栏。石栏望柱顶端雕有石猴,栏板饰莲花图形。殿左侧有千年唐柏一株,右侧有宋铸铁钟一口,钟身有文字可考。

县城有人告诉他,在邮电所内有碑亭,此碑为《密云太守霍扬之碑》。数年后柴泽俊撰文写道:

> 此碑为北魏宣武帝景明五年(公元504年)甲申正月廿六日撰刻,距今已有一千四百八十余年历史,保存基本完好。碑高1.88米,宽0.87米,身首一石。
>
> 霍碑原在临晋县(今属临猗县)东北15公里的霍村霍扬坟地内,……辛亥革命后,社会动荡,战事繁多,霍坟淹没,霍碑几移其址。抗日战争中,为防被盗将其隐匿壁内,外抹泥皮封护。直到解放后勘察文物时发现,方剥去泥皮,建亭保护,接待观者鉴赏。
>
> 碑文内容乃霍扬传记,载述霍氏家世。霍扬,字荣祖,河东猗氏(今临猗县)人。……"少时知友爱于昆仲",稍长又笃学好问,博通经传,品学兼优。碑文称他"幼绪逊悌之谊,长表经传之方"。此后,他南游荆吴,"名闻遐迩",被南朝刘宋授予龙骧将军要职,膺登屏藩,……魏主对他"待以殊礼,赐封震武将军、密云太守",……他擅长于武事。享年五十五岁而逝,碑文称其"群僚执绋而涕衿,蓬野哦呢以酸吟"。其生前荣耀可以想见。
>
> 霍碑历史古老,记事简练,书法尤佳。所惜未刊撰文和书写者姓名,甚憾!碑书字形端庄,刚劲有力,乃魏体精华。……霍扬碑就是现存魏书碑刻中最优秀的作品之一。[①]

---

① 柴泽俊《山西几处古代石刻纪略》,《柴泽俊古建筑文集》,文物出版社,1999年,第523页。

是月，为搜集琉璃制品资料，他又赴闻喜县城文庙。闻喜文庙重建于北宋，曾几次因地震倾毁。门前建有五龙影壁，用五彩琉璃烧制而成。琉璃脊饰形态生动，光泽夺目。文庙建筑有棂星门、戟门、大成门、泮池、大成殿、明伦堂、学宫、廊庑等二百余间。大成殿瑰丽庄重，结构规整。庙内多有石刻，从碑文中可查看相关信息，甚至包括历次当地所发生的地震记事，成为研究历史上地震的重要资料。这些材料引起他的兴趣，石刻碑文也成为他日后研究的方向之一。

10月29日，妻子临盆，二女儿柴水玲出生。

11月初，他听说位于绛县县城东南的太阴寺残存壁画，便欲探究竟。该寺位于县城东南十五里华山脚下卫庄公社的张上大队，坐南朝北。现仅存南殿，建筑雄伟，内有木雕佛像，其中一尊卧佛用独木雕成，有唐代特征。疑该寺始建于唐代，但碑文无考。在北殿残存的偏房里，发现有天神武士壁画，观其结构、章法、线条、设色等均与永乐宫壁画相似。南殿上方悬宋代元祐元年（公元1086年）刻制的"大雄宝殿"木匾。20世纪70年代初他曾再度赴太阴寺，发现原来残存的一点壁画在"文革"中已毁，深为惋惜。

是月，他首次前往永济县普救寺察看。前一年永济县政府第一次提议修复普救寺，正赶上三年自然灾害，未能得到回应。但他仍然决定先对这个寺院作个初步的了解。

他看到的普救寺是这样一种残状：殿宇基址被污土掩盖，山门、园圃遗迹已不可考，仅留存一座残损的孤塔和破败的三间菩萨洞。整个园内瓦砾堆积。所幸50年代中期永济县政府在普救寺原址周围修筑围墙，栽培树木，加以保护，还能勉强看出原状的一点痕迹。他站在土堆前，失落的情绪油然而生。

在遗址的残碑中他看到清康熙四十九年（公元1710年）《重修普救寺碑记》、明嘉靖万历间的《再建普救寺浮图诗碑》及塔上嵌石等。他将碑文抄录在卡片上，以备查考。

是月，祁英涛工程师察看三清殿主体完成情况，同时安排下一年壁画的加固、安装前的准备工作。

12月下旬，他再次到普救寺原址，测绘舍利塔和三孔残存的菩萨洞。他还绕到运城，购得晚唐诗人元稹的《莺莺传》（《会真记》）、金人董解元的《西厢记诸公调》、元王实甫的《西厢记》等书籍。通过阅读，脑子里不断出现普救寺的一些布局，他期待以后普救寺旧址有机会得到发掘。

是年，是三年自然灾害最严峻的一年。南方沿海人口外流港、澳，内地压缩城市人口，许多有工作的城市人被遣返农村，称之为"六二压"。这年9月，毛泽东在八届十中全会上提出"千万不要忘记阶级斗争"的口号。

1963年　癸卯　二十九岁

1月，筹备三清殿瓦顶、檐墙、脊兽和墁地、砌散水所需材料，筹备纯阳殿安装柱础、压檐石及支搭安全架子的材料。

1月25日，春节，他仍留在工地，时刻把防火防电的安全责任放在心头。这是他在永乐宫度过的第五个春节。

是月，在完成了龙虎殿和重阳殿的主体建筑后，他不断地整理和修改安装施工程序和施工要点，对照《营造法式》《清营造则例》反复研习。他在晋祠工作期间收集到的《文物参考资料》和《中国营造学社会刊》等，成为他学习古代建筑的启蒙教材。有一些文章和论著他研习最深，如：梁思成的《论五台山佛光寺建筑》《敦煌壁画中所见的中国古代建筑》，林徽因、梁思成的《晋汾古建筑预查纪略》，祁英涛、杜仙洲、陈明达的《两年来山西省新发现的古建筑》，梁思成、刘敦桢的《大同古建筑调查报告》涉及华严寺大殿和善化寺的部分等。这些论著里他做的批注最多，随意翻开一页，密密麻麻都是他的批注和圈圈点点。

2月中旬，永乐宫工地开工，重阳殿壁画开始修复加固。

3月，杜仙洲先生在永乐宫查阅碑文，测绘已建成的几座大殿。柴泽俊协助测量和计算各殿建筑设计模数所涉及的材质、尺寸，校核各殿台基及基础碎砖瓦石层数，并与《营造法式》记载的数据加以比较。后来杜仙洲在《文物》1963年第8期上发表了《永乐宫的建筑》一文。

6月，重阳殿壁画修复加固结束，祁英涛等工程技术人员现场指导复原安装，他根据重阳殿的壁质情况提出安装壁画的三项工艺步骤：第一，在木支架的横杆上画出壁画分块的边线，并做好安装时所用铁活的卯孔。第二，将每面墙的各块壁画依照顺序逐块吊起悬挂在木架上，然后依照

"关系尺寸图"调整位置，校核无误后，将各种安装铁活拧牢。第三，垒砌外墙、顶部披水和八字墙，并安装好通风箟子。

是月，在王冶秋局长的关注下，《文物》月刊出版永乐宫专号，彩色封面上是"钟离权度化吕洞宾"的壁画。

7月，三清殿主体建筑完成。

9月，重阳殿壁画安装复原工程结束，开始对三清殿壁画修复加固。此项工程一直持续到1965年年初才结束，持续了近一年半时间。

是月，永乐宫壁画摹本及建筑模型赴日本东京展出，受到各国艺术人士的高度赞扬和青睐，永乐宫壁画从此蜚声中外。

10月中旬，纯阳殿主体建筑完成。至此，永乐宫四个大殿的主体建筑复原工程全部结束。

10月末，他回到太原，向省文管会领导汇报了永乐宫工程进展，并订购了一些工程材料。

同月，重阳殿壁画的补绘和修复画面工作完成。

11月初，他赴新绛县城察看绛州大堂，并观赏与绛州大堂相对应的钟、鼓、乐三楼。

在新绛县城北街的龙兴寺，寺容雄伟，高塔耸立，寺内有"碧落碑"，碑文为篆体，他把碑文和旁边另外一块碑上的释文都抄录下来。又赴县城西北四十里的白台寺，又名普化寺。该寺主要建筑有三滴法藏阁，金代创修，元代重葺，依土崖建造，宽三间，高三层，歇山顶，设勾栏平座，形制壮丽，结构精巧。阁内下层塑观音菩萨及侍者，上层供"西方三圣"，均系元塑。东耳殿供地藏菩萨及十殿阎王，西耳殿供药王，为明正德六年（公元1511年）所作。释迦殿为金明昌年间（公元1190—1196年）重建，三间见方，单檐九脊顶，殿较高，举折平缓，梁架构造简洁，殿内供如来佛、阿难、迦叶二弟子、二胁侍菩萨，两侧有罗汉六躯，各像面形秀润，肌肉丰满，神态各异，虽经后代重装，仍不失金代风格。后大殿为元至正十五年（公元1355年）重建，面宽五间，进深6米，悬山顶，斗栱简洁，梁架断面随料，殿内塑一佛二菩萨，仍是元代风格。寺内唐宋以来的碑碣俱存，还有唐代九级造像幢一座、北宋宣和三年（1121年）铁质云牌一叶、元代镂空二龙戏珠香炉一个，历史艺术价值均较高。唐槐、古柏、翠竹、牡丹、丁香、迎春等布满寺院。又赴县城北福胜寺，寺区林荫蔽日，寺址高低层叠。该寺为唐贞观年间（公元 627—649 年）敕建，宋元两代曾予补葺，明弘治十一年（1498 年）大修。钟鼓楼耸峙于寺前两侧，中轴线上自前至后有山门、天王殿、弥陀殿、后大殿四进院落，两侧衬以厢房配殿，规模壮观，井然有序。弥陀殿五间见方，四周围廊，重檐九脊顶，斗栱五铺作双下昂，梁架四椽栿与后乳栿在金柱上搭交，纯系元制。殿内奉阿弥陀佛、观世音菩萨和大势至菩萨，背面悬塑南海观音、善财童子、明王及供养人等，皆为建筑时原作。明代于两侧补塑四大天王与十八罗汉。悬塑观世音、童子与罗汉像，塑工甚佳。后殿七间二层，下层为三佛洞，上层为藏经阁，洞内塑三世佛（释迦佛、燃灯佛、阿弥陀佛）及胁侍菩萨，均为元明作品，其中六躯胁侍菩萨造型尤精。

随后，他又折返县城西南 20 公里处的稷益庙，亦称阳王庙。这座庙最让他感兴趣的是正殿东、西、南三壁上约有 130 平方米的壁画，其内容多为神话传说，描绘大禹、后稷、伯益教民稼穑、为民造福的事迹。东壁绘朝圣图，三圣帝君坐于殿中，侍女成群，百官、武将、农民朝贺侍立；西壁绘大禹、后稷、伯益烧荒、狩猎、伐木、祭祀和种植耕作的场景。考其题记，观其画风、布局和色彩，他断定为明代壁画，画师为翼城常儒、绛州陈园等七人。另外引起他兴趣的是五间舞庭，单檐歇山式，周檐大额枋，台口宽近 10 米，稍间空间较大。这种形制也将成为他日后研究戏剧发展史的重要实物资料。他一一记录，收获颇丰，数日后返回永乐宫。

12 月初，山西省文化局、省文管会会议通过"永乐宫十年发展规划"，计划将永乐宫文物管理人员的编制扩大到六十人。

1964 年　甲辰　三十岁

1 月初，在永乐宫施工工地，三清殿壁画仍在修复加固中。开始准备纯阳殿修复加固壁画的材料。

中旬，他再次赴解州关帝庙。他开始关注楼阁建筑，关帝庙内有著名楼阁御书楼和春秋楼两座。

在解州关帝庙他得到了文管所同志的热心帮助，其中张洁严（后任关帝庙文管所所长）给予他的帮助最多，尤其是"文革"期间，他收集、记录的许多文物资料在张洁严同志那里得到了妥善的保护。

2 月，春节期间，妻子带两个女儿来永乐宫与他团聚，这是他在此度过的第六个春节。

同月，省文管会编写的《永乐宫》由人民美术出版社出版。

3 月，纯阳殿壁画的修复加固工作开始，同年 7 月份修复加固完成。

7 月，纯阳殿壁画复原安装工作开始，同年 10 月复原安装完成。

8 月，玄帝庙等附属建筑开始修建。

9 月，太原市市委副书记、市长岳维藩调赴南京任市长，上任前赴永乐宫参观，柴泽俊陪同参观。

10 月，他前往万荣县一带寻找古建筑。进入万荣县城，耸立在县城中央的是一座木构楼阁，称"飞云楼"。它因高大而得名，几十里外远眺可见。加上它斗栱层叠，如云带缠绕于楼身，故名"飞云"。关于建筑年代有多种说法，有明嘉靖元年（公元 1522 年）重修碑记。此楼是县城东岳庙建筑群的组成部分，面阔进深各五间，底层木柱林立构成棋盘式，中央四根通天柱直达顶层，四周三十二根木柱直擎。楼顶为十字歇山式，三层四出檐，各檐翼角起翘，显出凌空欲飞之势。全楼斗栱密布，形状多样，木构建筑造型复杂、精巧、奇特。楼角悬风铃，声音清脆悦耳。

又赴稷王庙，此庙位于万荣县城西北隅。他看到庙内一些建筑已被侵华日军拆毁，仅留一座大殿（正殿）和民国重修的舞台。正殿又称"无梁殿"，没有大梁承托，坐北朝南，面阔五间，进深六椽，房屋四檐整齐，廊檐斗栱层叠，单檐五脊顶，殿内中柱一列，直通平梁以下。大梁分前后两段，穿插相构，两根斜撑木集结于屋顶，把屋顶重量分散到下层，方形间架互相牵依。顶脊小而灵巧，房顶坡度平缓，形似扇面。从形制来看，他判断正殿为金代建筑。根据殿内石碑的记载，舞台于元至元八年（公元 1271 年）创建，可见元代早期戏剧表演已很普遍。

离开万荣县城，他来到县城西南八十里的后土庙。这一带历史上是"汾阴睢地"。后土庙的现存建筑有山门、午门、献殿、正殿、东西五虎殿、秋风楼等。正殿为主殿，额枋雕刻华丽，屋面覆黄绿琉璃彩瓦。自汉武帝时代开始，此庙成为帝王祭神和祈福佑民的胜地。历代修葺，后又被黄河所淹，现在位置是清同治年间新移之地，大部分构件为清代所制。庙内有戏台三座，呈品字型分布，这一布局也为他所记录，成为他日后研究舞台形制的重要材料。在后土庙东北隅有《汾阴二圣配飨铭》碑，正书篆额是宋真宗赵恒御书，碑文内容是宋真宗继先代帝王"祀郊封禅"之事。此碑因是御制御书，又称"萧墙碑"。该碑1963年才由泥沙中挖出，立于庙内。

后土庙内的秋风楼是柴泽俊最为关注的楼阁建筑。它是后土庙建筑群的一部分，也是随后土庙迁移而建成的。楼分三层，面阔进深各五间，底座用砖砌，正面设楼门，砖座上围一米高的花墙。楼顶为十字歇山式，立体为三层出檐，楼上二三层建有回廊。全楼斗栱密布，雕刻精巧。楼内藏有元刻汉武帝《秋风辞》碑，此碑基本完好，字迹清楚。登秋风楼可北眺龙门，南望潼关，俯视可见黄河波涛。

12月，三清殿壁画修复加固仍在进行，玄帝庙主体建筑建成在即。

12月20日，他的第四个孩子（三女儿）出生，56天后，被送给芮城县一户人家抚养。

12月末，连续烧制多年的砖瓦、琉璃制品备足入库，开始关闭和拆除土窑。

是年，中共中央设立"文化革命五人小组"。

1965 年　乙巳　三十一岁

1月末，三清殿壁画修复加固工作结束，备好壁画复原安装所需材料。

三清殿面阔七间，殿内四壁及神龛扇面墙内外都满绘场面宏伟的"朝元图"。以八位主神为中心，周围绘有仙伯、真人、金童、玉女共286个高达3米左右的人物，群仙朝拜道家始祖元始天尊。壁画色彩富丽，人物仪态万千，是永乐宫最大的壁画群。从壁画墙面高度和东西壁的宽度来看，都是四个大殿中最庞大的壁画。三清殿也是永乐宫诸殿中最宏伟的主殿，因此其壁画的修复加固在技术要求上是难度最高的，耗时也是最长的，可以说，其成败关系到整个永乐宫迁建工程能否顺利、圆满、成功。

2月初，春节，他们留在永乐宫工地，他开始收集和整理永乐宫壁画迁移、修复、安装的技术工艺程序、施工步骤及加固壁画所需的材料配方等。"文革"后由他执笔，由祁英涛、柴泽俊、吴克华共同署名的《永乐宫壁画迁移修复技术报告》发表，后又被收入山西人民出版社出版的《永乐宫》中。

3月，三清殿壁画复原安装工作开始，同年6月末完成，至此永乐宫壁画全部安全顺利地迁移复原成功。

同月，玄帝庙主体建筑完成。

4月，永乐宫四个大殿及吕公祠、玄帝庙等附属建筑铺墁地面、铺砖洒水和彩画油饰断白工作全面展开。

7月，由潘洁兹教授带领的中央美院学生补绘永乐宫各大殿壁画。

9月中旬，中共中央书记处书记、华北局党委第一书记李雪峰同志赴永乐宫视察。柴泽俊后来回忆当时情景：

> 芮城县为李雪峰视察杀了一头猪，做了一桌酒席迎接。李雪峰到芮城后没有吃这桌酒席，要求吃野菜拌面的家乡土饭。这种勤俭干部的清廉生活，给人留下深刻印象。李雪峰视察永乐宫时间很长，上午三清殿都未看完，下午接着看，一边看一边说，看得津津有味！他说："重彩人物能画到这个水平，太不容易了。"他说了许多画艺技巧，几乎都是别人达不到的。例如，"须发、髯之类，不仅根根见肉，笔笔见功，而且行笔稳健，运笔如神；下笔准确，落笔自然；墨色均匀，间距严谨；须髯下面的领口、项环、花束、飘带等透过须髯还可清晰地看到，这在别处是不多见的。"再如，"几百尊神像拥挤一堂，既无相同之面形，亦无相仿佛之情感；虽有左顾右盼之姿，但无类同举止之弊；神情姿态活灵活现，眉目传情有声有色；堪称重彩人物精湛之作！"还有，"这些衣饰飘带（指着画面）都长达一丈之上，线条刚健有力，墨色轻重一致（我当时插话：此乃捻子画笔）。"李雪峰说："捻子也要人用手勾勒，一个人的举臂不过几尺，达不到这些衣襟飘带顶端，但线条上既无败笔之处，亦无衔接之点，功力之佳，笔力之健，可以说堪称极品。"李雪峰还说："若干年后，永乐宫壁画很可能是东方艺术的一颗明珠。"在看到纯阳殿壁画时，南壁题记上有"禽昌朱好古门人……"他问："为什么称禽昌？"笔者答：禽昌古地名，今襄陵县。北魏时期，昌黑虎被擒于襄陵，故县名改称禽昌，后又复称襄陵。画师们多于姓名之前列古地名称之，故有"禽昌朱好古"之称。李雪峰同志对绘画颇有研究，见地颇深。参观之后，

他要我和他一块吃饭，我支支吾吾答应了。但我知道县里规定，陪同李雪峰书记吃饭必须是满五年党龄的党员，我是非党干部，还没有陪同吃饭资格。我向领导声明，我可能有些感冒，不敢靠近首长吃饭！假话他们当真，勉为其难了。

李雪峰参观结束时，发现永乐宫绿化还不够浓郁，提议再植些树。笔者当即回答：经费有些紧张，无力再绿化了。李雪峰当即指示省委书记陶鲁笳，给他们五千元，把宫区内绿化再搞一搞。过后不久五千元经费抵达，随即采购树苗，围护树根泥土，为植树作准备。当年秋冬和次年春，植松、柏、槐数十株，宫区绿化大为改观。早在1960年迁移工程期间，即在东西两院小花畦内撒下很多柏籽，培育树苗，几年后移植龙虎殿前和宫区内外。五十五年过去了，这些幼苗早已成了大树。苍苍生机貌，幽幽胜迹区，堪称"洞天"、"福地"和荫庇一方之胜地！①

10月，他又一次为寻找古建筑来到稷山县城。在稷山县城北大佛寺内，他看到仅存大殿、窑洞数孔。大殿为重檐悬山顶，因殿内有佛像高大而得名。佛像倚崖势雕塑而成。柴泽俊根据寺院中的碑文，判断该寺始建于金代，从扶梯结构看，是标准的元代做法。根据残毁的建筑判断，寺院原有山门、罗汉殿、午台等。此寺院在"文革"期间被县精神病医院占用，柴泽俊曾多次呼吁把医院清退出去。

从县城向西行五里，有一座法王庙，坐西朝东，现存大殿一座，插廊五间，左右偏殿各一间，舞台一座，山门三间，左右厢房十间。南边五间厢房已经塌毁。从现存建筑看，寺院为明清遗物。大殿插廊有石雕盘龙柱两根。据庙内碑文记载，舞台建于明成化七年（公元1471年）。

再西行三里，便是青龙寺。此寺北依高崖，南临汾水，河谷中有南北纵岭，形似游龙，寺院恰坐落在龙头之上，因而得名。唐代建筑已毁，现存建筑系元代重修。寺院前后两进，后院有大殿三间，左右配殿各一间。前院山门为四大天王殿，东为十王殿，西为罗汉殿，建筑为单檐悬山顶。他在伽蓝殿棋眼壁内看到有元代画工题记，大殿东西两壁均有释迦牟尼画像，东壁释氏前站有阿难、伽叶两弟子，旁有文殊、普贤、十大天王画

---

① 柴泽俊《山西永乐宫迁建亲临纪实》，文物出版社，2016年，第245页。

像；西壁为弥勒佛和观音、地藏，左有剃度图，腰壁四壁为水陆画，西壁上为三世佛和礼佛图，下为道教万神图，有王通仙人众、鬼子母众，四海龙王众，五岳帝王众、南墙上部为十大明王像，下为儒家孝子顺孙众、贤妇烈女众、忠臣良将众、帝王公卿众等。北壁上为十八罗汉，下为十殿阎君，六道轮回，还有地府阴曹行刑场面。各壁画构图、设色、造型、刻画等俱佳，结构严谨，笔力流畅，色彩协调，人体比例适度，是极具珍贵的元明绘画杰作。他将这座青龙寺壁画作为他研究元明壁画的一个重要方面，多次实地研究。

他继续西行至河津县。河津县城北一里，在龙门紫金山麓九龙头中峰上建有真武庙，从山下走有台阶一百六十余级。入山门，经舞亭，上有玄帝正殿、中殿，南有献殿，中有香亭及东西廊庑。经吕祖纯阳洞、药王庙、崇文阁、玉帝阁、三宫、三星洞等，在南天门过栈道，至顶峰朝天宫。此庙布局宽敞，建筑雄伟，殿阁层楼依山势而建，殿坡栈道随地势而高低。踞其庙，东望虎岗，西瞰龙门，南临汾水，北枕紫金山，确是一座保留较为完整的名胜，明清曾多次修复。

下山沿西北而行，在樊村东北附近有玄帝庙（俗称琉璃庙）。布局宽敞，建造秀丽，前有山门，后有香亭、中殿、后殿，全部屋顶均系琉璃脊瓦，极具珍贵艺术价值。这座琉璃庙就是用河津具有代表性的琉璃工艺产品建造。他看到该寺庙长期被粮站占用，加之年久失修，损毁严重。

12月初，黄克诚同志（时任山西省副省长）赴永乐宫视察参观，柴泽俊陪同黄老游览。柴泽俊后来回忆：

> 黄老不仅是一位杰出的军事家——大将军，而且是一位博学多才的领导者。他所提出的问题，涉及历史、宗教、文化、美术、建筑等多个方面。他认为迁建永乐宫是弘扬民族文化、传承民族脉络、继承民族传统的重大文化举措，是有远见卓识的决策，一旦损毁永久遗憾！对于这样的文物迁移保护，现在还不可能提升到相当的高度，只是认为搬了一座古庙而已！若干年后会感到搬迁的应该，他是一处古代文物遗存，再过若干年后才会认识它的价值。它是民族文化瑰宝，是民族文化精粹，是祖国历史上的物质文化佳品，是祖国文化脉络的传承和延续。它是古人留给我们的遗产，也是先辈留给我们的财富！

在谈到永乐宫壁画原来可能有"画稿"（小样），抗日战争中丢失，黄老对此表示惋惜。在谈到永乐宫原存部分元版道藏，抗日战争中被焚，黄老插话：道藏中有很多治病良方，有些对增强体质、提高人的免疫力是很有作用的，一旦发现要认真分析，不要轻易抛弃。抗日战争中，太岳区派部队保护转移佛教经籍——"赵城藏"，传为佳话，这是有事实可以借鉴的。黄老对永乐宫观察时间较长，上午没看完，下午接着看，表示对永乐宫很有兴趣！临别时对我说：保护永乐宫是件大好事，但要人们真正认识它是件好事的时候，到若干年以后了。[1]

是年，根据工程方案，还应修复各殿栱眼壁和在中轴线上的主要建筑安装避雷针，没有进行。

是年 11 月，姚文元的《评新编历史剧〈海瑞罢官〉》一文在上海《文汇报》发表，"文革"的序幕正被一点一点地拉开。

---

[1]　柴泽俊《山西永乐宫迁建亲临纪实》，文物出版社，2016 年，第 245 页。

柴泽俊年谱 · 『文革』磨砺

1966年　丙午　三十二岁

1月，柴泽俊组织技术人员在三清殿、纯阳殿制作彩画小样，以2∶1的比例缩小。以石青、石绿色做旧。这些逼真的彩画小样，至今在山西博物院保存。

同月，他依旧在永乐宫度过，这是他在工地度过的第八个春节。

3月，永乐宫各大殿及吕公祠、玄帝庙等彩画油饰断白结束。安装避雷针，在三清殿西侧修筑消防池，对寺内各殿配置消防设施。

同月，寺区内外环境绿化，甬道墁砖等收尾工程在进行中。

4月，他撰写了一篇专业文章，描述成功迁移到新址的永乐宫四座大殿的木构形制。全文无艰涩累赘之感，如行云流水，一气呵成。读者可参看柴泽俊《山西几处重要木构古建筑构造》原文[①]。

5月12日，他向永乐宫迁建委员会汇报了永乐宫迁建工程整体竣工情况，并简述了永乐宫四座元代大殿（龙虎殿、三清殿、纯阳殿、重阳殿）古建结构的七大特色：

> 永乐宫的建筑，是我国元代建筑中具有代表性的作品。除总体布局外，四座元建大殿各具特色。
>
> 1. 以台基而论，龙虎殿最为别致。殿前不设月台，仅置长形坡道，后檐坡道自台明外沿向内收缩，且非地形所限，致使殿基平面呈"凹"字形，可谓前所未见之孤例。
>
> 2. 以月台分析，三清殿较为奇异。殿前高大的月台，广15.6米，深12.15米，已超出明次三间的广度，两侧又各设垛台一方，上下分设踏道四坡。人们至此转折而上，给建筑以衬托，增殿宇之气势，为寺庙月台中所仅见。
>
> 3. 以屋顶区分，龙虎殿和三清殿为单檐五脊庑殿顶，纯阳殿和

---

① 柴泽俊《山西几处重要木构古建筑构造》，《柴泽俊古建筑修缮文集》，文物出版社，2009年，第36—83页。

重阳殿为单檐九脊歇山顶，门庑（龙虎殿）和主殿等级偏高，以示宫宇崇高、三清至上之意境。

4. 以斗栱观察，三清殿和纯阳殿较为庞杂，六铺作单抄双昂，制作规整，结构严谨，无宋、金时期偷心隔跳之势，亦无明、清小巧华丽之趣。龙虎、重阳两殿斗栱，五铺作单抄单昂，用材相对缩小，昂嘴微薄，已失宋、金宏伟气势。纯阳殿柱头铺作，华栱与昂均加宽，后尾刻菊花头和六分头，绘出华楔形状，开创了明代宫廷建筑柱头科之端绪。

5. 以梁架考究，三清殿和纯阳殿等级较高，殿内设有平棊（即天花板）遮盖，梁枋构件分为"明栿"与"草栿"两种做法。龙虎殿和重阳殿为"彻上露明造"，置身殿内，梁架全部可以望见。据山西境内所见，元代"明栿"亦多为"草栿"做法，原始材料剥皮后加砍制即使用，不类宋、金那样用材规范，也不像明、清梁栿肥硕。

6. 殿顶脊兽，龙虎、纯阳、重阳三殿式样近似，黄绿色琉璃剪边，鸱吻尾部向上，微卷曲，已开始破宋、金尾端前伸之规，出现卷尾吻形成前的雏形。三清殿高大宏丽，殿顶装饰别具风采，黄、绿、蓝三彩琉璃剪边，前坡设有方心图案，正戗各脊全部用堆花脊筒连接而成，孔雀蓝釉色格外醒目。鸱吻高达2.8米，乃一条巨龙盘曲而成，富丽堂皇，冠于全宫。

四座殿宇都不设窗户，除格扇外余皆墙壁，给大面积绘制壁画创造了极为有利的条件。各殿前后及月台两侧，全部用礓磋坡道（即条砖卧倒，斜楞向上铺设），而不设台阶。礓磋两侧垂带下面，以青砖镶砌象眼菱形图案，大小不等，横竖有序，叠涩达四五层之多。此制曾见于宋《营造法式》载述，实物中遗留下来者稀少。永乐宫各殿象眼和洪洞广胜寺水神庙明应王殿前坡道象眼，同为国内罕见之例。小木作装修，也是永乐宫建筑中精华之一。其中三清、纯阳两殿中悬于明间和次间的木雕藻井，或圆形、或方形、或八角、或六角，皆以斗栱叠架而成，当心别地突起雕造盘龙，犹如华盖宝顶，形状秀丽，设置奇巧，刀法洗炼，极富动感，是我国元代小木作中具有代表性的作品。各殿内许多梁枋和斗栱构件上，还保存着元代彩绘，这也是全国极少遗存下来的图案。其中以三清殿最为精致，盒子、箍头、包袱、方心、卷草、牡丹、莲荷花、海石榴等，图案清晰，色调古雅。外檐四周，阑额、柱头枋、撩檐槫、栱眼壁和角梁两侧，平铺以彩画，突出以泥塑（花卉、盘龙、行龙、禽鸟、人物等），画塑结合，以塑为主，更增强了建筑的瑰丽感和艺术生机。[①]

山西文管会领导刘静山、景炎同志对此工程评价甚高。

在永乐宫迁建六十年后，柴泽俊在其撰写的《山西永乐宫迁建亲临纪实》中有一段话这样写道：

> 在当时，古建筑修复施工尚无先进的机械设备，都还是传统方法和传统工艺，质量要求和质量检验也都是以传统经验为依据的。迄今六十年有余，这些古建筑依然规整完好。实践证明，传统方法和传统工艺并不一定都是"落后的""过时的"或"应该废弃的"。恰恰相反，用传统方法和传统工艺修复保护古建筑也是一种文化，而且是一种很悠久的非物质文化遗产。它不仅能反映出中国古建筑的固有艺术风格，而且能恢复古建筑的原状和原貌，有实际效果，有具体的技术方法和操作工艺，应该加以认真研究、传承和保留。[②]

5月16日，中共中央政治局扩大会议通过了关于开展"文化大革命"的"五一六通知"，成为发动"文化大革命"的指导性文件。

5月末，柴泽俊提议并报请永乐宫迁建委员会向文化部文物事业管理局、北京古建筑修整所、山西省政府等相关部门发出"永乐宫迁建竣工验收申请"。许久没有回音，他没有想到一场大的政治运动即将开始。

6月1日，《人民日报》发表社论《横扫一切牛鬼蛇神》。

同月，柴泽俊在等待验收期间，沿晋南黄河中游沿线勘察旧石器和新石器时代遗址，收集山西早期建筑资料。他从芮城的古魏城开始，向西去踏查了匼河遗址、西侯度遗址、万荣汾阴古城遗址及墓地，向东考察了夏县禹王城遗址、西阴遗址、东下冯遗址、翼城的古晋城、曲沃古城遗址、丁村遗址及丁村民宅建筑，沿途拍摄图片并记卡片。

---

① 柴泽俊《山西几处重要古建筑实例》，《柴泽俊古建筑文集》，文物出版社，1999年，第175—176页。

② 柴泽俊《山西永乐宫迁建亲临纪实》，文物出版社，2016年，第164页。

7月2日，山西解州关帝庙文管所张洁严来永乐宫，向柴泽俊讲了运城地区"文化大革命"的形势，以及山西省文管会的近况，嘱咐他留意周围环境。

7月20日，运城地区召开"关于贯彻执行中共中央'文化大革命'的指示精神"的动员大会。

7月25日，芮城永乐宫文管所接山西省文管会指示，永乐宫暂不对外开放。

8月初，芮城县永乐宫宫门及围墙被张贴了数百张大字报，永乐宫建筑被指为"封、资、修"建筑。

8月10日，一部分外地造反派企图冲击永乐宫，被芮城当地民众阻挡，未果。永乐宫受到当地民众的保护。

8月11日，柴泽俊将近十年记录、收集、拍摄的古建筑资料、卡片、图纸等装箱，同时将1958年10月著名画家关山月、傅抱石在永乐宫旧址门前写生的《黄河东流图》、同年陆鸿年画的《山寺图》、黄钧画的《山水图》、罗铭画的《行舳图》、1965年潘洁滋重彩工笔任务画《摘棉花的女孩》以及至为珍贵的1965年郭沫若先生在关帝庙为柴泽俊题写的一幅"保护文物是历史赋予我们的天职"书法作品等，都保存在永乐宫的办公室内。1966年下半年"文革"开始后，一位熟悉柴泽俊的人带领红卫兵在永乐宫"抄家"，柴泽俊保存在办公室的古建筑资料及珍贵的字画全部丢失。

8月17日、18日、19日，他接连三次收到山西省文管会调令，要他回省文管会工作。

8月21日下午，他回到太原，直接到省文管会报到。他进单位看到大院已被铺天盖地的大字报贴得面目全非了。接着他被安排到"黑帮学习处"学习。

当晚，他以取个人生活用具为由，请假回到家中。妻子看到他又黑又瘦，从邻居家借了一颗鸡蛋和一碗白面，做了汤面。当他饥不择食地咽下最后一口蛋清时，才发现年仅四岁的二女儿正用渴求的眼光看着他，他心碎了。妻子在晚年，每当回想起这一幕时，都泣不成声。

22日早，临行前大女儿抱着他的脖子在耳边小声问："你是我爸爸？"二女儿一改往日一起床就与姐姐嬉戏时的欢乐，独自面对着墙壁一声不吭。这一年长子还在家乡跟着奶奶生活。柴泽俊自 1959 年 9 月至 1966 年 8 月，在永乐宫整整八年。这期间他没回过家，只是妻子带着孩子在 1960 年、1964 年两个春节到永乐宫探亲，两次累计不足十天。1964 年春节妻子带孩子来永乐宫探亲时，二女儿仅一岁多，孩子们对父亲就没有什么印象。

8 月 31 日，山西省文化局、文管会召开坚决执行中共中央关于进行"文化大革命"指示的动员会。会上，宣读了"五一六通知"。其中有毛泽东亲自在"通知"中加写的两段话：

> 高举无产阶级文化大革命的大旗，彻底揭露那些反党、反社会主义的所谓"学术权威"的资产阶级反动立场，彻底批判学术界、教育界、新闻界、文艺界、出版界的资产阶级反动思想，夺取在这些文化领域中的领导权。而要做到这一点，必须同时批判混进党里、政府里、军队里和文化领域的各界里的资产阶级代表人物，清洗这些人，有些则要调动他们的职务。尤其不能信用这些人去做领导文化革命的工作，而过去和现在确有很多人是在做这种工作，这是异常危险的。

> 混进党里、政府里、军队里和各种文化界的资产阶级代表人物，是一批反革命的修正主义分子，一旦时机成熟，他们就会要夺取政权，由无产阶级专政变为资产阶级专政。这些人物，有些已被我们识破了，有些则还没有被识破，有些正在受到我们信用，被培养为我们的接班人，例如赫鲁晓夫那样的人物，他们现正睡在我们的身旁，各级党委必须充分注意这一点。①

文化局、文管会理所当然地成为"文化大革命"冲击的重点部门。动员会还对如何深入开展运动作了部署。

9 月 10 日，山西省文化局成立"文化革命委员会"，简称"革委会"。

9 月 15 日，省文管会大院召开批判会，受批判的是省文化局、文管会主要领导邓焰、刘静山、景炎、李正云等，他们的罪名是"走资本主义道路的当权派"。柴泽俊多年不在机关，对一些人和事不很清楚，但他看到受批斗的都是他尊敬的上级领导和前辈，他茫然了。

---

① 中共中央文献研究室《毛泽东传》，中央文献出版社，2011 年，第 1401—1402 页。

10月3日，又一场批斗会开始，受批斗的都是专业技术人员和学者。

造反派让柴泽俊发言，于是他讲了一段话："今天的干部、职工，与新中国成立前不完全一样，在社会主义建设时期，我们必须有专业知识、技术能力和科学方法。"此语一出，他就成了造反派攻击的对象，马上就有人给他戴了顶高帽子，说这是在鼓吹"业务挂帅，技术第一"的谬论。

10月10日，在职工大会上，"革委会"宣布了柴泽俊的三条罪状"走资本主义道路的当权派""反动学术权威""为封建鬼神吕洞宾恢复祖庭"。

10月16日，省文管会召开批斗柴泽俊大会。他站在主席台前，一块牌子写着"三条罪状"，挂在脖子上，侧面是邓焰、刘静山、景炎、李正云等原文管会领导"陪批"。直到晚年，柴泽俊每当回忆起这段被批斗的情景时，当年的场景、老领导们回答造反派时的表情和语气均历历在目，清晰如初：

> 批斗会一开始，我站在前右侧，老领导们站在左后侧和左前方。几个发言人念完批判稿之后，有人提问："你们这几个当权派都说一说，柴泽俊是不是走资本主义道路的当权派？"指名要邓焰局长首先回答。邓局长说："当权派掌握着一级政府或一个机关的党、政、财、文大权，永乐宫的迁移，都是由国家决定，预算也是国家审核后才拨款的，迁建委员会负工程总责，柴泽俊他是个迁移过程中的工程管理者，我认为他是个具体执行者，不是决策者，也不是迁建委员会的负责人，能不能够上一个当权派，我不好判定，大家说吧！"接着又有人提问："迁移永乐宫本身就是'封、资、修'，就是为吕洞宾恢复祖庭，柴泽俊组织大家积极为'封、资、修'修庙，不是走资本主义道路是什么？"邓焰局长回答说："永乐宫的迁移是中央决定的，由省、地、县组织的迁建委员会也不过是个承办机构，柴泽俊是迁建委员会在工地的工程管理者，他也未必知道是为'封、资、修'修庙，他是在执行上级的任务。"提问者接着问道："柴泽俊是不是坏人？"邓焰局长说："到目前为止，我还没有发现他是个坏人，我说的未必准确，还是大家说吧！"这些问题在今天看来都不是问题，回答者也都是实事求是的正常回答，但在当时的形势下，情况就大不相同了。

邓局长的上述回答，招来一通言辞激烈的批判，邓局长也只好低头不作声。紧接着要宋平、刘静山、李正云等负责同志对上述提问一一回答。邓局长的说法，引起几位负责同志的共鸣，大家都是按照邓局长的说法，略有变化地重复一遍，可以说，都是做了比较委婉的回复，没有予以肯定，也不好予以否定。召集和主持批斗会的群众组织对几位负责同志的回答很不满意，指责这些当权派和柴泽俊都是一丘之貉，声色俱厉地批判了一气，宣布散会。当时文管会的一些同志也到场听会，可能出于好奇心理，想知道有什么新的发现和重大问题，不料还是老套，指责一气后要求回答。听会的人逐渐散去，会议室的人数越来越少，气氛越来越低落。可以说，会议的声势，由热变凉，由凉变冷，最后不欢而散。当时我虽然是被批斗对象，但心态还是比较平静，心里还比较清楚，在这种不能平心静气摆事实讲道理的批斗会上，只能顺着造反派的口气回答问题，不能有其他申辩，稍有不慎，就会引火烧身，招来一通批斗，或者更严重后果。"文革"期间的当权派，多是身心受到摧残，泥菩萨过河，自身难保，哪敢有什么奢望。工作上稳健持重，待人接物虔诚谨慎的邓焰局长，如此平静而客观地回答上述问题，在当时的环境和气氛中是极为难能可贵的。他的每一句话在我的心目中如刻如凿，铭记在心。在那史无前例的"文革"期间，在那到处造反、夺权、批判'走资派'的热潮中，当权派只能装作无能，接受批斗，不能（也不准）为自己和别人开脱。邓焰局长在那样的大环境中，在批斗会声势还比较火爆的情况下，置自己的安危于不顾，敢于如此冷静地回答问题，解脱别人，致使会议气氛趋于和缓，甚至逐渐冷落，这在当时批斗走资派声势激烈的大形势下，是极为少见的。①

12月初，省文管会造反派在省委二楼会议室批判省委王大任书记。柴泽俊后来回忆说：

> 会上有人提出：省委为什么要批准成立山西永乐宫迁建委员会？迁建委员会迁移永乐宫为吕洞宾修复祖庭，这是不是走资本主义道

---

① 出自柴泽俊晚年口述回忆。

路？王大任答曰："永乐宫从提议到批准都是中央决定的，文化部争取省政府意见后联合上报国务院批的，我们只能是执行者，不是决策者。至于永乐宫迁移是不是为吕洞宾恢复祖庭，我们不敢说，我们只是执行国务院批准的决定，没有敢想其他。批准成立迁建会、派人现场实施迁移，都是在执行中央决定，别无其他。"正在这时，省委会议室窗台上电话铃响了。王大任说：革命的同志们让我接个电话吧！大家频频点头，王大任随即去接电话。笔者当时在王大任右侧，也跟着去听电话。电话里请示王大任说：好几百青年造反派去晋祠破"四旧"，砸雕塑和屋顶脊兽，该怎么办？王大任答："晋祠是国务院批准的文物保护单位，必须保护，立即派人前往做工作，千方百计予以保护。"笔者当时很激动，王大任自己已经是泥菩萨过河，自身难保了，还要坚持保护文物，这种精神实在令人钦佩！就在这时我向王大任提出："我回去看看，不行我去！"王大任低声说："可以（还点了点头）。"当我回到机关，人们正在省博物馆二部造反。我找到李正云说明王大任电话，李正云说电话就是他打的，他已派了郭勇前往，拟再派一人，我当即表态我去！李正云同意。这时，已是下午3点多钟了，随之背上草绿色背包朝晋祠徒步而去，到了晋祠已是晚九点了。晚上用毛主席语录中保护历史遗产章节和红卫兵讨论，小将们对毛主席指示十分崇拜，随即把各门上贴上封条，"不准进入"，破"四旧"者变成了保护晋祠者了。①

12月末，柴泽俊被宣布为"黑帮"，关进了"学习班"，家也被抄了。最让他心痛的是，他从永乐宫寄回的笔记、卡片、图片等珍贵资料都丢失或者被毁掉了。

这期间，他的胃病多次发作，只能靠服药缓解。

1967 年　丁未　三十三岁

1月1日，《人民日报》《红旗杂志》发表元旦社论，题为《把无产阶级文化大革命进行到底》。

---

① 柴泽俊《山西永乐宫迁建亲临纪实》，文物出版社，2016年，第246页。

是月，柴泽俊仍在"学习班"。

2 月初，他回到家中。

3 月，柴泽俊和同事赴京。

柴泽俊晚年回忆这次进京的事说：

> 1967 年 3 月，笔者和薛广云同志偷着赴京了解永乐宫迁移的提议者、决定者、批准者情况，到北京后住在沙滩北大红楼地下室（国家文物局的接待处）。一天中午，有一个同志告诉我"下午在此召开批斗王冶秋大会，你参加，并要在会上发言质询"，我答应了。在下午的批斗会上，我的发言是："永乐宫迁移谁提议、谁决定的、谁批准的？我们在工地受苦八年，最后落了个为吕洞宾恢复祖庭的走资派、牛鬼蛇神！这个责任到底该谁负？"王冶秋站起来很稳健地回答说："先是几十位专家（文学、史学、美术、建筑、文物等）建议搬迁保护，会议是我、郑振铎二人主持的，会后将大家的意见报文化部，文化部同意后征求了山西省人民政府意见，联合报请国务院批准的。为了迁移永乐宫很多同志受苦受累达七八年之久，组织迁移的提议者是我和郑振铎同志，郑振铎同志已故，责任完全由我承担，我愿意接受大家的批判！"会后我曾几次表示，像王冶秋同志这样，敢作、敢为、敢干、敢当！跟随干者感到安心、甘心、宽心、放心！①

5 月至 8 月，省文管会相对平静，也没有给他安排工作。他利用这段时间，重新温习《营造法式》和《清式营造则例》。经过八年永乐宫迁建的施工实践，通过拆卸木构建筑、壁画、加固修复以及重新安装组合各类木构件、壁画等，他对这两部古建筑的经典著作有了更深刻的认识和体会。他整理了这些年收集和记录下的卡片资料，装入两个旧式皮箱，藏在院内的菜窖中，以防抄家。

9 月中旬，平静的日子再次被打破。他陪邓焰等几位老同志接受批斗。造反派又给他增加了新的罪名"为牛鬼蛇神兴修阵地""为封、资、修的复辟建造场所"。他被关进"黑帮学习班"，又一次成为"无产阶级专政"的对象。

① 柴泽俊《山西永乐宫迁建亲临纪实》，文物出版社，2016 年，第 246—247 页。

10月6日上午，年仅五岁的二女儿突患急性脑膜炎，妻子抱女儿住进太原市人民医院。当天中午，上小学二年级的大女儿放学后，进不了家门，坐在门口等母亲。好心的邻居送给她一个小窝头，算是午饭，她又去上学了。下午大女儿放学时，妻子所在单位的领导托一位女同事接大女儿住到她家，这一住就是十多天，直到二女儿病愈出院。

11月初，《人民日报》和《红旗》杂志、《解放军报》提出"无产阶级专政下继续革命"的理论。柴泽俊在山西省文管会成为被专政的对象。

1968 年　戊申　三十四岁

1月20日，柴泽俊被允许离开"学习班"，回到家中。

3月5日中午，四个造反派闯入柴泽俊家中抄家。十岁的长女柴玉梅吓得紧抱着爸爸，仅六岁的次女柴水玲扑在母亲怀中哇哇直哭。有四个造反派中有一位年纪稍长，看到柴泽俊家里只有一张垫着砖头的床、两个小凳，一只扣箱，再无别的更值钱的用具，对其他三人说："什么也没，走吧！"四人随之离开。

3月18日，几十个在芮城永乐宫"破四旧"的红卫兵造反派，专程到太原，声言要把"为吕洞宾修祖庭"的柴泽俊揪到永乐宫庙内现场批斗。他们纠合了省文管会和省文化局的造反派，用篷布套住柴泽俊的头，在他脖子挂上写着三大罪状的大木牌，把他拉上卡车，同车的还有省文管会副主任李正云、前永乐宫迁建办公室主任王乎，三人一同前往芮城接受批斗。卡车刚进芮城县城，就被芮城民众拦住，不允许进入永乐宫。造反派无奈，只得让柴泽俊出面调解，造反派宣称只是进入永乐宫开会，方被允许进入，批斗之事未果。

3月19—20日，造反派查永乐宫迁建八年的账，看到柴泽俊于1960年5月份借永乐宫现金10元并于次月已还的借条和还款记录，并无任何问题。造反派批斗的计划没有得逞，他们由此得知柴泽俊在永乐宫的口碑以及他的影响力。

20日，柴泽俊返回太原。

4月，柴泽俊继续在"学习班"挨批。

4月12日，在造反派批斗邓焰时，柴泽俊看到老人步履蹒跚，走路十分艰难，便上前搀扶，不料被身后的红卫兵棍棒加身。

这段时间，柴泽俊的胃溃疡日益加重，发作剧烈时他在地上疼得打滚。

6月中旬，柴泽俊被"文管会革命委员会"指派到洪洞县魏村镇下乡改造。

6月21日，办妥下乡手续后，他回到家中告别妻子和两个女儿，背着简单的行李前往。

这时的农村，少有城市中"文攻武卫""打、砸、抢"的局面，相对平静，相对自由。他参加乡下农业生产，帮农民收夏粮。

7月，他开始考察和研究临汾地区的古代戏台。首先是魏村牛王庙戏台，它是临汾地区较有名气的元代遗构，柴泽俊青少年时期就多次来这里演戏和参加鼓乐队表演。此外，他还考察了洪洞县秦村玉皇庙元建乐楼、临汾县东羊村后土庙元建戏台、洪洞县景村牛王庙乐楼、广胜寺水神庙戏台和明应王殿东南壁上的一幅戏剧壁画、临汾县王曲村东岳庙内戏台、临汾县东亢村圣母祠金代戏台遗址、万荣县桥上村宋建后土圣母庙戏台、万荣县太赵村稷王庙元建舞亭、万荣县孤山风伯雨师庙戏台遗址、万荣县西景村岱岳庙戏台遗址（仅存台基和补修石碑）、翼城县武池村乔泽庙戏台、翼城曹公村四圣宫戏台、石楼县张家河殿山寺圣母庙砖木结构戏台等。他对这些戏台的类型、构造及台身、柱子、额枋、斗栱、梁架、椽飞、檐出、举折、屋顶等进行了考察和研究，为20世纪80年代撰写有关古代戏台的论文积累了丰富的第一手资料。

是月，全国各地武斗升级，伤亡不断增加，国内局势混乱，人心惶惶。

7月23日，中共中央发布"七·二三布告"，宣布在全国范围内停止武斗，形势开始缓和。

9月，在乡下帮农民秋收。

10月6日，农历八月十五，回临汾老家同母亲和哥哥一起过中秋节。这是柴泽俊十多年来第一次同母亲等家人团聚。

10月21日至28日赴蒲县东岳庙、隰县小西天考察，发现部分古建筑及塑像、碑刻已损毁。

是月，中共八届十二中全会通过《关于叛徒、内奸、工贼刘少奇罪行的审查报告》，宣布把刘少奇"永远开除出党"。

看到国家形势如此混乱复杂，柴泽俊再也无心外出考察，回到乡下继续接受改造。

12月末，下乡改造结束，柴泽俊回到太原。

1969年　己酉　三十五岁

1月中旬，柴泽俊再次被关进"学习班"。同班有一人名叫梁俊，是山西省文化局的一名干事，长柴泽俊十岁。此人懂些医道，又读易经，知阴阳，常开一些草药为周围同事治病，被视作牛鬼蛇神，因而也被关进"学习班"。柴泽俊经常与他谈论佛、道，私下里开始阅读一些道教书籍，由此对永乐宫壁画内容及永乐宫的整体建筑有了新的认识。

梁俊给柴泽俊开了一个治胃病的中药方子，柴泽俊让妻子照方子抓药，煎好了给他送到"学习班"。"学习班"管理严格，妻子只能隔日送一次药，顺便给他讲一讲外面的事情和家里孩子们的状况。

3月10日晚上，被"学习班"管理人员发现他在读道教书籍，被没收。

3月12日，柴泽俊被批斗，道教书籍被烧毁。"学习班"规定只能读《毛主席语录》。

是年，柴泽俊一直在"学习班"接受教育。

1970年　庚戌　三十六岁

1月，胃疼已二十天，继续照梁俊先生的方子吃中药，效果甚微。

4月8日，"学习班"学员赴大寨参观学习，接受贫下中农教育，为期一周。

11日，请假半天，以找当地中医治胃病为由，前往昔阳县城西南15公里的洪水乡石马村的石马寺，观摩以石窟为主体的摩崖造像群。自柴泽俊完成永乐宫迁移回到太原起，他使用多年的照相机被造反派没收。他拍不了照片，只能用笔做记录。他这样记录石马寺的情况：

它是一处规模不大，以石窟为主体的摩崖造像群，后人依崖造屋，筑以殿阁楼堂，形成佛寺布局，宋名寿圣寺，寺前置石马一对，俗称石马寺。……

石窟造像雕凿于一块巨石四周和附近崖面上。巨石高约 17 米，东西长 16 米，南北宽 15 米。巨石周围和附近总长约 30 米的崖体上布满石雕造像，除千佛洞和子孙殿内两个小洞窟外，余皆摩崖造像。千佛洞居巨石南向中部，是石马寺造像的主要洞窟。后人遇天旱在此祈雨，至明嘉靖三十六年（公元 1557 年）曾镌"龙洞"小石匾一方，悬挂洞门拱券之上。洞内左隅，保存有凿洞时的题记："大魏永熙三年岁次甲寅四月癸丑朔廿九日辛巳。"题记左侧，还刻有供养人造像，乌发，长衫，拱手奉佛，表层施彩可见。据题记和供养人证实，石马寺石窟及其摩崖造像，创始于北魏末永熙三年（公元 534 年），距今已达一千四百五十年之久。继北魏之后，北齐、隋、唐三代又在这里开凿了一批佛笼造像，虽未觅得题记，但现存实物的时代特征明显，足以验证。《马寺造像记碑》载：大石四周凡像之数，大小千三百有二十。此外，大石之南、大石西南下降十数步及西向百余步等处皆有造像。碑载总数近一千六百尊。随着历史的变迁，自然和人为的损伤不可避免。西南崖下和西部造像皆已不存，大石四周及其附近崖面（包括窟笼内外）尚存造像约计千尊。根据造像风格和雕刻手法，北魏至北齐的作品较多，主要分布在西崖南部、南崖、子孙殿和南殿（大石对面南崖）等处，约占造像总数的三分之二。隋、唐作品较少，主要分布在东崖、北崖和西崖北部，约占造像总数的三分之一。宋代以后，凿造像工程停止了下来。寺僧信士及其功德主岳海等人，"即像造宫"，在石崖四周及其附近像前面，"随其广狭，兴建殿阁"，实则是保护性的殿阁式窟檐和窟廊等木构建筑，形成一座规模可观的寺院。据宋熙宁元年《寿圣寺记碑》载述，至熙宁元年（公元 1068 年）乐平县（今昔阳县）境内共有佛寺三十三所，其中即有石马寺。寺内建筑由岳海"捐创"，共修盖佛殿、廊房、屋宇等三十余间。现在正殿站台前面保存有石马一对，形制古朴，苍劲有力，盖为宋代遗物。熙宁元年（公元 1068 年）三月二十六日，奉中书门下牒"特赐寿圣寺为额"

91

之后，据明天启四年（公元 1624 年）《重修石马寺观音阁记碑》载"迨金大定（公元 1161—1189 年）重修，于元至正（公元 1341—1368 年）两缮"。巨石南崖前现存大佛殿五间，重檐歇山式屋顶，柱、额、梁、枋、斗栱、脊兽等皆属元制，盖至正年间遗构。巨石西侧现存观音阁五间，已残，重檐九脊顶，脊榑下留有墨书题记"昔大明天顺八年（公元 1464 年）岁次甲申四月己巳朔十九日辛丑重修佛殿一所，住持僧晶胜午时谨志"。既言"重修"，其前必有殿阁，创建之年当比此更早。后于天启三年（公元 1623 年）再度补葺，四年刻碑记事，至今犹存。至清代，康熙、嘉庆、同治、光绪间，曾屡有修葺改建，西侧增建关帝庙，东侧修子孙殿，寺前筑以阶级，河上架以石桥，桥前雕牌坊为屏，形成今日状况。上述史料证实，石马寺历史甚古，自北魏至清代，凿窟造像和木构建筑的兴建修葺历时近一千四百年，一直不曾间断过。①

时间太紧，柴泽俊不能继续深入考察，只得返回。这次考察虽然匆忙，但他对摩崖石窟造像和石刻碑记都产生了浓厚的兴趣。

5 月 1 日、2 日"学习班"放假两天。他骑车独上天龙山。十多年前在晋祠工作之余，他曾多次上天龙山。这次重登此山，他以一个较为成熟的文物工作者的眼光重新审视这些石窟造像，其感悟与以前相比是大不一样的。他搜集了一些碑记和题记，为他十多年后撰写石窟造像相关的研究论著积累了许多基础资料。他一一考察了北魏、东魏、北齐、隋唐各朝代近五个世纪的石窟造像作品。

随后，他又赶赴位于天龙山西侧的龙山石窟道观。

5 月 10 日，国务院图博口领导小组成立。

11 月，中共中央做出《关于传达陈伯达反党问题的指示》，在全国范围内开展批陈整风运动。

是年，柴泽俊一直在"学习班"学习改造，接受批判。

---

① 柴泽俊《山西几处小型石窟造像》，《柴泽俊古建筑文集》，文物出版社 1999 年，第503—504 页。

1971 年　辛亥　三十七岁

1 月中旬，柴泽俊住进山西省医学院附属第二医院消化科。18 日做了胃切除手术，切除了胃的四分之三。

从 20 世纪 50 年代末开始，他就经常在山西境内考察古建筑，跋山涉水，风餐露宿，60 年代初期的困难时期，他常常食不果腹，或是吃一些残羹冷炙，肠胃受到严重伤害。尤其是"文革"爆发以后，他受到批斗，生活和饮食严重失调，逐步发展成为胃溃疡，溃疡面达三分之二，疼痛难忍，不得已做了胃切除手术。术后医生告诫他：即便保养得好一些，至迟二十年后仍会出现病症，甚至是病变。他听后淡淡一笑，但从此他也加快了对山西古建筑勘察和保护的步伐。

3 月中旬，手术后还在恢复期的他又一次被召进"学习班"。

4 月初，他向"学习班"提出前往晋东南收集石窟、碑刻等方面资料，未被批准。

5 月至 9 月，山西文化系统在山西农学院（太谷）开办"学习班"，以省文化局副局长邓焰、文管会主任刘景山为主要批判对象。

因山东曲阜孔庙的文物在"文革"中遭到破坏，引起周恩来总理的关注，9 月末，当时负责国务院图博口的王冶秋先生要求各省勘察各类文物现存情况。山西省文管会把柴泽俊从"学习班"调出来，让他调查全省范围内现存古建筑及其附属文物的现状。

10 月初，山西雁北地区已比较寒冷。柴泽俊携带着使用了十多年的老式相机（德国卢莱 120 型）和简单的测绘工具，只身一人来到山西大同云冈石窟。这是他时隔十多年后又一次来到这里，50 年代后期，在迁移永乐宫过程中，他在五台山工作之余，曾来云冈瞻仰过石窟造像。

勘察中他发现了一些文物受损情况：第 9、10 两窟前室顶有东西向通长 30 米的大裂缝，有崩塌的危险；第 12 窟前室顶板的两条大裂缝比十年前更大了，重约 120 吨的石雕门拱随时有倒塌之忧；第 7 窟顶部的岩石裂缝长达 50 厘米，一块重约 30 吨的巨石随时有坠落的可能，既有砸坏窟檐的危险，又威胁着观众的安全；第 19 窟西壁的下半部分和主窟像的腰部均蚀空；第 16 窟主像腰部以下有裂缝；第 20 窟西壁下半部崩塌，露天大佛腰部有裂缝，等等。站在经历了一千五百年的云冈石窟前，他痛心地看到，由于风雨侵袭、岩石风化，洞窟岩体产生裂隙，窟内四壁渗水腐蚀墙壁，加上新中国成立前帝国主义的盗窃破坏以及"文革"中的人为损坏，云冈石窟的面貌已受到不小的破坏，特别是一些洞窟有崩塌毁坏的危险。他一一拍照记录。

他离开云冈，来到大同市西的华严寺。该寺分上下二寺，各开山门，自成格局。上寺以大雄宝殿为中心，下寺以薄伽教藏殿为主体，其他建筑都围绕着中心，分布在东西方向的中轴线上。他研究了《重修大华严禅寺感应碑记》《上华严寺重修碑记》《大金国西京大华严寺重修薄伽教藏记》，确认下寺薄伽教藏殿是华严寺的一座殿堂，早在辽代（公元1038年）前该殿就已存在了。他发现上下华严寺改名的具体年代应在明成化至万历年间，了解了华严寺在宋、元、明遭到破坏的情况及历代历次修葺的经过和增补建置的情况。

由于自然力侵蚀等原因，木构件有的风化、糟朽、劈裂，柱基有下沉，台基有变形；"文革"中造反派和红卫兵以破"四旧"为名冲击寺庙，砸毁殿宇门窗、塑像、琉璃脊兽等，人为损坏随处可见。特别是1968年，在上华严寺大雄宝殿北侧几米处，一家食品加工厂建起一座36米高的烟囱，昼夜浓烟滚滚，严重影响华严寺的观感和安全。他找到大同市文化局，担任局长的是一位年老体弱、在运动中受到冲击的老者，自身难保，爱莫能助。他又找到大同市革命委员会的领导，说明华严寺的文物价值和烟囱的危害，请停止使用烟囱并拆除它。答复是：我们研究一下，想办法解决。几天后，柴泽俊又找到市革命委员会，回答是：食品加工厂属于小本经营，建造那个烟囱很不容易，给他们一段时间，想办法解决。这件事就被搁置下来。

大同南门西侧是善化寺，金代重建。该寺在文献上未发现有记载，只有该寺唯一留存的《大金西京大普恩寺重修大殿记》石碑记载，该寺始建于唐，后易名为普恩寺，现存主要建筑均为辽、金二代遗构。该寺总面积达1.4万平方米，山门、三圣殿、大雄宝殿构成一条中轴线，文殊、普贤两阁东西相对。文殊阁于民国初年焚于火，寺中仅留下山门、三圣殿、普贤阁、大雄宝殿四座辽金时代的建筑，且都采用了号称尊贵的庑殿顶，且有独特的民族风格，为国内罕见，是研究辽金建筑最重要的实物资料。让人痛心的是，"文革"期间，该寺西廊房基址上建了军队家属宿舍，与普贤阁和西耳房紧挨着，灶炊的烟雾和火星四散，令人担忧。

此后，柴泽俊又勘察了浑源悬空寺和应县木塔，悬空寺有落石隐患，应县木塔内部构件变形扭曲明显，他都做了拍照记录。

佛光寺和南禅寺是山西现存的两处珍贵的唐代建筑。50年代他曾在佛光寺勘察并作过小规模的修缮，现状尚好。南禅寺的残损就比较严重，需要尽快修缮，他一一勘察和测量记录。

离开这两座寺庙，他直趋山西最南部的芮城永乐宫和广仁王庙勘察。"文革"这几年中，他一直担心永乐宫的安全，所幸永乐宫受到当地人民的保护，几年来未受损害。广仁王庙是柴泽俊在迁移永乐宫的几年中常去勘察的寺庙，此寺虽无大碍，但其正殿四壁丹青和广仁王像，因殿宇残损和檐墙重葺，皆已不存。

他折返洪洞广胜寺。该寺是一组元、明建筑群，在洪洞东北的霍山脚下，分上、下寺和水神庙三处。上寺在山巅，下寺在山脚，水神庙位于下寺西侧，下寺保留的主要建筑是山门、前殿、后殿和西垛殿。水神庙的主要建筑是明代的应王殿和元代的戏剧壁画。柴泽俊在下寺后大殿（大雄宝殿）看到，"月台、台明皆残损，东山面及后檐台明早失。檐柱高低不等，后檐柱头沉陷约40厘米。后檐斗栱折损大半，仅存华栱和梁头，下昂及慢栱等已失。随着柱头之高差悬殊，梁架亦随之向后向西倾闪。槫材滚动，椽子拔钉，瓦顶漏雨。后檐墙和东山墙外层土坯脱落，东山和后檐柱腐朽情况已敞露在外。后檐当心间原有板门一道，板门已失，用墙体堵塞，门框和门额皆筑入墙内"①。

水神庙殿身柱、额、枋、斗栱、梁架基本完好，唯围廊残坏，廊柱下部有的地方腐朽，有的内部蛀空，前檐部分斗栱折断，后檐垂弯且折损，两山大额枋劈裂严重，椽子望板大都糟朽或折断，瓦顶普遍漏雨。

广胜上寺主要建筑有飞鸿琉璃塔、弥陀殿（前殿）、大雄宝殿（中殿）、毗卢殿（后大殿）。各殿及西配殿、东厢房、上寺围墙、塔周围墙等，普遍有残损、断裂和倾闪现象，其中毗卢殿最为严重。

---

① 《广胜下寺后大殿修缮工程说明书》，柴泽俊、任毅敏《洪洞广胜寺》，文物出版社，2006年，第158页。

柴泽俊现场判断，考虑到财力、物力、人力及当时的政治运动形势，全面修缮广胜寺似乎不太可能，只能选择最急于修缮的毗卢殿上报。返回太原后，他将两个月中勘察的情况向省文管会汇报，并提出急需修缮的古建筑为云冈石窟、五台南禅寺和洪洞广胜寺上寺毗卢殿。省文管会随即向国务院图博口汇报。

12月16日，国务院图博口通知山西省文管会，已派遣文物和古建专家三人，专程考察大同云冈石窟、南禅寺和广胜寺上寺毗卢殿。他们分别是北京古建修缮所祁英涛、姜怀英和鲁寿麟三位先生。省文管会副主任李正云、五台县文物管理所王学斌及柴泽俊陪同考察。

在大同云冈石窟，专家们详细勘察了自然力侵袭造成的岩石风化和洞窟岩体裂隙扩大的状况，也看到了柴泽俊上报材料中讲述的云冈若干洞窟的损坏及存在的危险。柴泽俊介绍了1962年在中国文物研究所指导下，曾在1、2两窟进行加固试验，用化学加固与水泥加固相结合的办法粘接了一些裂缝，效果不甚理想。现场专家们发表了一些很好的建议，柴泽俊一一记录。

他们一行由怀仁抵达应县，勘察了著名的佛宫寺释迦塔（应县木塔）。在木塔二层，已明显看到斗栱和梁架的扭曲状况。这一现象立即引起诸位专家的关注，柴泽俊同专家们详细测量，一一记录。这一次对应县木塔的勘察，促使他们在"文革"中第一次明确提出要保护应县木塔。

他们由繁峙进入五台山台怀镇，考察了1957年曾落架大修的显通寺无量殿。这是柴泽俊当年参加的第一个古建筑大修工程。这座殿宇为明代建筑，宽七间，深四间，歇山顶，全部青砖结构，体量庞大，气势宏伟，券栱、檐头、横匾雕刻精细，是我国明代砖结构建筑的代表作。在殿宇内专家们一边勘察，一边听柴泽俊简要介绍大修时的情况："这座无量殿基础酥软，殿身有裂缝数十道，最大者宽30厘米，殿顶多处渗水，四向墙体外倾。修缮工程从实测脊吻、沟滴，有雕刻的砖块绘图编号，分层拆卸开始，砖砌基础，重砌墙体，外檐雕刻和内部砖雕藻井、斗栱按照图纸编号和照片分层归安，砖雕部分大都原件原构。至今近十五年时间，尚完好。"

大家在台怀逗留了一日，考察了白求恩先生创办的模范医院。

离开台怀，来到台怀外围佛光寺。据《清凉山寺》记载，佛光寺创建于北魏孝文帝时期，唐会昌五年（公元845年）唐武宗灭佛，佛光寺建筑除祖师塔和周围几座墓塔外全部被毁。到唐大中十一年（公元857年）佛光寺又在原址上重新建起来。东大殿是寺内主殿，金代又在山门内前院北侧建了文殊殿。他们一行围在东大殿前一座唐建石幢周围，仔细察看，幢身刻有《佛顶尊胜陀罗尼经》，还刻有"佛殿主上都送供女弟子宁公遇""大中十一年十月建造"字样。柴泽俊说："这幢刻记与东大殿内四椽栿下唐人题记相印证，是该殿重建年代的确定证据。题记是我在1957年攀缘椽栿时核对的，还有河东节度使郑涓的题记，其任职时间与此幢相符。"接着柴泽俊又向大家介绍了佛光寺被梁思成先生发现的一些情节："20世纪30年代中期，梁先生考察敦煌时在其第61石窟里所绘五台山图中有'大佛光之寺'之记载，便推测佛教传记中有佛光寺，极有可能为唐建。他曾在1932年《我们所知道的唐代佛寺与宫殿》一文中表达了对唐代建筑的神往，但并不确定还能否在中国找到唐代遗构。于是他同林徽因、莫宗江和纪玉堂一行四人，1937年6月来到五台山寻找佛光寺一类的唐代建筑，终于发现了他们梦寐以求的唐代木构——佛光寺东大殿。在佛光寺勘察的几天中梁先生每每为发现年代证据和大殿精美构造而惊喜，让他们惊诧的是在文殊殿中有一根长达14米的大梁，追询来源，小童引到寺庙后的山林中，告诉他们木材取自那里，虽然没有看到山林中的巨木，但他们却意外发现高僧圆寂后的墓塔，从这里可以看到唐代的盛况。正当他们返回北京，公布这一发现时，卢沟桥事变爆发，日本帝国主义发动全面侵华战争，于是梁先生开始了流亡生活。1944年，在四川南溪县李庄，梁先生写下了著名的《记五台山佛光寺建筑》一文。"讲到这里，柴泽俊随口诵出一段梁先生的优美文字：

乘驮骡入山，峻路萦回，沿倚崖边，崎岖危隘，俯瞰田畴。坞随山转，林木错绮；近山婉婉，远峦环护，势甚壮。旅途僻静，景至幽丽。至暮，得谒佛光真容禅寺于豆村附近，瞻仰大殿，咨嗟惊喜。国内殿宇尚有唐构之信念，一旦于此得一实证。

柴泽俊带领大家勘察了东大殿内木构、唐塑、壁画，文殊殿内元构琉璃、塑像和明代壁画。在文殊殿东侧和北侧，柴泽俊介绍说："我在1957年修缮显通寺时，在这里勘察了两日，看到佛光寺文殊殿东侧和北侧地面

97

高过殿内地面 1—1.5 米，土基逼近山墙和后檐墙。雨季潮气渗入墙内和殿内，不仅地面泛潮，墙体下半部亦是潮气浓重，致使墙内柱子下半部腐朽沉降，墙上壁画下半部数十平方米腐蚀脱落。1954 年修缮文殊殿时未除此弊。经实地勘察研究，当时将殿宇北侧和东侧高出室内地平的土基挖深 2 米，完善后檐和东山台明、片石，铺砌雨水通道，砌石墙阻挡高出殿宇的土基，致使文殊殿内潮气大减。现在来看，效果还不错，殿内建筑、壁画、塑像等安然无恙。"大家看后点头称是。寺内东大殿左侧有一座两层砖塔，俗称祖师塔，是当年创建佛光寺的第一代和尚的墓塔。大家看到塔平面为六角形，下层中空，西面开门，门上饰火焰形券面，内作六角形小室。上部用砖砌出斗栱，每面九枚，补间七枚，斗上有莲瓣和叠涩构成第一层塔檐。檐上作束腰须弥式平座，每面雕有简单的壶门，各转角处砌成瓶形的矮柱，束腰上下刻仰覆莲瓣。上层塔身各角刻出倚柱。柱之头脚与腰间，莲瓣紧束，是印度式的束莲柱之制。塔身第二层西面作假券门，门上仍饰火焰形券面，西南、西北两面为破子棂窗。塔刹部分，砌仰莲基座、覆钵、宝珠等。形制之奇特，是国内所未见过的。大家推测，此塔参照敦煌壁画，应属于北魏或北齐遗物。

他们一行由佛光寺来到南禅寺。柴泽俊向各位专家介绍了上个月他勘察时发现的情况，于是大家开始认真勘察这座有着一千二百年历史的唐代建筑。

这座寺庙在 1952 年被山西省文物调查组发现，初步认为是唐代建筑。1954 年文物专家陈明达、祁英涛、杜仙洲等专程赴南禅寺，经过勘察和考证，确认其为唐代建筑。此行祁英涛先生是第二次访问南禅寺了。

祁英涛对此庙作了简要介绍，姜怀英、鲁寿麟也都谈了自己的观点。柴泽俊说："大殿受自然力侵袭，木构件多已风化劈裂，有的已开始腐朽，1964 年、1966 年两次地震后梁架向左歪闪 20—26 厘米，檐柱向前倾斜 30—35 厘米，各种木构件脱榫劈裂严重，有的已近折断。明间两根四椽栿劈裂弯垂达 9—11 厘米，左栿尤甚。栿尾伸向后檐的二跳华栱，受风雨侵蚀，劈裂更为严重。为保存这座唐代木构建筑，地震期间和地震以后，及时进行了临时性抢修保护，内外支撑木柱十五根，现状已不能继续维持。"李正云主任表示，我们山西先进行发掘、勘察和测绘，上报并请示中央，一定要保住这座珍贵的古建文物。

20 日，专家组一行回到太原，参观了晋祠。李正云对诸位专家说："晋祠是柴泽俊同志的起点，这里情况他更熟，让他给我们做导游吧！"众人一笑，柴泽俊就将晋祠布局及各殿宇形制都做了讲解。来到献殿，柴泽俊说："献殿是供奉圣母祭品的享堂，根据碑文记载，为金大定八年（公元 1168 年）建。大家可以从形制上看到，柱子以上设斗栱一周，五辅作，单抄单下昂，殿身上部梁架为四椽栿横架前后檐柱之外，上施驼峰、托脚承托平梁，其上设侏儒柱和大叉手，构架极为简洁，梁身不弱不肥，简单轻巧。四角构造合理，坚固耐久。殿内敞朗，檐头舒展，给人以稳健舒适之感，虽为金代所造，实则沿袭宋制。1954 年我刚参加工作，就赶上献殿落架大修，那时我的工作刚开始是拌石灰、运砂，后来是计算材料成本。看到斗栱和梁架，就感觉到新奇和对匠师手艺的敬佩。"祁英涛先生接着说："你在永乐宫主持施工八年，今天能成为古建筑保护的骨干力量，不容易啊！"他们一行还详细勘察了圣母殿的构件和彩塑等。

第二天，大家前往洪洞广胜寺，在广胜寺上寺毗卢殿实地勘察。专家们都看到了此前柴泽俊向上级部门汇报所提到的残损状况，确认已到了非修不可的地步了。柴泽俊向专家们讲了他的修缮思路：进一步勘察研究，掌握构造要点和时代特征，找出残损原因，遵照《文物保护管理暂行条例》中"必须严格遵守恢复原状或保存原状的原则"进行修缮技术设计，对塑像和壁画就地保护，不作修补，不加彩饰。明年在勘察和发掘的基础上，完成《广胜寺修缮保护工程设计说明书》和《广胜上寺毗卢殿修缮工程施工说明书》。

1972 年　壬子　三十八岁

2 月，山西省文管会将大同云冈石窟、五台南禅寺、洪洞广胜寺上寺毗卢殿残损情况报国务院图博口，并向财政部申请资金。

3 月，柴泽俊继续在省文管会"学习班"中接受批判。

5 月，省文管会抽调柴泽俊同古建队技术人员刘宪武、张殿清等同志组织发掘五台南禅寺大殿四周台明旧基址。除殿内西缝平梁下有"唐建中三年……重修"题字外，此次勘察发掘又发现东缝四椽栿底皮留有墨书题记，被后人刷朱红色掩盖，经刷洗可见为"宋元祐三年……竖柱抬枋"及姓氏名单。这两个题记是大殿修建与修葺年代的证据①。

6月初，柴泽俊再赴大同云冈石窟勘察，进行局部加固保护实验，为全面抢险加固工程探索保护方案。同行的古建队摄影人员高礼双同志拍摄云冈石窟。两人到大同市革命委员会找到领导，再次敦促拆除华严寺烟囱一事。对方回答说，保护文物重要，食品生产也重要，他们尽量想办法，后又提出资助大同二十万元，食品加工厂方能搬出。柴泽俊质问道："生产企业擅自建在文物区域，且威胁文物安全，我们要求你们搬迁，你们还要文物部门出资，你们可以随意占用寺庙场地，损坏文物建筑反而有理？"离开革委会大院，两人无奈感叹："文物管理和保护部门无权无钱，只能靠文物工作人员的耐心、恒心和勤恳开展保护工作，如果一个单位随意占用文物区域，其他单位也会效仿，这类情况还会经常发生，寺庙文物就如'唐僧肉'一样被随意分割，那么古建筑的保护工作在这样的政治运动环境中，将会遇到更大的困难，不可轻视可又愧无良方。"

6月中旬，柴泽俊从五台南禅寺到洪洞广胜寺上寺后大殿进行深度勘察，准备撰拟后大殿修缮设计方案。

9月初，五台南禅寺的勘察、测量和发掘工作结束，柴泽俊有两点发现：①大殿檐出被后人锯短，原有台明、月台已残，亦被埋入地下。经过勘察、发掘，觅得台明、月台、散水旧基，弄清了方砖、条砖规格和砌筑方法，为殿基和檐出的复原找到了依据。②殿内西缝平梁下原有唐人题记，测绘过程中在两根四椽栿底皮又发现宋人题字，东缝字迹大都完整，西缝题字格式与东缝相同，对此都做了临摹、拍照和记录②。

10月8日，赵朴初先生陪同日本佛教代表团来山西玄中寺朝拜。柴泽俊以山西对外友好理事会常务理事的身份，与理事会负责人马烽参与陪同，这是他第一次见到赵朴初先生。朴老时年六十五岁，头发略有花白，一脸慈祥的笑意，常常双手合掌放在前胸，有一种无形的亲和力。日本客人来到大雄宝殿前，倾听朴老讲解："北魏延兴二年即公元472年名僧昙鸾在此建寺，于公元476年建成，恰遇印度僧人菩提流支度化，授以《观

---

① 柴泽俊《五台南禅寺大殿修缮复原工程设计书》，《柴泽俊古建筑文集》，文物出版社，1999年，第354页。

② 柴泽俊《南禅寺大殿修缮工程竣工技术报告》，《柴泽俊古建筑文集》，文物出版社，1999年，第367—368页。

无量寿经》，得解脱生死之法，在北方创佛教净土宗派，著有《往生论注》。南朝梁武帝称昙鸾为'鸾菩萨'，北朝东魏孝静帝称昙鸾为'神鸾'。隋末唐初，山西太原人道绰14岁出家，习《大般涅槃经》，因在这里看到《昙鸾和尚碑》而改信净土，每日诵念阿弥陀佛名号，三十多年间讲《观无量寿经》二百余遍，劝人念阿弥陀佛名，著有《安乐集》两卷，系统阐述净土信仰。他的弟子善导是净土宗的实际创立者，山东淄博人，幼年出家，习《法华经》《维摩经》，在唐贞观十五年即公元641年也来到这里，师从道绰，听讲《观无量寿经》，后入长安，在光明寺、慈恩寺专弘净土法门，并写著作《观经四帖疏》等。唐太宗李世民敕赐寺额为'石壁永宁禅寺'，使玄中寺的声誉名扬天下。唐代，日本高僧圆仁来华习天台宗和密宗，也学净土法门，净土教义从此便传到日本国，12世纪日本僧人源空法号法然，读玄中寺善导法师《观经四帖疏》受到启迪，开创了日本净土宗。法然弟子源信法号视鸾，继承师志又开创了净土真宗，尊奉印度的龙树、天亲和中国的昙鸾、道绰、善导以及日本的源空、源信为'三国七高僧'，也称净土真宗七祖师。又因昙鸾、道绰、善导都做过玄中寺主持，因此，日本的净土宗和净土真宗也都把玄中寺视为'祖庭'。这里便是中日文化交流源远流长的佐证，象征着我们两国人民的珍贵友谊。"这一席话不仅讲给日本客人，也使马烽、柴泽俊等人耳目一新，对朴老顿生仰慕之情。

接着朴老又带客人来到七佛殿前，同时指着千佛阁讲道："玄中寺也是历经劫难啊。金大定二十六年即公元1186年全寺被火焚，修复后金末又遭兵火，元朝末年又遭毁坏。清末至民国年间，军阀割据，政治腐败，再加上帝国主义侵略，又遭到很大破坏，寺宇荒废，大殿烧毁，千佛阁倒塌，寺内文物遭到无可弥补的损失。今天的玄中寺得到了应有的重视和保护，重建这大佛殿和千佛阁，修缮了七佛殿、祖师殿、禅堂院和其他建筑，这座古老的寺院才又放出绚丽的光彩。"

一行人陪同朴老来到祖师殿，朝拜了中日净土宗创始人昙鸾、道绰、善导、法然（日本）、亲鸾（日本）等人的画像，观看了两侧木柜内陈列的日本朋友馈赠的礼品和书籍。然后大家来到休息厅小憩。其间有客人问朴老为何称净土，怎样修习，朴老笑答："按照净土宗的说法，人通过念佛修行，凭借阿弥陀佛拯救世人愿力的保护，即可往生西方净土，这里的净土是指佛所居住的世界，是与世俗众生所居住的'秽土'相对应，也称极乐世界。阿弥陀本意指'无量'，也称'无量寿佛'。修习有几种方式，主要是诵读《观无量寿经》《阿弥陀经》，观想阿弥陀佛西方净土世界的庄严，专门念诵阿弥陀佛的名号，以称名念佛为主，凭借佛的愿力而获得解脱。"

日本客人回到他们居住的晋祠宾馆五号楼前，正要散去之时，一位日本客人突然问山西陪同团的马烽："我们已经看了几座寺庙，感觉都是你们有意安排的，能不能让我们随意看些普通的寺庙？"这时，站在马烽身边的柴泽俊接过话头："的确，我们请你们观看的寺庙，都是最经典的、有珍贵历史价值的寺庙，我们是好客的，是尊重你们的，是想让你们把我们的友情带回去，促进我们两国人民的交往和了解。当然，我们也有一些残缺的寺庙，一些民间信仰的道场，正在逐步恢复完善，如果我们带你们去参观，是对客人的不尊重，我们历来都是把最好的东西奉献给友人的，这一点请你们理解。"又有一位日本客人问道："你们宗教信仰自由吗？"柴泽俊回身看着马烽，马烽点头微笑，投来赞许的目光并示意他继续回答。柴泽俊答道："这一点在我国的宪法中已经明确，每个公民都享有信仰宗教的自由和不信仰宗教的自由。我们的佛家僧人除了剃度出家，住在寺庙内的沙门包括比丘尼、沙弥尼外，还有在家信仰佛教的，我们称居士，比如赵朴老。而你们日本是兼职的，一律都称和尚，遇到法事就聚在一起，平时，各自从事自己的职业，我们两国只是佛教习俗上的不同。"这一番话使得赵朴初先生对这个青年人有了初步的印象。

10月25日，山西省文管会举办首次青年文物工作者培训班。柴泽俊撰写《建筑探源》讲义并授课。此文是1958年柴泽俊撰写《晋祠》小册子后撰写的第一篇专业论文。

11月，柴泽俊返回"学习班"。其间撰写了《五台南禅寺大殿修缮复原工程设计书》的初稿。

同月，国务院下达了第73号文件《关于云冈石窟等三项全国重点文物保护单位急需抢修保护问题的批复》。

是年2月下旬，美国总统尼克松访华，并在上海发布中美联合公报。9月，中日两国实现邦交正常化。

1973 年　癸丑　三十九岁

1 月，柴泽俊仍然在"学习班"。

3 月初，国家文物事业管理局召开山西五台南禅寺修缮工程研讨会。

山西省文管会把柴泽俊从"学习班"调出，参加会议。行前，山西省文化局副局长邓焰嘱咐他："南禅寺后大殿是全国现存最早的木构建筑，修缮复原是一件大事，很多人都在关注，且都有各自的想法。这次文物局组织专家评审，肯定会有多方面的意见，要尽量做好记录。评审就是集思广益，把大家的智慧集中到你们搞的修缮方案中，反复修改，不断补充，最后正式拿出一个标准方案，使之成为一个好方案。这对保护重要文物建筑，对提高咱们的设计能力和水平都是大有好处的。退一步讲，哪怕评审会上否定了我们的方案，也要耐心听取各方意见，重新设计。"

会上，柴泽俊介绍了五台南禅寺的基本情况和残损现状，汇报了关于南禅寺后大殿修缮设计的基本设想。专家们各抒己见，争论激烈。一部分专家主张修缮复原，一部分专家主张支撑保护。主持会议的古建专家罗哲文先生问柴泽俊山西文管会方面的意见，柴泽俊说："这两天的会议，我们听到了各位专家学者的观点，受益颇深，也感到了我们这个方案需要不断补充，我们尊重各方的意见，我们的意见是修缮复原，也就是要落架大修。只有这样才能够很好地保护这座在全国为数不多的唐代建筑。我们也相信，有这样众多的有经验的专家学者的帮助，能够将这座珍贵的有历史价值的文物保护好。"会议没有形成一致意见，会后报国家文物事业管理局王冶秋先生审批。

3 月中旬，柴泽俊回到太原，将会议情况向省文管会领导做了汇报。他修改完成《五台南禅寺大殿修缮复原工程设计书》，上报，等待审批。

4 月 10 日，柴泽俊完成《广胜寺修缮保护工程设计说明书》，上报，等待审批。在这份工程说明书中，他以广胜寺上寺毗卢殿的修缮为中心，将该殿需要修缮的部位列出二十三项，分别说明其残损情况和修缮概要。此外还将其上寺二弥陀殿、地藏殿（西配殿）、东厢房、上寺围墙、飞虹塔周围墙、下寺后大殿残损壁画、水神庙明应王殿围廊及其他零散项目都一一详细说明。这是一份对整个洪洞广胜寺的完整修缮设计报告，强调上寺毗卢殿是重中之重、急中之急，要求迅速采取抢修措施。

4月中旬，柴泽俊与省文管会及古建队同事丁明夷、高礼双、杨子荣等勘察繁峙县岩山寺。谁知这一考察竟改变了岩山寺的历史地位和文物价值。

柴泽俊一行数人在岩山寺停留数日，发现文殊殿内彩塑和壁画皆具宋、金风韵，其中尤以壁画最为精致。他们在西壁上沿发现题记一方，证实画工姓氏和壁画落成的确切年代。这组壁画是金代的御前承应画师王逵及王道等人于金大定七年（公元1167年）绘制完成的，虽然立于粉壁之上，但可与张择端《清明上河图》媲美。我国宋、金壁画保存下来的不多，除一些残缺不全的片段外，山西高平开化寺和朔州崇福寺的壁画已是鸿篇巨制了。开化寺壁画贴金已剥去，内容多为经变故事，东半部漏雨后灰尘弥漫，已模糊不清；崇福寺壁画为金代作品，人物高大，题材单调，多为说法图；唯有岩山寺金代壁画，内容丰富，技艺高超，当时的许多社会风貌跃然壁上，历八百多个寒暑而未毁坏，幸存至今，至为可贵，是我国古代寺观壁画中的瑰宝，具有极高的历史与艺术价值。

柴泽俊一行返回太原后，立即呈报有关方面。1982年国务院将岩山寺公布为全国重点文物保护单位。

7月至8月，国家文物事业管理局决定派专家赴山西考察五台南禅寺等几处古建筑的修缮保护，王冶秋先生亲自选定杨廷宝、陶逸仲、刘致平、莫宗江、陈明达、刘叙杰等人。山西省领导娄梦、省文化局副局长邓焰负责陪同。柴泽俊等文管会人员组成接待组，负责参与勘察、修订、记录和整理设计方案。

柴泽俊向各位专家汇报了修改后的五台南禅寺大殿修缮复原工程设计方案。在发掘现场，他介绍了前期勘测发掘的南禅寺台明、月台和散水旧基，以及南禅寺建筑构件形制和新发现的宋人题字。特别是发掘出一个大而不规则的月台，这是其他寺庙没有的，有较高的文物价值。

专家们经过现场勘察和论证，对修缮方案又做了一些重要的修改和补充，一致通过了柴泽俊提出的落架大修方案。

专家们先后考察了佛光寺、应县木塔和云冈石窟。柴泽俊介绍了云冈石窟的两次加固工程及面临的一些问题，专家们提了加固落石的建议。在对木塔勘察时，专家们建议进行部分修缮加固，如补砌台基，将少量柱子束以铁箍，更换部分残损楼板，修补残损斗栱部件，灌注二层大梁腐空残洞等。这为后期木塔保护工作的进行奠定了基础。

9月初，柴泽俊在"学习班"听到消息，国家文物事业管理局王冶秋局长和公安部领导近日将赴大同。他请示单位领导和"学习班"领导后赶赴北京，见到王冶秋先生。他与王冶秋先生曾在永乐宫迁建工地有过几次接触，彼此认识。他对王冶秋先生说，大同华严寺大烟囱对文物有很大影响，他曾多次与政府相关部门协商，未能把其拆毁，请王冶秋先生此去大同时帮助处理此事。王冶秋说："明晚到大同，到了再说吧。"柴泽俊当晚返回太原，又随同文管会负责人赴大同接待王冶秋一行。

王冶秋局长在大同视察各个景点的过程中，大同市革委会领导和公安部领导一直陪同着。到达华严寺现场，大烟囱很引人注目。王冶秋严肃指出："这个大烟囱，不仅影响观感，污染环境，而且影响华严寺文物的安全，请市革委采取措施尽快解决。"公安部领导说："三五天内拆除，黄土垫平，不留痕迹，不容延迟。"大同革委会迅速照办。

9月中旬，周恩来总理在陪同法国总统蓬皮杜参观云冈石窟时提出，云冈石窟要在三年内修好。根据总理指示，国家文物局和山西省、大同市组织了施工队伍，于1974年初开始实施云冈石窟加固工程，1975年末竣工。

柴泽俊后来回忆云冈石窟加固保护的方法和主要项目有：

1. 用环氧树脂等化学材料灌浆，粘接裂缝，修补石刻和顶板的破碎部分，填充腐蚀空洞部位。加固大小裂缝二百余条，加固腐蚀空洞部位二十多处，粘接石刻和顶板破碎部位十三处。

2. 剔除砌补窟顶碎石等堆积物，砌补加固窟内门拱、护壁，包砌窟顶护坡矮墙，计有土石等物3200多立方米。

3. 用环氧树脂等化学材料粘接归安佛座、塔柱、壁面雕刻、顶部平棊等碎裂和残缺部位十三处。

4. 窟顶修凿防渗排水渠三条，全长160多米。

5. 对现存木构窟檐，进行了维修和防腐油饰。[①]

---

① 柴泽俊《三十年来山西古建筑及其附属文物调查保护纪略》，《柴泽俊古建筑文集》，文物出版社，1999年，第26页。

10 月初，柴泽俊完成了《洪洞广胜寺上寺毗卢殿修缮工程说明书》和《五台南禅寺大殿修缮复原工程设计书》。山西文管会将抢修云冈石窟、五台南禅寺和洪洞广胜寺上寺毗卢殿三处文物的修缮方案上报国家文物局。

同月，国务院批准山西对这三处文物进行抢救性修缮。随后中央财政确认这三处修缮保护资金 54.5 万元，由山西省财政在其上缴中央财政的额数内支付给山西省文管会，作为修缮经费，并确定自此以后每年的修缮保护经费按这个数额提留。这是山西文物保护的良好开端，也表明中央已将文物保护作为国家财政预算的一个部分，尤其难得的是在"文革"这样一个特殊的政治背景下。

柴泽俊赴五台南禅寺组织技术施工人员并备料。除云冈石窟由省文管会另外派人主持施工外，洪洞广胜上寺毗卢殿、五台南禅寺后大殿均由柴泽俊主持施工。这三处修缮加固工程成为 20 世纪 70 年代中期颇具影响的事情。

11 月初，柴泽俊赴洪洞广胜寺准备修缮材料，组织施工队伍。

中旬，他由洪洞过安泽，经屯留到潞城，前往平顺的天台庵和龙门寺勘察、考证古建筑及壁画、彩塑等附属文物。

他经平顺县城到虹霓村，渡小河，到海会院基址。寺院早已不存，仅留部分僧舍和唐代石雕明惠大师塔一座，保存尚完整，雕造极精。塔的修建年代一定与明惠大师的圆寂时间接近，他查阅《海会院明惠大师铭记碑》，确认此塔建于唐僖宗乾符四年（公元 877 年）。

12 月 5 日，山西省文管会在太原举行全省范围古建筑的勘察修缮保护启动仪式，随后各地、市、县展开了专业培训。柴泽俊撰写了《古建筑修缮要点》，作为全省各地古建筑修缮培训班的学习教材。这是他首次将这些年来对修缮古建筑的程序、方法和要求做的归纳总结，分为施工程序、拆卸事项和要求、加固和复制构件、砌筑和安装工程事项、油饰断白五大环节。古建筑修缮从拆卸、加固、修理、安装搭套到收尾完成的一整套施工程序，被他整理归纳成极具操作性的文字材料，由实践操作层面上升为理论指导。这对他是一个质的飞跃。

是年 3 月 10 日，中共中央做出《关于恢复邓小平同志的党组织生活和国务院副总理的职务的决定》。8 月，在中国共产党第十次全国代表大会上，邓小平当选为中央委员。12月，根据中共中央决定，邓小平任中央政治局委员、中央军委委员。

1974 年　甲寅　四十岁

1月，全国范围内开展"批林批孔"运动。柴泽俊被批为"维护孔孟之道的急先锋"。

洪洞广胜寺、五台南禅寺原定的开工时间被推迟。

4月，应县木塔塑像腹内发现一批辽代藏经和辽代绘画《采药图》。这些都是珍贵的历史文物。

5月，赵朴初先生陪同日本友人再度到访玄中寺，马烽先生和柴泽俊再次参与陪同。在千佛阁前，有日本客人没敢向朴老提问，却用挑衅的口吻对柴泽俊说道："你们这千佛阁，是把各个庙里的佛像不分宗派收集起来让我们看的吧?"柴泽俊看出了他的用意，从容地说道："千佛阁数百尊佛像是玄中寺的镇寺之宝。中国佛教从宋代以来逐渐发展为以禅宗为主体的融合型佛教，是佛教内部各宗派的会通和融合，主要表现在高僧信奉一个宗派以上，认为各宗派教义一致，皆来自佛说，可以相互补充。出家的僧侣不在本寺庙长住，常云游各地，当他新到一个寺庙，居住期间所塑的像就是他们信奉的那个宗派的佛像。玄中寺住过许多别的宗派的僧人，也塑过许多非净土宗的塑像，但都是佛教的供养像。后来的僧人不愿也不会把这些佛像毁掉，因此就保留下来了。这正是玄中寺广纳众生的象征。希望你多了解一些中国佛教史。"说完，柴泽俊才发现朴老就在他的身边。只见朴老双手合掌，说道："法眼宗僧延寿撰写《宗镜录》《万善同归集》时就大量引用法相宗、华严宗、天台宗的著作，试图以禅宗华严宗的所谓'圆顿'思想来会通诸宗派，并且提倡净土信仰，这时的净土信仰已和唐朝之前的净土信仰不同，包含了禅宗心性思想为主体的唯心净土，即认为佛与净土不离自心，只要觉悟自性、自心清静，就能速生净土。这种思想对禅宗与净土宗的融合影响很大。再比如明代四大名僧，株宏是以信奉净土宗为主，同时兼奉禅宗和其他宗派；真可以信奉禅宗为主，同时兼弘其他宗派；德清虽是禅僧，但同时归心净土，主张念佛与坐禅并重；智旭兼奉天台和禅宗，也皈依净土。这样多样性的教义和修行方法，可以为不同层次的人提供更为广阔的选择余地，从而更便于为民众所接受。"

归途中，朴老问："你就是山西省文管会派来的小柴，柴泽俊吧？"柴泽俊两次陪同朴老，这是两人第一次面对面谈话。

8月初，柴泽俊主持五台南禅寺修缮。

9月中旬，柴泽俊主持洪洞广胜寺上寺毗卢殿修缮。

10月初，五台南禅寺落架大修。拆卸中他们找到了造成大殿倾斜的原因。原来因大殿西北面屋顶漏雨，清代工匠施工修缮时不谙古代木构梁柱体系中上层顶端安置托脚所起的分力作用，将腐朽的托脚移去后没有复原，使下层大栿在驼峰处承担了很大的集中载荷，经过百余年，就在梁中载荷处产生了很大的弯曲变形，将西面的大栿压成了一个折线形，而东面的梁架由于托脚未动，所以未发生变形现象。因此，他们在这次施工中将托脚予以复原，恢复了原受力状态。同时为保险起见，在东、西两根大栿北面的驼峰下又加置了钢管支柱，在正殿的四角加置了暗剪刀撑，以增加抗侧向外力的能力。这样就彻底解决了几百年来一直存在的受力不均问题，再无后顾之忧。

10月中旬，五台南禅寺在拆卸过程中又有新的发现，柴泽俊在现场及时处置。

勘察和拆卸过程中，发现平梁中线上的驼峰、瓜柱、座斗的规格与唐制相异，木质也不相同，盖为宋人修葺时添配。两侧叉手直承捧节令栱和脊槫（不用瓜柱），上端两首相交，榫卯严实，应是原物。此制与我国唐代建筑宝物——五台佛光寺东大殿和唐建资料（日本奈良法隆寺回廊等）均相符合。此次修缮，应予复原。经计算，叉手载荷适度。为慎重起见，实地用旧木材制成五分之一的模型试验，其负荷完全承托得起。经请示国家文物局，得到批准，恢复原制。

唐代佛寺多有壁画（见《历代名画记》《益州名画录》《图画见闻志》等），而南禅寺大殿四壁几经后人修补，是否还有残存壁画，不能确定。拆除时仔细观察，发现西山墙内皮上有颜色，墙内有残砖瓦片（是铺筑过的墙壁），后人在画面上又压抹灰泥皮三道。经过剔取和清洗，发现残损壁画15.46平方米。画面模糊不清，内容多为地狱变相，荒诞无稽，盖为元物。虽不是唐画，但证明唐建南禅寺应有壁画，残存壁画是后人沿袭早期规制在修葺时补绘的。经电话请示国家文物局，壁画被揭取加固保存，不再安装。

为保护塑像安全，修缮方案确定柱底石原位不动，基础不予重筑。拆除后发现柱础之下和檐墙一周的基础部分皆为污土和瓦砾填充，极为松软。这样的基础，在我国早期建筑资料中尚属少见。为了保证质量，将积土挖掉，对基础予以重筑。铺筑灰土两道，用小头石夯夯实，上砌糙砖，柱础原位安装。

修缮过程中，发现斗栱和阑额均有彩画痕迹。斗栱后尾为燕尾彩画，斗栱上部刷白色，下部刷"凸"字形朱红色花纹。栏额内皮和部分柱头枋上有七个直径8—10厘米的白色圆点，盖是"七朱八白"彩画的前身和雏形。佛光寺东大殿内亦有与此雷同的彩画痕迹。这是研究我国早期建筑彩绘的实物资料。这次修缮时，予以原状保护，不作任何修饰。柴泽俊同时指导对残损木构件的化学加固和铁活加固。

11月中旬，南禅寺大殿木构件加固安装完成。

月末，完成对南禅寺大殿瓦顶的修缮。

12月，大同云冈石窟第9、10、12窟加固裂缝。

1975年　乙卯　四十一岁

1月，柴泽俊赴洪洞广胜寺指导修缮施工。柴泽俊与现场施工的技术人员一起处理了几项技术问题：

（1）毗卢殿檐墙不十分规整。西山墙北端偏西21厘米，后檐柱和西山柱至西北角柱处的柱头基本规整，柱底向外平移5厘米，造成西北角柱侧脚偏大的态势。……修缮时，依柱头位置梁架均予以规整，西山台明依山墙位置垒砌，恢复了梁架原貌，保持了墙体位置和台明现状，保护了壁画，外观上依然规整。

（2）调正毗卢殿檐柱高差。……根据檐柱的高差悬殊和毗卢殿所处的位置，檐柱的变化可能与地基不均匀沉降有关。……修缮时，以前檐平柱为0点，东南和东北角柱各降低9厘米（符合原构的生起尺寸），西南角柱增高13厘米，西北角柱增高38厘米。柱高调整后，殿宇荷载平衡，构架稳定。柱高调整后，东山墙上斜向栏额的八字墙，略加整修压缩；西山墙上斜向栏额的八字墙露出空隙，补砌补抹做旧即可。

（3）墩接和更换檐柱。为保护壁画，檐墙必须现状保护。又因檐柱高矮不等，经检查柱下部多有糟朽，必须墩接。……

（4）栱眼壁画的揭取、修复、安装。栱眼壁画的揭取在殿宇揭瓦前进行。根据画块的大小制作栱眼壁板，四边线锯开缝，画块托于壁板上存入库内修复加固，采用剪薄背面泥层，胶水和酒精添片砂加固后粘贴在木框上，归安原位。……

（5）关于爬梁形制的选择与处理方法。毗卢殿两山面各施爬梁一根，这是该殿梁架构造的一大特点。爬梁原构件都已糟朽折断，无法加固继用。复制构件必须想方设法找到弯度相近的硬木材料。……

（6）格扇棂花的修补。毗卢殿格扇棂花和横披窗棂花是广胜寺小木作中最精密的作品，细而不乱，密而有致。……修缮时严格保护尚存的原作，不拆卸，不更新。缺失部分用相同旧木材雕制成同样花纹对茬粘接，缺长补长，缺短补短。不扰动旧有棂花，缺损部分修补粘接完善。大边四角和腰串两端背面加铁叶固定，使格扇原状原貌依然如故。

（7）油饰断白和彩画修复。……复制彩画一律用矿石颜料，不调色，不揽假。彩画完成后按照原有构件上的彩画做旧，严防几年后色变。①

3月，大同云冈石窟开始加固第7、19两窟。南禅寺施工正常进行中。

同月，南禅寺施工过半。柴泽俊指导对残损的壁画修复加固，施工结束前将壁画安装在西配殿，对壁画做研究。

5月初，柴泽俊在晋中一带考察民居。他发现祁县乔家大院一幢院子被省军分区占用，用以饲养家禽；榆次城隍庙被一橡胶厂占用，橡胶原料堆放和加工皆在庙内，环境恶劣，古建筑受到威胁。他又赴临汾地区考察，发现霍州州府和县衙均被当地政府占用，洪洞明代县衙被拆

---

① 《广胜上寺毗卢殿修缮工程技术报告》，柴泽俊、任毅敏《洪洞广胜寺》，文物出版社，2006年，第150—151页。

毁，明代苏三监狱被拆一半。他又与解州文物科科长解希恭同志赴蒲县勘察古建筑，发现蒲县东岳庙地狱塑像被毁，万荣东岳庙后半部被县人武部占用。

6月，在五台南禅寺施工现场，柴泽俊接待了时任山西省委常务书记王大任同志。大任书记是前来察看南禅寺修缮工程的。柴泽俊向王大任书记反映了山西几处寺庙被当地政府和企业占用的情况，大任书记让柴泽俊写一个书面材料给他，他将在省委会议上谈这个问题。晚年柴泽俊先生在回忆这一段往事时，这样写道：

> 新中国成立后，临汾明清县衙被政府占用，逐渐拆除改建；临汾关帝庙、文庙等被县招待所、幼儿园占用，大部拆除改建，面目全非；洪洞明代县衙，完好无虞，"文革"中军代表主持全部拆除，另建新舍，苏三监狱墙体尚存；忻州文庙被县级机关占用，失火焚毁；蒲县东岳庙后院，满布着十八层地狱彩塑，县领导决定在此放电影娱乐，地狱塑像惨遭损伤；万荣元代东岳庙被县政府和人武部占用，庙内飞云楼及其他主要建筑尚存；霍州州府衙门被政府占用，仪门、大堂、二堂、耳房及中院厢房仍存。在勘察古建筑过程中，笔者曾随时向当地领导汇报，敦促迁移，制止破坏，多因其认识分歧，效果很不理想，有时严重碰壁，十分困惑！例如：因洪洞明代县衙被拆毁事，曾找到当时支左军代表，汇报明代衙署价值，全国稀有，请予保护。回答是："这是封建社会的衙门，要它何用，人民政府怎么能在封建衙门内干革命呢？应该毫不保留地拆毁重建。"谈到苏三监狱时，我再三说明，这是一座明代监狱，全国仅存，苏三只是其中的一案犯妇，不要拘泥在苏三案例上。回答很简单："一个婊子的监狱，要它干啥，拆！"监狱拆到下半部时（即屋顶拆开，墙体拆到半截），当地群众合伙阻拦，停止了下来。我和地区文物科长解希恭同志在蒲县勘察古建筑，看到东岳庙地狱塑像残状，随即去找县委书记辛荣标汇报，说明这是一批明代彩塑，也是全国最大的地狱塑像，不应在此放电影，应予保护。回答很明确：十八层地狱纯属封建迷信，责令人捣毁，没有人去，只好放电影，观众拥挤，自然就被毁了。由此看来，有些古建筑和塑像，不

是自然损伤无法保留才予以改建或拆毁的，而是主动出去，有意拆除和破坏的。面对这些情况，经过反复思索，深感"文革"期间极"左"思潮的渗透果然是原因之一，但更重要的恐怕还是对历史遗产的认识问题。作为一个普通的文物工作者，因保护古建文物而改变地方领导的认识和主张，谈何容易！于是趁王大任书记（省委常务书记）询问五台南禅寺修缮工程事宜，借机向其汇报了上述古建文物被占用和遭损情况。王书记细心听完，让我当即把这些占用或损毁的古建文物地点、名称都写下来。在 1975 和 1976 年两次全省文物工作会议上，王大任书记都谈到保护古建筑的重要性，并指出了上述几处古建筑的占用和损毁情况，要求参加会议者向地委和县委领导汇报，损坏者停止，占用者迁移。此后，蒲县东岳庙后院再没有放过电影，塑像大部恢复原状；临汾县衙建筑早已拆除改建，仅留门前琉璃影壁，移至尧庙院内修复保存；洪洞明代县衙已拆旧建新，苏三监狱尚存，修复保护；万荣和霍州两县政府先后都迁出古建筑区域。今蒲县东岳庙、霍州衙署、苏三监狱、万荣东岳庙，都已经被国务院公布为全国重点文物保护单位。①

7月末，洪洞广胜上寺毗卢殿修缮工程主体竣工，继续清理改造周边环境。

8月中旬，五台南禅寺大殿修缮工程竣工。

9月初，国家文物局局长王冶秋先生带队鉴定验收，评价甚高，南禅寺大殿修缮工程成为古建筑修缮保护的经典工程之一。

同月，柴泽俊完成了《南禅寺大殿修缮工程竣工技术报告》的写作。

同月，日本古建筑考察团来到山西。国家文物局指示山西省文管会接待，主要参观考察五台佛光寺、南禅寺这两座唐代建筑。柴泽俊陪同讲解了两座寺庙的保护修缮情况。日本学者田中淡随团首次来山西，时年二十九岁。

10月末，大同云冈石窟修缮工程结束，完成了周总理交付的任务。

是年，邓小平在毛泽东支持下主持日常工作，着手全面整顿，使国内形势明显好转。但是毛泽东不能容忍邓小平系统地纠正"文化大革命"的

---

① 柴泽俊《汇报险情争取化险为夷》，柴泽俊《保护文物逸事趣谈》（未刊稿）。

错误，发动了"批邓、反击右倾翻案风"运动。

是年 4 月 5 日，国民党总裁蒋介石在台北逝世。

1976 年　丙辰　四十二岁

1 月 8 日，周恩来总理逝世，全国人民沉浸在悲痛之中。

4 月，天安门事件爆发。中共中央政治局和毛泽东把这次抗议行动错误地判定为"反革命事件"，并且撤销了邓小平党内外一切职务。

5 月 8 日，陨石降落在吉林市，造成的震动相当于 1.7 级地震，全球罕见。

7 月 6 日，朱德逝世。

同月 28 日，河北唐山市发生 7.8 级强烈地震。

8 月初，柴泽俊专程赴应县察看木塔现状，发现唐山地震之后塔身倾闪和扭曲又比以前严重，特别是三角斜撑受力加大。

同月，洪洞广胜寺上寺毗庐殿修缮工程完成验收。柴泽俊执笔的《洪洞广胜寺毗庐殿修缮工程技术报告书》完成。该工程于 1975 年 7 月竣工，迄今一年有余，经认真检查，各种构件承托应负的荷载，均未发现垂弯、倾闪等异常现象，效果较好。这个工程是柴泽俊主持的又一项经典的古建修缮工程。

9 月 9 日，毛泽东主席逝世，全国人民又一次陷入巨大的悲痛之中。

10 月初，党中央粉碎了"四人帮"。

10 月中旬，柴泽俊与古建队张义泰同志赴雁北地区勘察古建筑。当时的雁北地区包括大同、朔州两个地级市及所辖各县。他们所到之处看到的是这样的情景：

> 山西许多古建筑由于年久失修和"文化大革命"的干扰破坏，出现不少损伤和失控现象，其中浑源、应县、灵丘、天镇、阳高、朔州等地古建筑文物的保护，程度不同的都存在着一些急切需要解决的难题。诸如：应县木塔，二三层柱子倾斜，勾栏部分残坏，楼板翘起，部分楼板折断或缺失，游人至此，极不安全，二层以上塑像和一层力士像，"文革"中被推倒、挖胸取宝或砸坏，已开始试验修复，但效

果不佳！应县净土寺，围墙被推倒，石幢丢失，大殿门窗和殿内塑像损毁，殿顶脊兽被推倒后仍在屋顶放置，唯大殿结构和殿内天花楼阁（小木作）尚存，幸甚！浑源永安寺，大殿补仓占用，耳房、厢房家属占位，前院剧团居之，灶炊烟火不断，安全问题引人担忧；浑源圆觉寺，大殿遭毁，厢房、配殿和寺当心金代砖塔被澡堂占用，塔身一层中空，澡堂作为贮水水箱蓄水，塔内金代壁画被水泥抹面掩盖损毁，塔外基座砖雕多被砸坏；浑源大云寺，厢房改建，金代大殿被供销社占用，殿内塑像毁，壁画尚存，许多物品靠着殿内画面存放，对壁画的损害难免；浑源悬空寺，虽经省财政资助维修，建筑基本安稳，但遇到狂风，石块从山顶滚落屋顶，砸坏瓦件脊兽，游人至此，亦很不安全，必须尽快设法解决；北岳恒山，五岳之一，山上诸殿门窗俱毁，部分殿内塑像残坏严重，唯朝殿、会仙府和梳妆楼塑像尚存，但禽鸟野兽任其出入，安全不保，许多道藏散置朝殿和耳房内外，无人问津！灵丘觉山寺，三座院落横列，门窗皆无，塑像壁画亦皆遭毁，十三级辽代砖塔，是我国辽塔中的佼佼者，塔内辽代壁画为全国仅存，塔身基座很高，雕置斗栱、力士、花卉、人物等各种砖雕，精致富丽，所惜多被砸坏，碎片遍地，石碑皆被扔在院内，有的破成几块，无人看管，一片破败景象！天镇慈云寺，佛门弟子据守，寺门旁门紧闭加锁，当地文物干部不便进入，几经周折后入寺勘察，门窗部分损毁，殿顶多处漏雨，后殿内小木作楼阁局部被砸坏！阳高云林寺，多数建筑受损，独存大佛殿一座，殿内塑像壁画俱全，全部为明代作品，颇具价值，殿外无墙，殿门窗亦残，无管理机构和人员，出入自由，安全无保障。朔州崇福寺，规模较大，前后五进院落，殿宇十座，前临大街，周邻机关和民居，商店铺面与之毗邻，堪称闹市中之清净佛刹。"文革"期间，造反派几次闯入寺内要破除"四旧"，老所长王计生同志手持《毛主席语录》奋力保护，各殿建筑、塑像、壁画、门窗、殿顶琉璃等，皆无人为损伤，尚且幸运！所惜，王计生同志"文革"中谢世，寺周围墙部分残坏，寺外附近机关、商店、住户的垃圾倾倒于寺内，庭院地面增高，雨水常常侵入部分殿宇之中，急需加强保护管理，恢复寺容；寺内主殿（弥陀殿）自然损坏严重，地基不均匀沉降，殿宇严重后倾，柱子下部腐朽，斗

栱、枋栿等大木构件折损严重，急待大修保护……①

12 月，全国掀起"揭、批、清"运动。柴泽俊再次进入"学习班"接受批判，罪名是为江青和"四人帮"脸上贴金。事情的缘由是这样的：五台南禅寺重建于唐德宗建中三年（公元 782 年），而武则天做皇帝是从公元 690 年至公元 705 年，也就是说五台南禅寺是在武则天退位后七十八年修建的，殿内泥塑十七尊也是同期塑造的。一些别有用心之人就牵强附会地说："这些塑像和庙宇是为武则天修建的，江青一贯以'则天武后'自诩，柴泽俊修缮和保护这些建筑和塑像是给江青等人脸上贴金。"

1977 年 丁巳 四十三岁

1 月，山西省文化系统的"揭、批、清"运动深入发展，"揭出"山西省文管会副主任邓焰同志，说他是柴泽俊的"黑后台"。李正云等也受到批判。

4 月初，山西省文管会接到国家文物局下达的通知，要求各省、市加大对地面不可移动文物的勘察力度，并启动在建国三十周年之际开展全国文物大普查的仪式。

5 月中旬，仍在"学习班"的柴泽俊接到省文管会通知，随同山西省宣传部领导陪同文化部副部长周而复同志前往大同云冈石窟考察。柴泽俊在《保护文物逸事趣谈》（未刊稿）中这样记述：

> 1977 年春夏之交，文化部副部长周而复陪同法国文化代表团参观大同云冈石窟，省委宣传部部长刘舒侠和副部长兼文化局局长刘江等前往大同陪同和迎送，电话通知要我跟随前往。在大同送走法国文化代表团后，刘部长决定，既到大同，顺便看看雁北几县古建筑文物，实际上，他是对我年前的两次汇报忧心忡忡，今抵雁北地带，不妨实地一看。二位部长每到一地，除讲文物的价值和文物保护的重要性外，主要是面对残损情况，解决实际问题，落实地方政府的责任。先到应县，登木塔，逐层详查，基本意见有三条：一是塔上塑像残

---

① 柴泽俊《领导深入现场办公解决诸多保护问题》，《保护文物逸事趣谈》（未刊稿）。

坏，修复技术不佳，要查找原有照片，再请高明塑工匠师逐一修补复原，原有的残片要细心地逐一核对修复，修补后先不着色，观察两年再度修补后着色做旧；二是塔上有的柱子倾斜，登塔人数要严格控制，一次登塔者不能超过50人，文管所同志要严加管理，认真负责；塔上楼板、大梁（腐朽）、勾栏等残坏部分，逐项测绘修复，这项工作以省文管会为主，上报立项，申请资金，主持修缮，地方协助。看过应县净土寺，他的主要要求是两条：一是建院门、修围墙、修排水和保护管理，均由县上负责；二是大殿倾侧，脊兽推倒，殿顶漏雨，门窗全无，须尽快立项修缮，由省文管会负责，地方协助。另外，木塔和净土寺安全问题，县上要全权负责，要做到万无一失。

到浑源，先后勘察了恒山、悬空寺、大云寺、永安寺、圆照寺、栗毓美墓六处。先到恒山，换吉普车行驶，到停旨岭（山腰小村庄）下车，然后徒步爬山勘察。刘部长边走边对陪同的地方领导说，恒山是五岳之一，全国闻名，今后到此游览的人会逐年增多，现在破破烂烂，简陋不堪，道路如此狭窄，跋涉如此艰难，老幼皆无法登临，这是县政府必须解决的问题；部分建筑已经塌毁，未塌毁者亦门窗全无，朝殿及其耳房内外道藏满地，有的已经被撕成碎片，有些建筑内塑像尚存，但门窗全毁，安全不保。两位部长严肃指出，这是管理方面的问题，这样的名山，这样多的建筑、塑像、石刻等，必须要有相应的机构，要有专人管理，再不能让其损坏了。对于修缮修复和环境治理方面的工作，这不仅仅是文物保护方面的事，也是风景名胜区建设方面的任务，申请资金可以从两方面努力，一方面请文物部门立项投资；另一方面通过建设部门或计划系统立项投资。应该说，恒山是文物，但又是名山名胜，不要一个报告两方面都送，要各有侧重，各写一个报告，分别送达，只要县上有关部门共同努力，政府支持，连年申请，多跑几次，应该是可以解决的。下山后顺便勘察悬空寺，有专人保护管理，环境尚好，建筑塑像依旧完整。管理人员说：遇有大风，山上石块坠落，有时砸在屋顶，有时砸在院内，很不安全。刘部长明确指出：省地县组织专家实地研究具体解决方案，这是一项紧迫任务，大风不可预测，亦无法阻挡，石块坠落砸坏建筑塑像是问题，砸伤游人更是严重问题，抓紧研究解决，不可延误。勘察大云寺，寺内山门、厢房皆已改建，唯金建大殿及殿内壁画尚存，供销社作库房占用，有些物件即依靠在有壁画的墙体上。两位部长严肃指出，这是浑源唯一的宋金建筑，供销社应尽快迁出，加强保护管理，不要认为在这儿它是孤独的一座，但在浑源古建筑群体中，它可是最古者，一定要重视，不可疏忽。返回县城后勘察永安寺，两位部长意见非常明确，永安寺建筑壁画具为上乘，寺内大殿虽是元建，却有宋金气势，在我国现存元代建筑中诚属佳作，但这里不像是文物保护单位，像是个大杂院，大殿内补仓应尽快迁移，拆去殿里铺的水泥，恢复原有的方砖地面，厢房、耳房、天王殿、前院占住者都必须尽快迁出，文物部门对此要严加保护管理，这是你们的职责，切不可保而无效，管而无力。刘部长还对县上陪同的领导同志说：这完全是县上力所能及的事，要把它当作一项重要工作抓紧抓好，这是文化，也是你们县上的橱窗，来人必看，看后必然议论，如果有人公开批评，恐怕就要追究责任了。万望抓紧，不可迟缓。永安、圆觉两寺紧邻，出永安即入圆觉寺勘察。寺内正殿遭毁，厢房及寺中心金代砖塔被澡堂占用。塔刹上铁鸟随风摆动，人称风候塔。塔内金代壁画大部损毁，塔内被抹了水泥，作为蓄水池占用，严重影响了古塔安全。两位部长对此大为不满，要求县委主要负责人到场，给予严厉批评，明确指出：这是人为破坏文物，限一周内全部迁出，若延期则追究责任；一周后会派人来实地检查，检查结果向宣传部和省委汇报。在浑源最后勘察栗毓美墓，石碑上涂抹有白灰墨汁，院内碎砖乱石很多。两位部长提出：要清理环境，地面上的碎石片要集中保管，修复时核对粘接；浑源这么多的文物，应该有个保护机构，依靠一两个人是力所不及的；县政府必须把保护文物摆在议事日程上，这在浑源是一项很重要的工作，切不可掉以轻心，稍有不慎，文物的损失无法弥补。

到灵丘，主要是勘察觉山寺。此寺为北魏初创，辽代重建，十三级辽塔矗立寺前，其他木构建筑皆为明清遗构。寺区横列院落三重，门窗皆已不存，有的墙倒屋塌，殿顶漏雨严重，各殿塑像全毁，辽塔周围碎砖遍地，塔座砖雕大都被砸坏。刘部长等明确指出，这里主要是保护管理的问题，距县城这么远（15公里），没有专人保护管理，人为损伤在所难免，专人保护问题必须尽快解决，先治理环境，消除破败现象，修通寺院与公路的通道，这些都是县上的责任，不容推辞。建筑物修缮事，可以申请立项，逐年解决。辽塔周围的碎砖要妥善保存，安全存放，其中很多是塔上砖雕砸坏的碎片，修补时还能核对粘接，粘接后还是原作，千万不可当作垃圾扔掉，保护人员要热爱文物，热爱这项工作的人才合适。

到天镇，主要是勘察县城慈云寺。寺院规模较大，前后三进院落，建筑十余座，塑像全部不存，壁画部分变色，部分门窗已残，刘部长等要求县领导协调文化文物部门和宗教部门的关系，强化文化文物部门对慈云寺的保护管理，残坏者修补，但必须保持原状，这是国家文物，不是僧人私人财产，要按照党的文物政策办事，要保障安全，如再损坏，要追究责任。

到阳高勘察云林寺，寺在城内，寺区其他建筑皆毁，唯三佛大殿独存，殿内塑像壁画完好，门窗亦固，周无围墙，亦无人看管。刘部长责成当地文化文物部门指定专人（或兼职）保护管理，不可再有任何损伤。刘部长指出，这座殿堂及殿内塑像壁画全都是明代作品，这是阳高历史文化的具体体现，时间愈久，它的价值就愈加珍贵。

到朔县（今朔州市），主要是勘察崇福寺。该寺位于旧城东大街，当时崇福寺文管所已知道刘部长等勘察古建筑的消息，院内部分垃圾正在向外清运，未运出的就地摊平。刘部长等入寺后仔细全面地进行勘察，最后向县上陪同者和文管所的同志讲了五条意见：第一，崇福寺有建筑、塑像、壁画、隔扇、牌匾等很多金代文物聚集在一起，而且都很精致，弥陀殿内三尊塑像后面的靠背都高达屋顶，精细华美，这在其他地方还没有见到过，不敢说是空前的，至少也是罕见的，这是雁北文物价值很高的一座庞大寺庙，也是朔州历史文明的橱窗，"文化大革命"中没有受大的损伤，这太不容易了，听说是王计生老同志奋力保护才取得的结果（有人插话说：他女儿就在此当临时工。刘部长接着说：这说明他女儿也热爱文物，热爱文物保护工作，可以考虑让他女儿留下来继承父业，继续文物保护工作）。第二，加强保护管理，严禁寺内倾倒垃圾，现有垃圾不能就地摊平，摊平会抬高寺院地面，而水会侵入殿内，垃圾要全部清除，恢复寺院原有地面高度。第三，寺内大殿（弥陀殿）向后倾斜严重，许多构件已经折断，有的塑像下部泥皮脱落，亦严重倾斜，内外都加有很多支柱保护，你们要经常仔细观察，以免出现不测，要继续支撑加固，但这种现象不能长久，回去后省文管会要尽快研究，申请立项，请国家文物局资助，大修保护，有的塑像倾斜严重，大木构件折损很多，壁画鼓闪腐朽，窗棂（即隔扇棂花）残洞甚众，这些问题恐怕还是修缮中难题，需要认真研究，先进行修复实验，这方面的事省文管会负责，县上协助。第四，现在的崇福寺成了一个前后狭窄条，建筑拥挤，视野局促，寺院东侧被市民占去大部，还留下少数隙地，而寺院西半部被招待所全部占据，围墙、房舍和餐厅已逼近古建筑山墙和后墙，恐怕不能长久如此，弥陀殿申请立项后，投资开工，施工场地是要首先解决的问题，到时招待所得先行迁移，县上要有这方面的思想准备（县上陪同者插话：招待所房舍陈旧，设备简陋，也是暂时维持）。第五，最后讲一下安全问题，县上对崇福寺要加强保护管理，仅靠文管所是很不够的，县上要经常检查指导，特别要注意防止火患，寺周围都是烟囱，寺内全都是木构建筑，一旦发生火灾，不可收拾，春节期间周围燃放鞭炮，尤应昼夜值班，小心防范。

下午五时许，勘查工作结束，刘舒侠部长要我写一份《雁北文物勘察报告》，回省后除宣传部党组和各处室传阅外，还要报告省委。市县领导请部长们看戏，我在招待所撰写报告。晚十时许，刘部长等看戏归来，报告草稿写就，请部长审阅。部长说："各处文物的价值没有充分显示出来，残损情况和保护措施也太简略，请连夜加工，明早交稿。"遵从指示，连夜重写，次日早八时完成，约万余字，再交刘部长审阅，他较满意，当日返还太原，打印后送宣传部，并转报省委。

这次领导同志雁北文物视察，现场办公，对笔者启发很大。首先，领导同志亲眼见到文物损坏和被占用情况，责令占者迁移，加强保护，地方责任不容推诿，对需要修缮保护方面和迁移占用单位的事，指定责任部门，限期进行，减少了许多行文、传阅、报告、审示的过程，不仅诸多难题得到解决，而且很快、很及时、很有效。其次，把保护和管理文物的责任交给了当地政府和文物管理部门，尤其是防火、防人为损坏和治理环境，要求地方政府必须排在议事日程上，这对市县文物工作者是莫大的支持。刘部长明确指出：文物是历史文化，是国家文明的见证，只能保护，不能损坏，损坏要追究责任。最后，领导同志的现场办公，对各级文物工作者教育最大，大家进一步认识了古建文物的价值和历史地位、保护的重要性和自己不可推卸的责任，责任在身，任重道远，只有保护好古建文物才是一个合格的古建文物工作者。

7月23日，赵朴初先生陪同日本客人来到山西，准备再去玄中寺。他直接对省委书记王谦提出要柴泽俊陪同。与朴老相随的是他的夫人陈邦织女士。

此时柴泽俊正在"学习班"，管理人员很不情愿地放出他，还声色俱厉地要求他回来时写出这次接待情况的汇报和个人思想汇报。

柴泽俊和朴老在玄中寺重逢，几年不见朴老显得更精神。朴老在"文革"期间也是深受其害，被诬为刘少奇、邓小平路线在中国佛教协会的"黑手"，幸亏有周总理的保护，才没有受到太大的伤害。在十年浩劫中，佛教事业受到了很大的摧残，寺庙被毁，佛经被烧，僧人受到歧视，许多僧人被迫还俗。对此，把佛教事业视作生命的朴老很痛心。现在是重振佛教的大好时机，朴老要在全国范围内全面考察寺庙和僧侣的现状，同时为恢复中国佛教协会做准备。山西是他此行的第一站。

在玄中寺休息厅里，朴老兴致勃勃地给客人们讲述佛教的教规和教义，谈到"文革"期间这里也受到冲击，很多东西被当作"四旧"砸掉了，赵朴初神色严肃地对前来陪同的交城县委负责人说："你们是这里的父母官，守寺有责啊！"这时有人提议，请朴老挥毫留下墨宝，朴老欣然应允。朴老的书法有"二王"的神韵、赵孟頫的遒丽、智永的深沉，形成自己清劲秀美、潇洒自然、温润苍劲的行书风格，笔墨间透着禅意，在日本和在东南亚各国声誉很高。写过几幅后，朴老回身看着柴泽俊道："我也写一幅给你吧，这是一首新作的。"说罢，朴老挥毫："春节家家储爆仗，都为今朝大鸣放。虽云花在意中开，却是喜从天上降。璇玑照座天枢亮，棘荆锄根禾黍壮。天安门外欢声动，八万万人心所向。"题款曰："十届三中全会公告之夕喜作调寄《四海欢》，泽俊同志属书留念。"朴老解释道："这是前两天我在全国政协庆祝十届三中全会公报大会上朗诵的新作《四海欢》"。

在结束了陪同日本友人的活动后，柴泽俊陪同朴老离开玄中寺，途中经过交城石壁山，这时夕阳西坠，峭壁松树一片苍茫，明月渐渐升起。朴老的心情又一次被感染，不觉吟起曾作的一词："千古玄中，一天凉月，四壁苍松，透破禅关。云封石锁，楼阁重重，回头白塔高峰，心会处，风来一钟。挥别名山，几生忘得，如此秋容。"

柴泽俊见朴老兴致很高，便向朴老请教道："玄中寺是净土宗祖庭，净土宗也算是佛教中一派正宗吗？"朴老笑答："佛教在隋唐时便有了八大宗派，在佛教理论界，有观点这样认为，宗派主要是看各派有没有自己的教规和教义。比如，有以地名为宗派名称的如天台宗，产生于陈隋时期；有以阐扬的经典为宗派名称的叫华严宗，是武则天大力提倡的；有以学说内容为名称的叫法相宗，也叫唯识宗，成于唐太宗、高宗时期；有独特的宗教修养方法和思想方法的叫禅宗，也是创立于武则天时期。这些宗派都有它自己的教规和教义经典。这些宗派对后来的中国哲学思想都有过广泛的影响。隋唐时期宽松的政治、发达的经济和繁荣的文化环境，为佛教宗派的萌生和成长提供了适宜的土壤，就像三论宗、律宗、净土宗、密宗，就是在直接继承南北朝各个宗派的基础形成的，有的还与当时新传入的印度佛教经典相关。但也有人不承认三论宗、律宗、净土宗、密宗为佛教正式宗派，认为仅是一种信仰。这些新生的宗派也好，信仰也罢，都有它萌生、成长、成熟和被认可的过程，也有的逐渐衰竭、灭亡，我们的观点是只要它是有益的，无害的，我们就要弘扬。"

回到晋祠宾馆已是很晚，朴老嘱咐随行人员早点休息，明天的目标是崇善寺和五台山。

崇善寺在太原市内，古称白马寺，后名延寿寺，始建于何时已不可考。明洪武十四年（公元1381年）晋王朱棡为纪念其母高皇后，在延寿寺旧址扩建寺院，改名为崇善寺。清同治三年（公元1864年）寺院失火，大雄宝殿等大部分建筑被焚毁，仅留下大悲殿，殿内有明代泥塑及宋、元、明三代版本的藏经，价值珍贵。

朴老看后深感可惜，但看到寺内香火鼎盛，略感安慰，随后便直赴五台南禅寺和佛光寺。

这两座寺庙都在五台台怀的外围，分别在五台县境内西部和北部。道路不平，车子在颠簸中行进。柴泽俊看到朴老和夫人这么大年龄仍在为佛教事业奔波，深为感动，敬仰之情油然而生。他心中暗想，要尽力照顾好老人，同时也坚定了把毕生精力投身于保护祖国文化遗产的决心。

在南禅寺，柴泽俊告诉朴老，该寺是去年才修缮完成的，基本恢复了原貌，为此，自己仍戴着一顶"为江青脸上贴金"的大帽子。朴老听罢付之一笑。在大殿前，柴泽俊对朴老说："我国唐代以前的木构建筑实物已毁灭不存，或者尚未发现，研究和认识我国早期建筑的发展历史只能从石雕、绘画、墓葬和遗址中的建筑资料去分析，保存下来的实物只有南禅寺和佛光寺东大殿。它们有两个共同特点，一是整个建筑由台基、屋架、屋顶三个部分组成，以木结构为其骨骼，台基上立木柱，柱上施梁枋，构成屋架，沿柱砌墙，开设门窗，屋顶覆以瓦件和脊饰，墙身不负重大的承托力，屋顶负荷通过梁架传递到木柱，檐墙和瓦顶起间隔内外和防避风雨侵袭的作用，民间流传的一句谚语叫'墙倒，屋不塌'就是指这样的建筑结构；二是这二个殿斗栱用材硕大，三间殿宇约合宋《营造法式》中的二等材尺度，斗栱形制颇显雄壮。南禅寺殿前又筑有月台，是一个不规整的方形平面，这是我们在 1974 年修复时发现并发掘出来的，在我国古代建筑中也是颇为罕见的形制。"朴老不住地点头。

在佛光寺，朴老看到两座保存尚好的石幢。一座在东大殿前，金大中十一年（公元 870 年）镌，幢身呈平面八角形，高 2.84 米，匀称秀美，基座束腰处刻壶门，上雕石狮及仰莲瓣，幢身刻《佛顶尊胜陀罗尼经》；另一座在山门内庭院当心，呈平面八角形，高 4.4 米，唐乾符四年（公元 877 年）镌。有几尊汉白玉雕像也很精致，如释迦、阿难、迦叶、小菩萨、二金刚等。朴老赞叹地说："我国的石刻技术有悠久的历史，除西周时期各种玉器、乐器和明器上的花纹图案外，用石料雕凿图像，刻制碑文，汉代就有，此后利用石刻记述寺庙、水利、节孝、官府、墓志等事宜者，历代有之。随着佛教的传入和发展，北魏到隋唐大量雕造佛像碑，已将佛教与石刻技术紧密联系在一起，文字碑刻不仅在史料记载方面杜绝了辗转传抄之误，可以更正和弥补古迹载述上的讹误和不足，而且与书法和儒家思想等通过碑刻融于一体，比如西安碑林、曲阜孔庙碑林、西昌地震碑林、高雄南门碑林，以及在山西保存的唐太宗《晋祠铭》、宋真宗《萧墙碑》、隋《舍利塔》等碑，简直是数不胜数的！"

看到南禅寺、佛光寺到今天仍保留着原貌，朴老不无感慨地说："佛教事业的发展真不容易啊！"顺着朴老的思路，柴泽俊问道："历史上曾有过四次大的排佛运动，特别是会昌五年的灭法运动，佛光寺几乎全部毁坏，独南禅寺由于规模小，地处偏僻，幸免于难，您老对这几次灭法运动怎么看？"朴老道："是的，在佛教传入中国后发生过四次大的排佛事件，时间是北魏太武帝、北周武帝、唐武宗、后周世宗。每个时期都有维护佛教和反对佛教的斗争，比如说南北朝时期的范缜，他的主要论著是《神灭论》，但他不能把唯物主义的观点贯彻到底，不能科学解释形神现象的关系问题；韩愈最著名的排佛文章《谏迎佛骨表》，主要是用儒家'道统'对抗佛教各个宗派的宗教'法统'，认为佛教破坏了封建的君臣关系和伦常关系，中唐以后也有人从中央财政和税赋等国家经济利益方面提出排佛的主张，他们只看到了佛教的形式而没有看到佛教在表面形式下所包含的有价值的内涵。佛教是唯心的，但其中有许多辩证法。也给许多无助的人带来希望，是一种寄托，佛教哲学蕴藏着极深的智慧，它对宇宙人生的洞察，对人类理性的反省，对概念的分析，有着深刻独到的见解。佛教在与以儒家为代表的传统思想和生活习俗的融会结合中，演变为中华民族多元的传统文化中一个不可分割的组成部分，直到今天还在广阔的领域发挥作用，并且还流传到东亚、南亚许多国家。"

五台山为四大佛山之冠，又名清凉山，相传是文殊菩萨显灵的道场，有我国最大最多的佛寺建筑群。台怀内有寺院39处，最重要的寺院是显通寺、塔院寺、菩萨顶、殊像寺和罗睺寺，合称"五大禅处"，寺院内保存有大量的雕塑、碑刻、墓塔和佛经等，具有很高的历史和艺术价值。五台山作为佛家圣地，显示着它的博大精深，随处可见不远千里而来求法深造的僧侣、云游的高僧，还有藏传佛教的喇嘛、尼姑，巴利语系佛教的比丘、长老和传戒说法，呈现出一派浓郁的佛教氛围。

朴老是相信因缘的，每次来五台，都像回到他曾熟悉的环境，他看到"文革"结束后的五台佛事昌盛，心情格外高兴。见到各寺庙的住持，朴老双手合十，口说"随缘得福"，表现出超然的思想境界。在五台，不仅能感受到佛家思想的浓郁，更能感受和验证儒家思想为主体的中国传统文化的博大精深，印证了它那和而不同的文化宽容精神和纳百川于大海的宏伟气魄。若没有主体文化的兼容并蓄，各种外来宗教很难有安身立命之地，中国文化确实是包括各种宗教文化在内的多元一体文化。

8月初的五台山并没有盛夏的炎热感觉，早晚间还透着丝丝凉意，五台之一的北台这时还有积雪，让游人感受到五台山的别称清凉山的含义，五台的确是避暑胜地。两位老人穿着厚厚的大衣，在柴泽俊陪同下，登上东台观看日出。朴老伫立台顶，只见云雾在群峰中弥漫，露出点点山尖，天空泛起浅玫瑰色的晨曦，渐渐变浓变深，渐渐变成橘红，又变成鲜红，这红色的霞光与浓雾和山峰融合在一起，分不清它们的界限，也看不到它们的轮廓，只感到一种柔和明快的美。柴泽俊看到老人在这清新超尘的境地里若有所思，便默默地陪同他看完日出的全过程。回到台怀，朴老兴致不减，提笔写下了《忆江南》："东台顶，盛夏尚披裘。天着霞衣迎日出，峰腾云海作舟浮，朝气满神州。"落款处写道："一九七七年八月四日登五台山东台顶观日出，归途作调寄，泽俊同志同游，此留念。"

在柴泽俊陪同朴老期间，朴老为他留下五幅书法作品，其中三幅作品分别在 1978、1979 年被白清才、庞汉杰、李正云三同志索去。

在五台山停留四天后，朴老便动身前往大同，顺路观看应县木塔。

应县城内佛宫寺中，矗立着一座楼阁式高塔，高大雄伟，结构精巧，塔身均为木质结构，俗称应县木塔。其本名为释迦塔，因塔内供奉释迦如来而得名。佛宫寺始建于辽，历代重修，现存牌坊、钟鼓楼、大雄宝殿及左右配殿皆为清人重建，唯木塔为辽代原构，辽清宁二年（公元 1056 年）建造。木塔外观为五层六檐，内实为九层，每层之间内设暗层一级。塔身除台基、塔檐为瓦件外，全部为木构。塔内各层设有木质楼梯和楼板，观者可逐层攀登，到达顶层。第二层以上均有平座向外伸出，平座下面用斗栱出跳承托，平座上设栏杆和望柱。有人登临其上，可逐层绕塔环视。塔内各层都有塑像。

朴老在第一层参拜了释迦如来塑像，上第二层，站在平座，手扶栏杆，向上眺望，片刻回身，向身边的柴泽俊说："这座佛塔太珍贵了，佛塔是随佛教由古印度传入的，已有一千六七百年之久了，中国匠人将印度窣堵波与中国的楼阁相融相即，创造出楼阁式佛塔并赋予它许多功能，这座木质结构的木塔更是将佛教、楼塔建筑和木匠大师们高超的形制艺术完美地结合在一起。"柴泽俊告诉朴老，1974 年在维修木塔过程中，于毁坏的塑像腹部发现了不少辽代刻经、写经和木板套色绢画，为了解木塔和塑像年代以及研究辽代佛教活动和我国的雕版印刷技术发展史提供了重要资料。朴老很是高兴，说道："这塔已经倾斜，你们一定要保护好它。"不曾想这句话竟在二十年后得到验证，1999 年柴泽俊担任应县木塔修缮委员会副主任兼总工程师，组成专业队伍准备保护这座珍贵的宝塔。

大同是山西省第二大城市，它闻名于世的是丰富的煤炭资源和云冈石窟。朴老一行沿省干道经浑源进入大同市。因担心两位老人疲劳，于是安排他们在市里宾馆休息了一天。第二天先去观看九龙壁，它位于大同城区东街路南，为明代遗物，1965 年公布为省级文物保护单位。

九龙壁坐南朝北，全长 45.5 米，高 8 米，厚 2.2 米。它分为三个部分，底部是一个须弥座，其上为壁身，顶部覆以斗栱和琉璃瓦顶。壁身两侧为日月图案，壁面南向，由四百二十六块特别烧制的五彩琉璃构件拼砌而成。九条大龙飞舞奔腾于波涛云气之间，中间隔以山石、水草。正中一条龙是照壁的中心，正对当年明代王府的中轴线，龙头向前，正视王府的端礼门，龙身上卷，龙尾向后摆动，看似端坐，颜色为正黄色。九条大龙不同的姿态，参差变化的颜色，使整个龙壁结构生动，色彩绚丽，显得雄浑、古拙、硕壮、有力。

九龙壁顶部覆盖仿木构庑殿顶，正脊脊筒两侧有高浮雕莲花和游龙图案，两端是龙吻饿兽，为龙首造型。斗栱五铺作，计心造，共二十六朵，正出两跳华栱，耍头为麻叶头，泥道栱上敷两道泥道慢栱，至为罕见。其他如檐椽、飞椽、额枋等也都雕镂得十分细致逼真，尚存元代风格。下部须弥座以蓝、绿两色琉璃砌筑，造型洗练稳重。上部雕镂四十一组二龙戏珠图案。束腰部位的七十五块琉璃上浮雕出牛、马、羊等多种动物形象，动态不一，神情各异，栩栩如生。壁前有一倒影池，由玄武岩砌成，望柱上雕刻仙人、猕猴、寿桃、石榴等形象，古拙有趣。池中一泓泉水，九龙倒映池中，国内其他九龙壁前皆无倒影池，唯此处独有。

朴老看罢，说："这是北京两座九龙壁所不及的，色彩深厚稳重，也与北京两座九龙壁不同。"柴泽俊介绍："1954 年 10 月根据城市规划往南移了 28 米，在现在这个位置按原样重新砌筑，去年又将倒影池迁移过来。是我国现存最大最古的一座九龙壁了。"

谈到琉璃艺术，朴老不无担忧地说："我国琉璃一直是民间艺术，封建社会的琉璃制作者不被人重视，他们的制作和艺术成就也未载入史册，是极不公正的，不能失传啊！"柴泽俊点头道："1957年我在佛光寺工作期间曾专门走访过附近的民间艺人，也观看过烧制过程，这几年随着对古建筑的考察，也在琉璃艺术方面整理了一些卡片资料，以备将来之用。"在十四年之后的1991年，柴泽俊编著的《山西琉璃》由文物出版社出版，弥补了朴老所说的这一缺憾。

华严寺距九龙壁不远，同在东西大街，中间隔着南北向的小南街，朴老没有休息便直接进入华严上寺。华严寺分上、下两寺，坐西朝东，与一般寺院坐北朝南不一样。上寺以大雄宝殿为中心，下寺以薄伽教藏殿为中心，其他建筑分别围绕着这两个中心，排列在东西向的两条中轴线上。上寺位置偏西，地势高，是目前国内辽、金佛寺中最大殿堂。大殿上塑五方佛，东方药师佛、西方阿弥陀佛、南方宝生佛、北方成就佛、中央毗卢佛均为金装彩绘，殿内四周绘满壁画，其题材皆为佛教故事，壁画与金身交相辉映，金碧辉煌。

下寺主殿为薄伽教藏殿，薄伽梵语意为世尊，也即佛，薄伽教藏指佛教的经藏。在薄伽教藏殿内四周，依壁有两层楼阁式藏经柜，共三十八间，存经一千三百余册。这是国内唯一的规模宏大的辽代壁藏，纯木构，规制严谨，雕造精绝，玲珑剔透，卓具匠心。

殿内佛坛上满布辽代塑像，共三十一尊。中央为如来佛，神态慈祥，造型端庄。菩萨体态各异，神情自如，为辽塑精品。朴老感叹地说："无怪乎梁思成先生评此为海内之孤品，它不仅有高度的艺术价值，而且对研究辽金建筑彩塑具有重要的科学价值。"

柴泽俊向朴老请教："在山西的一些寺庙大殿里，为什么把阿弥陀佛的塑像立于佛坛前面的中央，释迦牟尼却放在阿弥陀佛的左边，药师佛放在阿弥陀佛的右边呢？"朴老答道："唐代中期产生净土宗，到明代以后净土宗日益盛行。净土宗专门礼拜阿弥陀佛，认为一心专念阿弥陀佛的名号才能升入净土，因此信仰者尊敬阿弥陀佛，就把他摆在中央位置，受人朝拜，这也反映出净土宗在民间的影响。"

朴老经过这十几天的考察已感劳顿，便对柴泽俊说道："小柴，咱们暂休二三天，你可随处走走，我在此接待一些来访的客人，最后咱们再看云冈石窟。"利用这几天时间，柴泽俊把陪同朴老一路上的所看所闻以及朴老的一些言谈教诲等整理成卡片。几天后，这二老一少的身影就出现在云冈石窟前。

云冈石窟位于大同市西北 16 公里的武周山南麓，其最高处叫云冈，因此得名。在大同与云冈之间，距云冈不远处有一观音堂，都是石刻雕像，因此朴老决定先看观音堂。这是一座不大的寺院，殿内主要供奉石刻观音像，观音面容慈祥，神态潇洒，服饰华丽，体态丰润，文静典雅。文殊、普贤石刻雕像位于观音两侧。这些石像均为辽代雕琢。旁边的十大明王像因损毁而用泥塑代替。

朴老问柴泽俊："你知道为什么'观世音'不叫'闻'或'听'而叫'观'吗？"朴老随口吟道："不闻而闻，不言而言，眼观意达，手语心传。"随后解释道："修行到一定境界，人的眼、耳、鼻、舌、身、意六根皆同，眼睛可当耳朵用，所以叫观世音。"

柴泽俊介绍说："云冈石窟依山开凿，东西绵延 1 公里，洞窟五十三个，东部四窟，中部九窟，西部四十窟。此外还有不少小窟，共计一千一百多个小窟，石雕像五万一千多躯，大佛高者 17 米，小者仅几厘米，指甲盖大小，有眼有鼻，生动传神。它是我国最大的石窟群之一，也是世界闻名的艺术宝库。1961 年被列入全国重点文物保护单位。"

朴老仔细地看了第一期石窟的雕刻技法，判断这是继承了汉画像石的传统技法，表现在造像浑圆的身体上，用阴线雕刻衣纹，在细部表现上柔中有刚，雕出了肌肉的质感。第二期造像丰润适中的面相、褒衣博带的服装、直平阶梯的刀法和中国传统的建筑形式均有汉族特征。第三期造像艺术更加纯熟。朴老说："云冈石窟与辽宁省锦州市义县的万佛堂石窟同为一个系统，艺术手法相同，雕刻风格一致，只是后者晚于前者。石窟艺术原本产生于印度，最初只是利用山间自然的洞窟作为佛教僧人坐禅、修持、集会及生活之用，后来僧人们自己凿洞并在洞中设置佛塔、佛像，画上图画，主要是供参禅时观想所用。后来才越造越华丽壮观。随着佛教的传入，石窟艺术也一起传入我国，与我国传统艺术结合，成为今天这个样子。"

朴老又问柴泽俊："你知道山西有多少这样的石窟？"柴泽俊答道："这十几年时间，我通过对古建筑的考察了解到我们省分布在各地的小型石窟和摩崖造像从北朝到元、明时期，排除有遗漏处，有一百六十二处之多。除云冈石窟外，有规模和特色的还有太原天龙山石窟、龙山昊天观道教石窟、高平羊头山石窟、昔阳石马寺石窟、平顺金灯寺石窟等。"朴老说："从全国来说，石窟主要沿着丝绸之路分布，著名的石窟有新疆喀什、库车、吐鲁番的石窟，敦煌莫高窟、酒泉万佛洞、永靖炳灵寺、天水麦积山石窟、庆阳北石窟寺、洛阳龙门石窟、巩县石窟寺、邯郸响堂山、济南千佛山石窟、南京栖霞山石窟及四川、陕西等地的北朝晚期小型石窟，真是'青云之半，峭壁之间，镌成石佛，万龛千窟'，'有龛皆是佛，无壁不飞天'啊。莫高窟是我国石窟艺术的宝库，从前秦建元二年（公元366年）起至元代约一千年时间一直陆续开凿。就其石刻艺术水平来看，云冈石窟也可以与敦煌石窟媲美。这里的每一尊佛都是精细的雕塑，甚至连一个脚趾都是用严肃不苟的创作态度完成的，足见人们对佛教的虔诚和艺术表现手法的精湛。"

当柴泽俊完成陪同任务返回"学习班"时，监管人员一个劲地追问他："你们在一起说了些什么？走了些什么地方？拜了那些佛？"

8月，中国共产党第十一次全国代表大会召开，宣告"文化大革命"结束。不久"学习班"解散，柴泽俊获得了自由。

9月，柴泽俊一直惦念着几处寺庙被地方和军队长期占用，想着怎样才能让这些机构迁出寺庙，以保护这些珍贵的文物古迹。他晚年的手稿《保护文物逸事趣谈》中专门用了一章《地方军队占用古建筑迁徙事》来回忆此事：

> 自古以来，军队和古建筑很少发生联系，除战争中因搜索敌情需要踏进寺庙的古建筑区域外，一般在和平环境下，部队是很少介入寺庙古建的，当然部队与古建筑保护管理之间也就不会有什么矛盾冲突。但山西是个例外。可能由于山西古建筑较多，遍及城乡各地，"文革"前和"文革"期间，有几处古建筑曾一度被地方部队占用。万荣东岳庙后半部（献亭、齐天大帝殿和寝宫后院），县人武部居住；大同善化寺西廊房基址上，军分区家属宿舍建于此；祁县乔家大院，"文革"期间，军分区饲养室一度占据。这三处古建筑属性各不相同，一属道庙，一属佛寺，一属晋商民居，三者都是具有较高价值的历史文物。上述三处占用单位的搬迁亦曾微有周折，今忆及此，颇觉宽慰。

　　万荣东岳庙居县城之中，规模宏阔，建筑较多，午门、献殿、齐天大帝殿等皆是元代建筑。庙内飞云楼虽为明建清修，但造型奇秀，结构玲珑，堪称全国楼阁之冠。它三层四檐，十字歇山顶，二三层四面凸出抱厦三楹，周身斗栱密致，翼角翚飞，艺术魅力无与伦比。庙内前半部（前院和中院）县政府部门曾经占住，后半部（主殿院及寝宫后院）被县人武部及其家属院占据。县政府部门迁出后，人武部仍留居庙内，生活、操练等皆在其间，有墙壁与中院相隔，左侧另辟大门，直通街市，对古寺的修缮保护和开放参观均造成不便。大同善化寺是辽金佛寺，总体布局尚完整，为全国仅见，寺内有辽金建筑四座，彩色泥塑四十余尊，都是极具价值的历史文物，该寺是国务院公布的第一批全国重点文物保护单位。"文革"期间，军分区家属宿舍建在寺内西廊房台基上，与普贤阁和西耳房紧挨着，做饭和冬季取暖的烟雾火星令人担忧！乔家大院是清代后期晋商发家致富后兴建的宅第，六所大院全部围护在高墙之中，中设通道相连；每院自有门楼、影壁、前后套院、楼阁、正堂、厢房、侧座，各不相同，是山西民居最集中最封闭的晋商民宅。"文革"中被军分区饲养处占用，骡马鸡猪饲于其间，环境卫生和开放参观皆无从谈起。部队所在是机要重地，地方文物管理部门不好介入，但肩负着文物保护职责，又不得关注其保护状况。实际上部队占用古建筑，他们自己亦受到很大局限，既不能自行扩建发展，还得保护古建筑安全，增加了责任。文物管理部门不检查不行，检查就得不断地拍照记录，给部队造成麻烦和疑虑。相互之间虽未发生过任何争执，实际上只是相互谦让而已！时间一久，这种情况就会发生变化，或古建筑残坏，或占据者局部改装，必然影响到古建文物的原状和背景环境。20世纪70年代勘察过程中，曾敦促文物方面负责人与驻军领导协商，请部队迁出古建保护区。笔者看到万荣东岳庙占住情景，曾随同当地文物管理干部向人武部负责人汇报东岳庙价值和部队的安全责任，望部队能尽早迁出庙区；随同省文管会副主任李正云同志在祁县乔家大院勘察时，曾向军分区饲养方面负责人说明乔家大院中堂之珍贵，应当加以修缮和开放参观，请求饲养处迁出；在大同善化寺勘察，见家属宿舍紧依耳殿和普贤阁，炊烟冉冉，令人忧虑，曾同大同市文化局王局长向军分区负责人反映情况，促其迁出部队家属宿舍。可能由于方法不当或各方面条件不具备，上述工作多无明显效果。对此，曾反复斟酌，多方位思索，皆无良策。一段时间内自己认为，文物管理部门和部队之间，既非协作单位，又无隶属关系，提出"迁出建议"，无足轻重！况且，古庙自古以来就是公用之所，部队占用，不足为奇！《文物保护管理暂行条例》的宣传贯彻，需要相当长的时间，短时期内是不可能家喻户晓的，"文革"期间破"四旧"的冲击，更延缓了《条例》的贯彻实施；至于对古建筑文物价值和保护重要性的认识，更需要一个相当长的过程，短时间内是不可能普及的。而上述几处古建筑迁出占用者和修缮保护、开放参观等事，又不应该长时间拖延下去。有一天本单位几个同志饭后聊天，谈到有些古建筑被占用，让他们迁出谈何容易，让部队迁出更难，在场的苏爱莲同志插话："那恐怕是你没有找对人，我是当兵的出身，部队领导多有军人作风，对事认真负责，对人亲切直率，我在军区待了十几年，至少军区领导多是如此。你刚才说的情况，完全可以向军区领导反映，能不能解决问题不敢肯定，但至少是不会碰钉子的！"我将苏爱莲同志的意见向单位分管古建的李正云副主任做了汇报，并请李副主任和我一块去省军区一趟，李副主任愉快地答应了。次日，我们直奔军区汇报了上述几处古建筑被部队占用的情况，请军区领导与有关单位联系，并建议迁出。省军区接待我们的是一位政治部副主任，在听取情况后表示："古建筑是文物，是中华民族的历史财富，保护文物，人人有责，部队也不例外！你们讲的情况，我们还不了解，我们很快与他们联系，如果情况属实，会催促他们尽早迁出古建筑保护区域的。但迁移就需要有地盘和房舍，甚至需要建设，容他们一段时间，迁移是完全可办到的。"听罢军区领导的回复，心情十分高兴。我们表示，这是军区领导对文物保护工作的极大支持，给了我们进一步做好文物工作的动力。说罢，连连道谢而别。在省军区领导的敦促下，祁县乔家大院分区饲养处两个月后即迁出，大同善化寺部队家属宿舍半年后拆除迁出，万荣东岳庙后半部县人武部办公区及其家属宿舍次年春全部搬迁。前后不到一年时间，三处被占用的古建筑均移交给了文物部门。事实见证了苏爱莲同志所云"部队领导认真负责的工作作风"，确实言而有信，言而有效！文物部门随即对寺庙环境加以整治，申请立项，拨款修葺，几处古建筑均得到妥善保护。这几处古建筑，国务院先后全部公布为全国重点文物保护单位，全面对外开放参观。

是年，"文革"结束了，而对柴泽俊来说，1966年8月从永乐宫归来就成为批判对象，直至这一年的8月才由"学习班"出来，屈指算来也已十二个年头。他终于能够理直气壮地从事古建筑的保护工作了。他为自己规划了这样一条发展方向：持之以恒地全方位地实地勘察山西境内的古建筑，并且做好研究和保护工作。

柴泽俊年谱　炉火纯青

1978年　戊午　四十四岁

1月，山西省文管会任命柴泽俊为古建队副队长。

省文管会隶属于山西省文化局，下辖两部两队。一部为陈列部（今省博物馆），二部为保管部，一队为考古队，另一队为古建队。

中旬，柴泽俊接到山西省文水县文管所邀请，一起勘察文水县则天庙。该庙位于文水县城南徐村，金代建筑，宽深各三间，单檐歇山顶，门窗、神龛皆为同时期遗物。勘察中他发现庙址地势低洼，左侧及背面皆为水潭，积水常年不退，时值冬天，潭水已结冰；殿宇向后向东倾斜，柱子、墙垣、梁架和瓦顶随之歪闪移位，部分梁架扭动方位不一，少许构件劈裂折断，斗栱有少许构件残坏，墙垣腐烂，局部坍塌。

离开文水后，他又到距此不远的汾阳后土庙勘察。其正殿为宋建，但殿宇大部损坏。回到太原后，他做出修缮方案，上报省文管会。对文水县则天庙，他提出要先发掘殿宇四周，找到后檐和东山基础原状，然后揭取瓦顶，柱子抄平，梁架拨正，用条石加固磉墩，外侧加砌防潮基墙。依墙基铺设散水，然后抄平柱础，原位归安。可以比较完整地保存金代建筑原有构件。修缮工程于1982年开工，次年结束，保持了寺院的金代建筑原貌。

3月初，柴泽俊勘察了吕梁地区静乐县的文庙大成殿、柳林县的香岩寺后殿，发现整体建筑物残损情况较重，檐椽、斗栱、梁架等一些构件均有损坏，梁架歪闪，有的构件折断，墙体多有坍塌。柴泽俊与当地文物管理人员现场研究，确定揭瓦修缮。方山县大武镇鼓楼为明代建筑，宽深各三间，十字歇山顶。它位于大武镇最繁华地段，勘察中发现街道两旁明代商业铺面的基址依稀可辨。该建筑楼体构造规整，结构严谨，当心藻井华美至极。楼顶三层琉璃脊饰吻兽都是黑色。这种黑釉琉璃是琉璃制品中的奇缺之物，被这座鼓楼完整地保存下来。鼓楼所在地形低洼，常年积水形成一个水潭，地基沉陷造成墙身倾斜，脊兽倒在楼顶上，檐椽部分折损，翼角沉陷，导致梁架扭曲，荷载失去平衡，四向檩条滚动，椽子部分拔钉，沟滴大部脱落，瓦顶漏雨，瓦件缺失和残损者大半。其修缮方案亦应是揭瓦修缮。这三处古建都于 1983 年完成维修。

4 月初，柴泽俊接到平顺文管所报告，告知平顺九天圣母庙多年来每逢雨季寺前塌方不断，请求在雨季来临前拨款保护。在九天圣母庙门前，他看到，崖土塌方的地方离寺庙仅有 2 米，庙门紧邻深谷，形势危急。该庙为宋元建筑，寺内碑刻甚多，需尽快筑石坝保护。此工程同年 5 月开工，年内完成。

他又赴壶关县，勘察了庄头村天仙庙大殿，为宋代建筑；秦庄村东岳庙正殿，为金代建筑，单檐歇山顶；羊户村三峻庙正殿，金代建筑，单檐歇山式。

他折回潞安县，停留十余天，勘察了定流村东岳庙正殿，金代建筑，单檐悬山顶；还勘察了王庆山林龙泉寺后殿、宋村玉皇观西配殿、龙山村炎帝庙后殿和土地堂正殿、李坊村洪福寺菩萨殿和罗汉殿、八义村岱岳庙西配殿、注云寺前殿、看寺村正觉寺后殿等处古建，均为金建筑代，单檐悬山式；还有新安村原起寺为宋塔宋殿。原起寺址居漳河岸边，土冈陡起，寺居其上，周围地势低洼。墙基为片石叠构，设走道和山门出入，年深日久，片石塌陷，寺基土方流失。

回到太原，柴泽俊立即着手对这些庙宇制定抢修方案，于 1981 年和 1982 年分两次予以维修，深挖基址，夯实填充，加厚墙体，确保寺基稳固。这些古建筑直至今日均未再发生险情，抢险工程变成了加固工程。

6 月初，柴泽俊勘察绛县太阴寺。该寺大雄宝殿为金代建筑，面宽五间，深八椽，单檐悬山顶。檐下牌匾为金代文物，殿内卧佛为明初雕制。悬塑三尊坐像，头已不存，躯体为明塑。殿顶垂兽是金代遗构。勘察中发现该殿后部紧依土坎，后檐柱地基较软，雨后排水不畅，致使后檐地基下沉，前后檐柱、殿宇柱子、斗栱、梁架及瓦顶皆向后倾，柱头倾斜达 40 厘米。梁架脊瓜柱和地面中心点相对应，后倾 35 厘米，檩条滚动，椽子拔钉，瓦顶普遍漏雨或渗水。柴泽俊现场指导文管所技术人员制定修缮方案，决定揭瓦修缮。柴泽俊指出，瓦顶拆卸，梁架斗栱大都可保存在架上，后檐设支柱负重，后檐基础和磉墩加固重筑，与前檐柱一定要保持在一个水准上。两山墙拆卸时，对墙基和磉墩做加固，斗栱梁架大部构件尚好，檩条及生头木、衬枋头部分如朽坏或有少许劈裂，可依其损坏情况，劈裂者粘接加固，竹钉贯于其中，外用铁箍束紧。如腐朽，视情况拼接或复制，已缺的斗栱构件原状补配，劈裂者粘接，腐甚者更替。山墙后檐墙要重砌。殿宇倾侧而导致结构松弛，要采用铁活强化相互间的连接力。除了柱子上的铁箍、阑普铁板、檩枋接点处加施铁板，梁架与斗栱叠构处加施铁活、异向扒钉等，使梁架相互间连接力大为加强。该工程于 1981 年完工，建筑状况至今稳定。

返回太原途中，柴泽俊勘察了曲沃县曲村镇大悲院过殿，此殿为近代建筑，单檐歇山顶。

9 月，省文管会接到临汾地区报来的关于修缮牛王庙元代戏台的申请。柴泽俊赴临汾牛王庙考察。

魏村在临汾市西北的吕梁山脚下，牛王庙在魏村西北的土垣上。庙址坐北向南，山门设在东角，两厢有廊庑陪衬，最北面是三王殿、本名广禅候殿。殿前有献亭一座，两侧各建垛殿三盈，南面朝北的倒座是庙内数百年来酬神演戏的戏台。戏台建于元代，是我国现存最早的完整的木构戏台。

"文革"中，牛王庙内西傍院被学校教师宿舍占据，铸造厂占据庙内中心。炼铁大火炉就设在庙院当心，距献亭、大殿和戏台（乐楼）等建筑仅数米，火花乱溅，灰尘飞扬，使这座元代大殿和戏台石刻处于危险之中。当地村民将戏台檐椽截去，把戏台前沿改为洋灰台面，戏台两侧及后檐台基塌陷严重。"文革"后期，柴泽俊去过两次牛王庙，他和当地文物工作人员劝说县、乡政府将铸造厂和教师宿舍迁出。勘查发现，牛王庙庙内残损严重，梁架扭动，斗栱部分构件折损，瓦顶脊兽被打碎，筒板瓦件损失大半，四个翼角仔角梁全部截短，一座完整的元代戏台处于危难境地。

柴泽俊勘察后制定修缮方案，戏台是修缮重点。拟将戏台揭顶后拨正梁架，加固后檐和两山墙基柱基，前檐两石柱深埋 1.5 米。因两柱上皆有元代刻字题记，必须原构继用。四根大额枋和后檐二角柱基本完好，斗栱和梁架的残损构件要架上加固，檩条部分朽坏，檐椽全部锯短，用同样材料照原状复制归安，补配楼顶脊兽瓦件，重新砌筑台明和墙体。该工程于1979 年初动工，次年竣工，效果良好。

10 月初，柴泽俊赴山西北部的朔州勘察浑源悬空寺和永安寺。这里处于风沙地区，受风沙灾害影响较大。他对悬空寺有如下描述：

> 浑源悬空寺建在恒山山脉翠屏峰峰东侧半山腰的悬崖峭壁间。峰北有三清殿，峰南有罗汉洞，峰西有穆桂英战洪州的点将台、败场岭、落子洼等古迹。悬空寺始建于北魏后期，是我国罕见的一座高空建筑。寺宇面对天峰，背依翠屏，上载危岩，下临深谷，楼阁悬空，结构惊险。远远望去，只见神楼仙宫，凌空危挂，丹廊朱户，傍崖飞栖，仿佛是玲珑的雕刻镶嵌在万仞峭壁间。全寺共有大小殿阁近四十座，各种佛像七十八尊。整个建筑以半插飞梁为基，巧借岩石暗托，梁柱上下一体，廊栈左右相连。游人登临，钻天窗、穿石窟、跨飞栈、步长廊，如临仙境。这些建筑都集中在一个凹进的庞大崖窟里，每逢暴雨倾盆，雨水从寺顶突出的岩头上飞流直下，深入谷底，便给这琼楼仙阁挂上了一排排晶莹的水帘，蔚为壮观。这时，隔着雨帘望天峰岭，云遮雾障，山色有无，妙不可言。[1]

近年来，每遇狂风，山上碎石滚动滑坡，落在寺庙屋顶上，造成屋面和瓦件受损。掉到地面的则威胁游人安全。如清理山上碎石，工程巨大；如在建筑物上加盖保护层，又影响观檐。柴泽俊和技术人员们一时陷于两难境地。他们几经勘察，多方研讨，终于想到一个办法，就是在山腰上挖沟壕一道，碎石随风会集中到沟里，这样就大大减少了碎石对屋顶和屋面的损害，但需要定期清理壕沟中的碎石杂物等。施工很快进行，于次年完工，效果尚好。

永安寺在浑源县城东北，始建于金代，不久遭遇火焚。元初重建了寺内部分殿堂，二十年后又重建了传法正宗殿。以后明、清两代屡有修葺。传法正宗殿是寺庙中的主殿，高大雄伟，台基凸起，月台宽广，殿宽五间，深三间，平面作长方形。明间宽大，次稍间略小，仍袭宋、金之规。柱头卷刹，柱中有斗栱承托檐出。斗栱形制显示为元代做法。殿顶五彩琉璃脊饰吻兽为清构。殿内明间梁架间，雕天宫楼阁和藻井，亦是元代作品。这一点与永乐宫相同，难能可贵。殿内塑像不存，四壁满绘壁画，为明中期作品。

---

① 《山西风物志》，山西教育出版社，1985年，第30页。

当地文管所同志对柴泽俊说："每到风季，殿顶瓦砾都被吹动，对殿宇影响很大。"柴泽俊深入勘察后发现，檐柱不均匀沉降，梁架局部歪闪脱榫，少数构件折断，檩子滚动，椽子拔钉，而且部分朽坏。于是制定修缮方案，揭瓦修缮，原位保护壁画。已沉降的柱子，于檐墙外侧剔槽取出沉降和已腐朽的柱子，加固基础，墩接柱身，原位安装，墙体剔补完好。梁架中残者葺补加固，腐朽严重或折断者复制更替，瓦件脊兽原位重安牢固。檐墙不动，原位保护壁画，防风防雨防震。殿周的栱眼壁画，揭取后竣工时原位安装，殿顶灰泥背抹压严密，瓦顶固定，加瓦帽防雨。工程于1982年完成。

10月末，柴泽俊又赴介休玄神楼勘察。此楼位于县城东北隅，在东关三结义庙前。此庙坐北朝南，玄神楼作为庙之山门，首当其冲。三结义庙内建筑以玄神楼最精巧，它既是庙前山门，又是点缀城关街心的过街楼，还是庙内酬神演戏的乐楼。此楼造型独特，瑰丽壮观，被誉为一方胜境。楼身二层三檐四滴水，总高近19米，平面呈"凸字"形，是三位一体（过街楼、庙门和乐楼）的楼阁式组合建筑。楼顶形式，过街楼部分为十字歇山顶，门楼和乐楼上为重檐歇山顶。斗栱密致，构造奇特，极具科学和艺术价值。1954年，古建筑专家陈明达先生现场勘察时曾评价玄神楼："在艺术上达到了极高成就，在古代建筑遗产中是不可多得的遗物，绝不能因为它时代较晚而忽视了它。"

柴泽俊在现场看到，由于年久失修，楼板大部不存，楼身结构不稳，个别柱子倾斜，椽檩损坏，翼角和檐头局部塌陷，特别是周围地势增高，街道地平面高出楼底平面很多，致使玄神楼处于地势低洼地带，下雨后积水深达80厘米，形成一个水潭。年久，玄神楼基础渗水。柴泽俊组织施工技术人员实地勘察，首先测绘现状，绘制了实测图，并逐项研究残状，制订出修缮方案，即揭瓦修缮，揭瓦后抬升，斗栱梁架加固后安装原位，即不拆卸也不落架，增高1.5米后修缮复位。

在研讨修缮方案中，大家一致认为楼身底层地面太低，如不加高楼身，雨水渗入地基，后患严重，修缮保护必须确保长期安全。需要首先揭取瓦顶，四周拉斜线保护，自底层每根柱脚处设千斤顶缓缓抬升，调换更替直至抬升到适度位置固定。方法为砌筑磉墩台基，安装柱础，抬升后固定，然后检查斗栱折断构件和梁架残坏部分，斗栱用材甚小，加固继用唯恐负重不起，残损部件复制更替，梁架劈裂构件加固，檩条朽坏者用同样材料复制。楼顶脊饰吻兽全部为琉璃制品，包装后拆卸保存，破裂者粘接，原物原位安装，沟滴瓦件和部分小兽缺失者补齐。

此工程于 1981 年结束，抬高地基后的玄神楼，地势干燥，安全稳固。这不仅是文物建筑修缮中的典范，也是工程技术方面的奇迹。虽然仅有几位专业技术人员和几十位农村匠师，使用的又是传统办法，但是修缮效果令人赞许，也让许多现代建筑师叹为观止。

12 月，中共中央召开党的十一届三中全会，中国进入了全面改革开放的新时期。

山西经济也开始起步，省委、省政府正在寻找振兴山西经济的切入点。

是年，《光明日报》发表特约评论员文章《实践是检验真理的唯一标准》。自此后两年，在全国范围内开展了一场关于真理标准的大讨论，从思想理论上引导广大干部群众实现了拨乱反正，肃清了"文革"以来束缚人们的僵化思想。

1979 年　己未　四十五岁

1 月中旬，柴泽俊赴临汾，考察和督导魏村牛王庙戏台修缮工程的备料情况，并与工地技术人员研讨修缮方案。该工程于同年 3 月初开工。顺道他又勘察了元建临汾东羊村后土庙戏台和王曲村东岳庙戏台。

2 月 2 日，农历正月初六，柴泽俊接到山西翼城县老文物干部王道旺先生的书信，说趁山西省委书记（当时设有第一书记）贾俊同志回乡之机，想向贾书记汇报翼城两座元代戏台的保护情况，让他一同前往。柴泽俊欣然允诺，当即动身。

几年来，"文革"的负面影响在文物部门主要表现在两个方面：一是许多庙宇被破坏；二是军队、机关、学校和企业等单位长期占用寺庙并在那里居住生活，加剧了文物的残损。山西古建筑文物众多，分布亦广，仅明代以前的古建筑就近五百万座，仅靠各级文物管理部门力量是不够的，而且保护工作与现代城市建设以及占用寺庙土地的单位经常发生矛盾。逐一解决费时费事，常常顾此失彼，效果极微。主要原因在于，市县两级地方政府作为各级文物部门的领导机关，一些领导机关侧重于城市建设而忽视文物保护，因此文物保护工作困难很大。柴泽俊一直有一个想法：如果能使省级领导重视山西古建筑的珍贵价值，大力支持文物保护，这样许多困难和矛盾就迎刃而解了。现在就是一个十分难得而又太具有偶然性的机会了。

柴泽俊赶到翼城县，见到贾俊书记。王道旺老人先谈了元代戏台的保护事宜及建议，柴泽俊接着便汇报了山西古建筑的现存情况及他这些年勘察文物所看到的损毁状况，恳请贾书记重视文物保护，将其列入党和政府工作的议事日程中。没等他说完，贾书记说："你准备一下，下次开常委会时，你来专题汇报山西古建筑的现存情况和价值，该如何保护也可提出你的意见。"汇报结束后，柴泽俊又不失时机地考察了翼城武池村乔泽庙戏台。

回到太原后，柴泽俊既感到欣慰，又有点忧虑，担心省级常委会不可能长时间听取汇报，怕时间短了又很难说清楚。况且自己只是一个在一年前获得任命的古建队副队长，如果自己去汇报，把省文管会的领导置于何地，岂不尴尬？

2月中旬，柴泽俊接到《文物》杂志社约稿。杂志社创刊三十周年，将出一期《中国文物考古工作三十年》特刊。他打算撰写《三十年来山西古建筑及其附属文物调查保护纪略》。

3月初，柴泽俊考察山西晋中几座县城的城池、街道和民宅。

榆次城隍庙规模不大，但布局严谨，建筑完整，结构奇巧，雕刻玲珑，居山西现存几座城隍庙之冠。城隍殿和两厢围廊是元代建筑，山门、玄鉴楼、钟楼和八字琉璃壁为清嘉庆年间所建，庙内各殿琉璃大都是明嘉靖寿阳人烧制。因"文革"破坏，寺庙内多有坍塌和损坏，他一一记录，并对保存完好的明代琉璃西大影壁题记和壁心、东小影壁壁心、城隍殿山花琉璃等拍摄照片留存。这座城隍庙于1983年修缮完成。

太谷圆智寺位于县城东25公里处的范村，规模不大，创建年代不详，唯中轴一线诸殿尚存古制。现存千佛殿内几尊石雕佛像，为唐代文物，应是建寺初期的遗存。寺内现存建筑大都为明代遗构，殿顶琉璃亦为明代烧制，且保存有制作年款和匠师姓名，甚为可贵。各殿塑像早毁，唯千佛殿和大觉殿的壁画完好。经测量，壁画面积为210余平方米。他查阅大觉殿内南壁墨书仿碑题记，知两殿壁画皆为明万历三十年（公元1602年）所绘。查看殿内壁画，发现千佛殿内壁画作品依旧，而大觉殿内除十大明王外皆经清人重绘。十八罗汉像尚有明画风韵，其他佛、菩萨、水陆神祇及南壁三教祖师像等均属清人手笔。

千佛殿内四壁绘满壁画，画面分十层分布，上下交错。北壁两次间共有坐佛230尊，东西两壁各有坐佛335尊，南壁两次间窗槛下和明间门楣上共有坐佛100尊。全殿的坐佛恰是千尊。其设计之周密，布列之严谨，使殿内壁间几乎无隙可寻。殿额千佛，名副其实，令人赞叹！

千佛殿还保留许多基本完好的明代琉璃作品，主要有脊刹、正脊立凤、垂兽、迦陵频伽套兽、正脊武士、脊饰、八仙人物吕洞宾、观音殿鸱吻、脊刹狮子、大觉殿脊刹、东配殿脊部行龙等，造型生动，形象逼真，制作细腻。他都拍摄了资料。

太谷县城东南净信寺，为唐代建筑，金大定年间（公元1161—1189年）重修，原为尼姑庵，规模较小，明代扩建，现存实物大多为明嘉靖年间（公元1522—1566年）的遗构。寺内各殿均有塑像，其壁画主要分布在大雄宝殿、毗卢殿、关帝殿、玄天大帝殿和土地殿内，经测量面积约225平方米。他对各殿壁画均作测量和记录，对东配殿鸱吻、脊部行龙、西配殿垂兽及鼓楼琉璃题匾拍摄了照片。

进入太谷县城，其城墙已毁，但城市街道的原貌保存完好。东西大街和南北大街的交叉点有个十字过街楼，券洞之上建有两层高阁，为重檐歇山顶，阁身四周围廊，瓦顶和脊兽全部使用黄绿色琉璃，完整无损，色泽如新。

太谷、祁县一带有若干民宅大院，他都做了记录和拍摄。他最不放心的是平遥古城城墙的保护，每次到平遥或途经古城，只要有时间停留，他都要勘察城墙。此次也不例外。察看城墙现状时，他发现当地居民在城墙上拆砖破土的现象仍未禁绝，随即与平遥县文管所所长李有华一起向县政府分管领导做了汇报，期望政府采取措施，认真抓一抓城墙的保护。

离开平遥时，柴泽俊叹息："人微言轻无力回天，只能尽力而为啦。"他因惦记魏村牛王庙戏台的工程进展，便直奔临汾查看施工情况，随后又去襄汾县考察丁村民居。

襄汾县丁村还保存有一批明清民居，约有二十多处院落，占据该村相当大的面积。有四合院，也有一连几进的套院，保存得都很完整。北方和南方的民居在形制、手法上有很大差别，丁村民居的正房有前廊，亦有二层楼阁，配房亦多为二层，木雕、石雕都很精细。民居古建保存到今天已为数不多，而能组成一个村庄布局就更为稀有，这正是丁村民居的难能可贵之处。

5月10日，省委书记（当时设有第一书记）王大任、贾俊和副省长岳维藩、省委宣传部部长刘舒侠等领导赴五台考察，柴泽俊随行。

在台怀镇一号院内，晚饭后大家在院内交谈，领导要柴泽俊介绍一下五台山的情况，他就简要介绍了五台山历史上佛教的盛况和现存寺庙的情况，并说到1947年至1948年五台山部分寺庙被拆毁，叶帅由兴县转战阜平，路经五台山看到寺庙损坏情况时，曾在诗中写道："可惜当局无远见，徒劳后悔于人民。"大家都听得非常入神，贾俊书记问道："年初我让你准备在省委会上汇报山西古建筑情况，准备得怎么样了？"柴泽俊回答："我去汇报不合适，最近写了一份文稿，题目是《三十年来山西古建筑及其附属文物调查保护纪略》文稿。"贾俊书记说："那好，回去拿给我看。"然后转向大家说："准备在省委扩大会议上讲一讲山西文物，让我们的领导干部能够在发展山西经济方面找到突破口。特别是我们正筹备向中央申报成为全国能源重化工基地，必将是有利的。"

13日，返回太原，天色已晚，贾书记让段秘书随柴泽俊去取了文稿。在文章中，柴泽俊讲述了山西一些重要古建筑的价值和特征，明确提出，在现存已知的宋代以前（公元13世纪以前）的木结构古建筑中，山西占全国总数的70%以上；彩塑、壁画、古戏台与兄弟省份相比，山西最多，历史亦古；文章还讲述了保护古建筑的基本方法和三个典型实例，讲述了利用古建筑碑刻记载进行历史地震考察。附录列了山西现存金代末年即公元13世纪末以前木结构古建筑的名称、形制、所在地及其时代的统计表。

文章的第二部分谈古建筑的保护，柴泽俊将古建筑的修缮保护归纳为三大类：经常性的保护维修工程，抢险性的加固保护工程，重点的修缮复原工程。他大声疾呼的是经常性的维护保养，认为这是各级文物管理部门最基本的工作，也是人们最不经意、最不重视的。这是他在多年的勘察中深切感受到的，文章对此是有鲜明的针对性的。文物部门是"文革"中受害最深的一个部门，"反封建"、批"四旧"等，使各级文物部门深受其害，放松了日常性管理，管理责任形同虚设，寺院往往是荒草丛生，断壁残垣。每当看到这种惨状，把古建筑看得和自己生命一样重要的他就痛心不已。在文章中，他告诉文物工作者，经常性保护工作应该怎样搞，几乎到了手把手教的地步。他的心中正在酝酿着一个思路：应在文物保护科学技术方面培养出一大批优秀的专业骨干力量，遍及每个基层文物单位，共同为我国的文物事业做出贡献。

此文于同年9月在《文物》杂志发表，在全国特别是山西和周边省份的文物界引起大震动。此文对柴泽俊本人而言，则是他古建筑保护修缮研究的开山之作。

柴泽俊此文贾俊书记阅读后转给其他省领导传阅，受到省委领导们的高度重视。贾书记批示："送省委印刷厂印三千份，发给山西厅局（包括地、市）负责同志和外省市山西籍的领导同志各一份；留一千份，原稿送还柴泽俊本人。"自此之后，一些省、市领导和厅局负责人就经常讲"山西宋、金以前的古建筑占到全国的70％以上"，并以此为自豪。各级领导对保护古建筑逐渐重视起来，一些长期占据庙宇的单位和个人逐渐被迁出，对古建筑的损害大为减少，这是省委号召所带来的正能量。

6月15日，在山西大同市，省文管会举办山西省文物保护培训班，学习一周，学员为各地、市文物工作者，授课者大多为国家文物局专业人员。柴泽俊主讲"古建筑的保护与维修"。保护与维修是古建筑的两大主题，对于古建筑的保护与维修，柴泽俊的教案中既有理论观点又有实际范例。他提出古建筑保护应从四个方面入手，对于修缮的技术方法、工艺过程及注意问题，都有详细阐述。

12月，山西省文管会改为山西省文物局。原省文管会下属的古建筑工程队改为山西省古建筑保护研究所（以下简称"山西省古建所"），所长一职由山西省文物局副局长李正云兼任，柴泽俊任副所长。

1980年 庚申 四十六岁

1月，柴泽俊应《山西文物》之约，开始撰写《朔州崇福寺》和《蒲县东岳庙》两篇文章。蒲县东岳庙的相关资料已在前些年搜集了，唯朔州崇福寺的资料尚缺乏，柴泽俊因此赴朔州崇福寺考察调研。弥陀殿是该寺的主殿，柴泽俊在调研中发现该殿残损明显，便进行初步勘察，对其古建构件、塑像、壁画和琉璃等均作拍摄记录，并对碑文石刻进行稽考。两篇文章在8月定稿。

2月，山西省文物局接国家文物局指示，因"文革"破坏，国家百废待兴，文物古建保护亟待加强，各地市、县要加强对文物古建的文化宣传和相关专业培训，培养出一大批文物保护专业人才。柴泽俊向省文物局上报古建所拟定的两年培训计划，这些计划由柴泽俊负责实施。

3月中旬，柴泽俊再次赴文水县则天庙勘察，顺路考察了汾阳县的几座庙宇，记录拍摄了琉璃和壁画等。他在汾阳太符观拍摄了山门两侧照壁上镶嵌的黄绿蓝三彩琉璃"二龙戏珠"圆形图案。从龙体的造型和风格看，应为明代作品。他来到距此不远的汾阳田村圣母庙考察。此庙创建年代不详，传言始于唐代。他曾查阅《汾阳县金石类编》里收录的《重修田村圣母庙碑记》，碑文记载圣母庙于明嘉靖二十八年（公元1549年）重建，此次他在圣母殿梁架上发现一则题记，证实此殿为明代所重建。

圣母殿规模不大，坐北朝南，原为二进院落，前有山门和钟楼、鼓楼，两侧有廊房，中部有乐楼一座，最后是圣母殿。殿前有月台，左右厢房各五楹。现山门、钟楼、鼓楼和乐楼已不存，仅留厢房和圣母殿。明代壁画就保存在圣母殿。此殿结构合理，构造牢固。殿顶琉璃吻、刹、脊、兽等均为明代原物，造型、色泽皆属上品，他都做了记录和拍摄。殿内东、西、北三面墙上和殿外廊下山墙上绘满壁画，经他测量，总面积达76多平方，且画工精细，色彩典雅。他做了记录和拍照，对壁画内容做了题解，简要分析了其艺术特色。

在勘察中，柴泽俊发现圣母殿年久失修，殿顶漏雨。殿后檐西次间壁画因腐蚀裂陷而坠落，后檐东次间壁画亦因雨水洗刷而色泽渐淡，两山墙面则因倾侧而出现鼓闪现象。在他的指导下，圣母殿于1983年开工修缮，次年完工，重砌了四面墙体，壁画得以妥善保护。

他沿省道南下，到县城西南探访五岳庙。该庙地处偏远，交通不便，他从县城徒步20公里才抵达该庙所在的北榆苑村。此庙规模不大，当地州、府、县志均无记载，1976年刘永生等同志在普查中发现此庙，知其保存有元代壁画，柴泽俊此次便欲探其究竟。

该庙在北榆村南隅的土垣上，地势较高，坐北朝南，总占地面积七千多平方米。庙内前后置三进院落，前院是山门和做厢房的窑洞；中院倒座为乐楼，是往日酬神演戏之地；北面殿宇一字排开，五岳殿居中，东侧有水仙殿和龙王殿，西侧有圣母殿；后院东西两侧及北面皆为窑洞建筑。

柴泽俊在寺内五岳殿西次间后平槫下觅得墨书题记一则，明间后平槫下亦存一则，同时在水仙殿梁架上寻得一则。知该寺于金天德三年（公元1151年）重建，元大德七年（公元1303年）地震后再建，明、清又多次重建。考其题记，不仅知其庙宇的兴衰、历代重建的情况，且为研究历史上地震的发生规律提供了证据。

他在五岳庙现存的建筑中考察出，五岳殿与水仙殿为元构，明代曾修补门窗和瓦顶；其余山门、龙王殿、圣母殿、前院窑舍均为清代重构后的遗存。五岳殿、水仙殿、龙王殿、圣母殿皆为悬山顶，面宽三间，进深四椽，前檐明间置板门，两次间设窗，梁架为四椽檐栿对乳栿用三柱。五岳殿、水仙殿前檐设廊，檐下施斗栱，真昂、假昂并用，手法古朴。五岳殿廊柱上施大额枋，犹存金制。龙王殿、圣母殿为清代重建，已无元代遗痕。各殿内的塑像皆已不存，唯水仙殿内神台束腰壶门上的砖雕完好。

各殿内原来都绘有壁画。圣母殿的壁画在后人改砌墙体时被毁，龙王殿内所存壁画为清代所绘，20多平方米。唯五岳殿、水仙殿尚存元代壁画。

五岳殿原供奉五岳圣帝，塑像已不存。壁画绘于东西山墙和南壁板门两侧，东西两壁上隅留有墨书题记三则。柴泽俊都一一记录和拍照。他还发现，部分壁画在清代中后期曾多次被勾线傅彩，故使明万历年间和清顺治年间的题记被压在彩色涂层之下，虽然色泽明显但元代画风已失其大半，令人遗憾。他对现存壁画都进行了测量和记录拍摄。

水仙殿内原供奉水官大帝和龙王，塑像已不存。前后檐墙的壁画已残坏，仅东、西山墙上的壁画基本完好，但也被后人涂上黄粉一层，使画面人物的细部及画题内容模糊不清。柴泽俊从壁画题材的分布、人物的造型以及画面的总体构图来分析，认为此殿壁画应有粉本为据，故能相系相连，形成一个艺术整体。这种分壁绘制的方法，是我国古代画师绘制壁画的固有传统，从隋唐以来已形成惯例。他寻得题记若干，了解壁画绘制年代和画师信息。经测量，该殿现存壁画面积为40多平方米。

这些资料经过整理，成为他十七年后出版的专著《山西寺观壁画》中重要的内容。

当他计划沿介休、灵石继续勘察时，接到省文物局的通知，要他返回太原，再赴解州解决外单位占用关帝庙土地的问题。

4月初，柴泽俊赴解州关帝庙。

据文献记载，解州关帝庙在明、清时期，因商家云集庙内，曾几次发生火灾。新中国成立后，仍有商店占据庙内廊房，三五日开一次集市，人流拥挤，杂乱无序。东、西两宫原为道人居住地和信仰者活动之所，后被市民占据，灶炊烟火不断，家禽家畜饲于其间。结义园西半部被医院占用，公厕在外，臭气熏天。"文革"期间青年机械厂占据前院，火炉高耸，夜里火光如昼。地区党校亦在庙内。怎样才能把这些单位迁出，确实是一件非常棘手的事情。但必须迁出居民和单位，才能确保关帝庙的安全和有序开放。

解州关帝庙文管所所长张洁严坚决维护关帝庙的完整性，坚持迁移工作毫不动摇，二十多年如一日，不仅付出了辛勤的劳动和汗水，而且做出了很好的成绩。他先是与工商管理部门研究，把商店全部迁到市面上，庙内商家停止经营；接着与房产管理部门协商迁出东西两宫市民住户。他与住户居民一家一家地协商，动员他们搬出庙区。这是最棘手的一项工作，既要有毅力，又要有耐心，既不能把矛盾激化，又不能无限期地拖延。"文革"前迁出了一部分，"文革"期间青年机械厂占据前院，市民住户又有增加。她与青年机械厂及其上级部门联系，促其该厂先行迁出，然后继续做市民住户的迁出工作。她同时与医院协商迁出事宜。经向市、县卫生管理部门申请资助，医院选址新建，终于完成了迁出工作。但地委党校久居庙内，迟迟不肯迁出。

关帝庙需要全面对外开放，到时国内外游客必将络绎不绝。尤其是港、澳、台和沿海地区的一些关帝崇信者，对关帝俯首膜拜，又喜摄影和录像，党校在庙内与此格格不入。党校餐厅的炊烟更破坏了庙内的环境和景观。柴泽俊此行，便是想解决迁出党校这个久拖不决的问题。

他到运城地区后，先找运城地区专员宁烈汇报，请求尽快将地区党校迁出解州关帝庙。宁专员表示，关帝庙是运城地区最重要的文物保护单位，去年就已决定将党校迁出，但经济力量不够，暂不能完全迁出。他边说边计算道："今年地区只有三万元资金，而建党校至少需要十五万，我们地区写个报告，请你在省里帮助申报，如果省里能资助十万元，我保证今年把党校全部搬出。"柴泽俊当即表示愿意帮助。柴泽俊返回太原，向武光汤副省长汇报了情况，并将地区报告递交。武副省长对古建筑保护极为重视，说："外单位占用关帝庙都应迁出。崇仰关公是民族信仰，运城是山西的南大门，关帝庙应该开放接待游客，才能搞活经济。你把报告和电话留下，随后通知你。"第二天柴泽俊在单位接到武副省长电话："款已拨。省里经费紧张，以后再不要揽这些涉及经济的事啦。"次年初党校全部迁出。

此后，国家文物局拨经费对解州关帝庙加以修缮，关帝庙面貌大为改观，还扩建了前后园圃，花卉遍地，绿树葱葱。

5月中旬，柴泽俊赴临汾，魏村牛王庙元代戏台修缮保护工程结束。同年10月，此项工程获山西省科技进步奖，柴泽俊获得奖金八十元整，是他月工资的两倍。

6月，柴泽俊赴介休、灵石勘察古建筑及附属文物。

真武庙在介休城区东北10公里的北辛武村，柴泽俊从太原南下，首站到此。此庙已毁，仅存琉璃牌坊一座。牌坊建于明清之际，从柱脚至顶部，通体均为琉璃制品，至为珍贵，柴泽俊做了记录和拍摄。

后土庙位于介休庙底街，也是县文管所所在地。柴泽俊在文管所住了几天，对介休及周边地区的庙宇进行勘察。

介休是山西古代琉璃产地之一，后土庙的琉璃是山西琉璃的代表作。主体建筑三清楼、献楼、戏楼联结成一体，十字歇山琉璃顶，结构精巧，为明清楼阁式建筑中难得一见的精品。三座建筑顶部几乎全用琉璃覆盖，三清楼顶的个别瓦件还是宋代琉璃。柴泽俊在后土庙内发现题记七则，都为介休匠师制作。柴泽俊把三清楼的垂兽、鸱吻、山花和乐楼脊刹、钟楼顶饰、乐楼影壁、山门以及三清楼、献楼、戏楼的琉璃脊饰均做了记录和拍摄。

在介休城隍庙和净土寺，他拍摄了山花琉璃、净土寺大雄宝殿脊刹。

在介休张壁古堡的空王佛行宫，他拍摄了正殿脊部行龙及飞马武士、脊刹、鸱吻等，对行宫前廊下两尊罕见的琉璃进行了记录和拍摄。

介休广济寺距后土庙不远，寺内建筑殿顶多施黑琉璃脊饰，完美展现了山西明代民窑琉璃的制作工艺与烧造水平。殿顶琉璃清晰地记录了寺院所在的师屯北村烧造琉璃的匠人姓名和烧造时间，是研究明代山西民间琉璃起源、演变和传播的重要资料。离开介休前，柴泽俊专门过去考察，对寺内的琉璃脊饰和题记做了记录和拍摄。在介休记录和拍摄的有关琉璃的资料，在柴泽俊后来编著出版的《山西琉璃》一书中有比较多的展示。

离开介休，柴泽俊直奔灵石资寿寺。该寺在灵石县城东 10 公里，始建于唐，重构于宋，明代全部重建，故现存殿宇建筑几乎全部为明代遗构。壁画、塑像、琉璃、碑刻样样齐全，也都是明代遗作。

在观察资寿寺药师殿彩塑时，他注意到药师佛左右二胁侍是日光遍照菩萨和月光遍照菩萨。二菩萨在康熙三十六年（公元 1697 年）重绘丹青，清末还可能多次装饰过，补装技艺拙劣，眉目、口形皆重新描绘，粉彩过浓，原作的许多细部手法被粉彩掩盖，致使二胁侍菩萨像神韵失去大半，令人遗憾。

资寿寺内大雄宝殿、药师殿和水陆殿内还保存有明代壁画，柴泽俊测得壁画的总面积为 161.32 平方米。壁画在建殿的同时绘制。大雄宝殿东西两壁绘满壁画，东壁为"东方三圣"，西壁为释迦牟尼"初转法轮"说法图。药师殿东西两壁绘有十善菩萨、天龙八部神众等。水陆殿内东西两壁和后檐墙两次间皆绘有壁画，其后檐墙绘有八大明王像，东西两壁绘十尊坐佛像和水陆画。柴泽俊看到东壁壁画已毁，仅西壁和北壁两次间壁画留存，但因雨水侵蚀，色彩逐渐变淡，而且在许多墨线和色彩之下有重画的痕迹，说明清代曾经重新描绘过，可惜的是重描时技法平庸，明代画风已失其大半。1983 年，在柴泽俊指导下，水陆殿壁画被雨水侵蚀的部分得到了修复和保护。他还对天王殿东西鸱吻、脊饰飞马及凤凰、脊部行龙、脊刹及脊饰兽面童子和飞马武士等做了记录和拍摄

9 月初，柴泽俊在平遥拍摄琉璃资料，顺便勘察城墙保护情况。他发现北城墙和东城墙各开了一个十几米的口子，原来是平遥县欲建环形交通枢纽，正在动工。柴泽俊向县政府反映无果，不得已直奔山西省委书记王谦的办公室告"御状"。

10 月中旬，他接到省文物局通知，前往长治城隍庙解决长治师范学院的占地问题。

长治城隍庙是山西现存规模最大、保存完整、建筑最为华美的府城隍庙，前后三进院落，布局疏朗，格调庄严。最前面原有临街牌坊和巨大的

琉璃影壁，因扩建街道，早已被毁。山门迎街而设，门两侧为耳房，院内通道笔直，东西间厢房对峙，正面玄鉴楼挺拔耸峙，形成一座格局严谨的院落。寺内建筑屋顶装饰最为艳丽，琉璃剪边和全部琉璃屋面相间而设，光泽明亮，在我国现存古建筑的琉璃制品中独树一帜。20 世纪 50 年代后期，长治师范学院占据庙内，后来学校迁出，但是家属区仍然占据城隍庙两廊和后院配屋。

是年年初，长治市博物馆接管了城隍庙的管理工作，多次与学校和教育管理部门协商迁出长治师范学院的家属宿舍，未能成功。柴泽俊也曾多次敦促学院将家属宿舍迁出，未能见效。是时庙内城隍殿屋顶大面积坍塌，两侧廊房多处漏雨，保护工程急待进行，已无退路。柴泽俊不得已，闯入地委书记办公室，得到长治地委书记祁英同志和副书记崔光祖同志的热情接待。柴泽俊说明情况后，祁英书记说道："你说得对，请放心，保护城隍庙是我们的责任。请你们向省和国家文物部门申请立项，资助修缮。我们催促教育部门让师范学院家属搬迁。这是我们的事，很快就能办到。"此后不久，迁出工作就完成了。第二年，国家文物局和财政部拨付资金对城隍庙进行修缮保护，使古建筑恢复了原貌。2001 年，长治城隍庙被国务院公布为全国重点文物保护单位。

11 月初，柴泽俊再赴平遥拍摄琉璃和彩塑。平遥南神庙在县城南，又名源相寺，寺内琉璃制品为明代文物。他拍摄了麒麟、太子出行图、耶输夫人棺罩立凤等琉璃制品后，又去勘察双林寺和镇国寺。

双林寺位于县城西南 6 公里，在勘察中发现双林寺建筑残损较多，且多个殿宇漏雨，便着手制订修缮计划。该寺的抢险加固工程于 1984 年完成。

平遥镇国寺位于县城北 15 公里，柴泽俊根据《平遥县志》《重修镇国寺碑》等文献确认此寺创建于五代北汉。万佛殿始建于五代北汉天会七年（公元 963 年），虽经清代重修，但用材、技法和风格基本保留了五代原制。天王殿、观音殿、地藏殿、三佛楼建筑皆为明代形制，其中少量为清代补葺。除观音殿外，各殿皆有塑像，其中万佛殿塑像造型丰润饱满，风格淳朴古雅，还是五代北汉天会年间建殿时的作品。万佛殿脊榑下题记、当心间东西缝六椽栿下题字中有"督料""结瓦""赤白"字样，这些术语在宋李诫《营造法式》中也屡有所见。柴泽俊说："它证实在《营造法式》编纂以前，唐至五代时这些术语民间已经应用了。这不仅对考证寺史和殿宇的建造年代增添了有力佐证，而且对研究宋《营造法式》中名词术语的集成增加了新的史料。"①

1981年　辛酉　四十七岁

1月，山西文物局在永乐宫举办为期一周的短期培训班。柴泽俊作《永乐宫艺术初探》的报告。他讲述了永乐宫建筑布局、形制、琉璃、壁画以及二十年前迁移的艰巨工程。这篇讲稿刊登于同年《科学之友》第2期，题目改为《永乐宫艺术放异彩》。

同月，《山西文物》第1期全文刊登柴泽俊撰写的《朔县崇福寺》《蒲县东岳庙》两篇文章，从文物工作者的视角讲述了崇福寺和东岳庙创建、变迁的历史沿革，对两寺的主要建筑布局、殿宇的形制特征、殿内塑像和壁画等附属文物等都做了介绍。这两篇文章后来收入《柴泽俊古建筑文集》。

3月初，柴泽俊赴临汾地区勘察古建筑残损状况，并对琉璃、壁画、彩塑等附属文物的资料进行搜集和考证。

隰县小西天是明代建筑，寺址居于凤凰山巅，左右两侧皆是沟壑，山体全是生土堆积而成。年久，水土流失，崖体不断塌方，崖边沿已逼近寺址。寺的北侧风雨量大，塌方尤速。1980年暴雨连日，崖边距寺基仅剩2米间距，再有大雨，险情还会加剧。文物部门请铁路崖土公司依山崖自基至顶用大型锚杆和钢混板材架设成挡土板壁，板壁以内用素土填充固定，稳固牢实，再无水土流失之弊。柴泽俊在勘察小西天大雄宝殿时，发现殿身两山墙和后檐下黄土基础酥软下沉，后檐墙和两山墙向外倾斜，殿宇梁架脱卯歪闪，檩子滚动，檐椽腐朽残甚，花架脑椽拔钉，殿内塑像和依墙悬塑皆有漏雨浸湿现象，瓦顶普遍漏雨。该殿于1989年9月开始揭瓦修缮，于1990年5月完成。柴泽俊指导了这次修缮工程，他后来在文章中回顾了修缮细节：

① 柴泽俊、柴玉梅《山西古代彩塑》，文物出版社，2008年，第27页。

修缮时，揭去瓦顶后首先补砌加固两山和后檐基础，然后柱子抄平，梁架拨正归位，加施铁活强化相互连接和结构功能，已朽椽子复制，残损瓦件补齐。该殿内塑像和悬塑满饰后檐墙和两山墙上，梁架构件和龛前撑柱上亦全是泥塑楼阁人物，每间泥塑横披雕饰三层。可以说，殿内梁架和壁间几乎无隙地可寻。揭瓦修缮，不仅要保护塑像，而且部分塑像就安装在折损的构件上，必须拆卸塑像，复制构件，重新安装。根据殿身后墙及两山墙外倾情况，于墙的外侧加固补砌基础，加厚补砌墙身。既不能震动和影响墙内侧塑像安全，更不能潮气渗入塑像肌体。像修补古画一样精细地修补塑像各连接部位，保证塑像安全。塑像与梁架构件衔接，必须针对不同情况采取不同措施。更替过的构件改用大号木螺钉固定拧牢。旧构件上拆卸下来的悬塑旧有钉孔尚存，改用竹钉蘸鳔胶固定，或者先加木钉蘸鳔胶贯塞旧钉孔，干后再用木螺钉安装悬塑。为了保证塑像、花饰、屋宇不至错位，事先连续拍摄成照片，绘制成草图，草图上编注号码，塑像背面隐蔽处亦标记号码位置，逐一复位安装，用照片校对原貌和仰俯角度。该殿修缮后，建筑牢固，塑像、悬塑如旧。既没有损坏补塑之弊，也没有某些部位塑像拆卸后归安不固之嫌。不敢妄说修缮得尽善尽美，至少没有留下破绽。验收时，几乎全部触摸到位，牢固无患。这是山西修缮过的文物建筑中，塑像（包括悬塑）最多的一处。修缮前殿内塑像全部盘查清点，原有塑像（包括悬塑）除了悬崖、峭壁、桥梁、道路、勾栏、帷幔、古塔、屋宇等景物，还有神祇尊位一千四百五十多尊（包括残损痕迹），勘察设计阶段实有塑像一千一百八十尊。修缮后逐一核对，完好无误，给人的感觉是似乎没有修缮过的样子。①

在勘察隰县小西天时，柴泽俊拍摄了大雄宝殿塑像、明间塑像、北次间塑像、北次间胁侍菩萨像、南山墙塑像、南山墙壁塑、明间胁侍菩萨像、观音菩萨壁塑、供养菩萨壁塑、十大弟子像、供养沙弥壁塑、乐伎壁塑等珍贵图片，对塑像身姿、总高、坐高、像高、头高等做了测绘和记

---

① 柴泽俊《简论五十年来山西文物建筑保护工程及其成就》，《柴泽俊古建筑修缮文集》，文物出版社，2009 年，第 278—279 页。

录，为二十多年后出版的《山西古代彩塑》准备了素材。他还攀爬到大雄宝殿殿顶，拍摄了鸱吻和脊部花卉等琉璃制品，记录了脊刹背面琉璃上留下的题记："大明崇祯拾柒年（公元 1644 年）□月□□□立"。

在普贤东岳庙，柴泽俊站在残损的土墙之上近距离拍摄了行宫大殿脊部飞马武士和海马两尊清朝琉璃作品，记录并拍摄了天堂楼脊刹背面的立牌："大清雍正叁年（公元 1725 年）岁在乙巳五月吉造稷山琉璃匠人张时富张□□"，为十年后出版的《山西琉璃》积累资料。

同时他还记录并考证了一些石刻碑文。

他顺道去汾西博济寺拍摄了清代琉璃塔。

在翼城乔泽庙戏台和四圣宫，柴泽俊勘察了残损状况并拟定了修缮计划。他记录并拍摄了四圣宫的脊部凤凰、脊部行龙、舞台鸱吻和四圣宫东侧关帝庙的山门脊刹、戏台鸱吻、正殿鸱吻等琉璃作品，记录了关帝庙山门正脊上的题记："北桥大清嘉庆二十三年（公元 1817 年）五月初一日，南桥陕西朝邑县匠工张秀春□造。"

然后他北上襄汾，在县城东北北良村记录并拍摄了灵光寺琉璃塔及其题记。回到襄汾旧城，他拍摄了城隍庙城隍殿的脊饰飞凤花卉及行龙、脊部行龙及大鹏鸟、脊饰化生童子、脊饰飞马武士和城隍庙献亭脊刹、城隍庙垂兽，记录了灵光寺琉璃塔身一层东北面琉璃嵌块下角题记"陕西朝邑县赵度镇琉璃匠侯仲学男侯尚才侯尚仁侯尚真"和琉璃塔底层基座墙下嵌碑"大明万历四十三年（公元 1615 年）岁次甲寅中秋吉旦……修建佛图宝塔"。

临汾市尧庙是他此行前已定的目标。尧庙是祭祀帝尧的庙堂，亦称尧庙宫。1952 年成立了尧庙文物保管所，是山西在新中国成立初年最先成立的十个文物保管所之一。尧庙 1965 年被列入省重点文物保护单位。"文革"后期，尧庙宫西半部（即万寿宫地带）被辟为苗圃种植园，并被聋哑学校占用。尧庙东西围墙皆被拆开两个大豁口，大卡车在尧庙宫院内五凤楼前穿行，使尧庙的安全受到影响。文物部门曾多次向临汾市领导反映，建议停止车辆横穿、修补围墙，没有引起重视。后来尧庙宫院内东西向的路又扩为两条，即五凤楼前和广运殿后皆有车辆通行，广运殿后原来的甬道两侧，黄土被垫成坡型，车辆在此行驶，甬道侧塔和地面方砖均被压成碎块。广运殿后檐围廊塌陷，殿身漏雨。尧庙文管所李所长无奈，只得向省文物局请求支持。柴泽俊与当时在尧庙的省古建所同事张丑良现场勘察，当即决定一起找临汾市委书记李春芳汇报。恰逢市委常委会开会，门卫说会期为两天，找还是不找李书记，柴泽俊很是为难。但柴泽俊想到尧庙的危险形势不容迟疑，于是决定直接向会议报告。临汾市委宣传部长向他们传达了市委书记李春芳的意见：保护尧庙是临汾的责任，尽快停止车辆穿行，修复围墙，植树绿化，加强保护。当年，省里拨付的修缮专款到达临汾，经过修缮，尧庙走上了健康发展的道路。

柴泽俊来到临汾市城西南大云寺，拍摄了大云塔，记录了塔身层高、龛高等尺寸数据。

随后他又赴临汾市西姑射山考察碧岩寺。姑射山有南、北仙洞，北仙洞曰兴福寺，已被毁，殿宇和塑像已不存。南仙洞又名碧岩寺，楼堂殿阁、窟龛亭榭齐全，或倚于崖下，或嵌于壁间，或藏于谷后，或凸起于峰巅，分布巧妙，犹如镶嵌于大自然中。在这些建筑中还保存不少泥质彩塑。柴泽俊拍摄了碧岩寺观音阁及观音阁内所有塑像的照片，这些图片资料后来用在了他和柴玉梅合著的《山西古代彩塑》里①。

洪洞广胜寺是他此行的重中之重。该寺位于洪洞县东北霍山南麓，离县城约 17 公里，现存建筑有上寺、下寺和水神庙。上寺在山巅，下寺在山脚，水神庙与下寺西侧毗邻。上寺和下寺是佛教寺庙，而水神庙是风俗性祭祀庙宇，习惯上用广胜寺统称它们。水神庙因供奉水神明应王而得名，该庙保存的壁画，柴泽俊实地测量为近 200 平方米，保存尚好，色泽艳丽。柴泽俊绘制了明应王殿平面图及壁画分布图，对四壁画面的内容、人物的衣冠服饰、社会活动、风俗习惯、绘画风格、用笔技巧以及楼台殿阁、自然景物等都做了探究，并通过画师的题名考证其民间画师和制作年代等。

在广胜寺下寺大雄宝殿，大部分墙面的壁画已不存，残存的十余幅善财童子五十三参图保留在东西山墙上角。柴泽俊考证了相关碑文后，愤怒地指出，广胜寺壁画被切割卖至境外，是帝国主义肆意掠夺我国文物罪行的铁证。

下寺大雄宝殿的彩塑主要有毗卢遮那佛、卢舍那佛、释迦佛、文殊菩

---

① 柴泽俊、柴玉梅《山西古代彩塑》，文物出版社，2008 年，第 329—340 页。

萨、普贤菩萨、胁侍菩萨。柴泽俊详细测量了彩塑的座高、像高、头高等尺寸，还对大雄宝殿内的造像碑两方、石造像一尊做了记录和拍摄。水神庙塑像有明应王像和龛内左、右侧侍女像等十一尊。大雄宝殿前殿还有前殿鸱吻和脊饰童子两件琉璃制品。柴泽俊都做了记录和拍摄。大雄宝殿的古建筑年久失修，多有残损，经过勘察，柴泽俊制订了修缮方案，该殿在1995—1996年实施了修缮工程。

广胜寺上寺在霍山山巅，前后三进院落，有山门、飞虹塔、弥陀殿、大雄宝殿、毗卢殿、观音殿、地藏殿、厢房、西垛殿等建筑。其中弥陀殿、毗卢殿和西垛殿是元代遗构。毗卢殿曾于1974—1975年由柴泽俊主持修缮。上寺彩塑主要在弥陀殿、大雄宝殿、西垛殿、毗卢殿和地藏殿内，共计188尊，多为明代制作。柴泽俊择其中63尊彩塑，做了详细测量、记录和拍摄。

上寺也是琉璃制品的集中之地，琉璃飞虹塔尤其著名。整塔各层各面都有大大小小的人物、饯兽、斗栱、藻井、图案雕饰等琉璃作品。此外，大雄宝殿、毗卢殿和地藏殿等也有很多琉璃作品。他都做了详细记录和拍摄。

在这一个多月的勘察活动中，他还专程对翼城、临汾、洪洞、襄汾等地的多处古戏台做了调研。

5月中旬，山西省文物局在大同举办古建筑保护修缮专业知识培训班，柴泽俊为培训班讲授了"古建筑的类别与构造"和"古建筑的勘察方法"。关于"古建筑的类别与构造"，柴泽俊主要讲了以下内容：①构成单体古建筑的三个组成部分，构造原则为台基、屋身、屋顶。什么是"墙倒屋不塌"。②古建筑的八个构造特征，是怎样构成中国古代建筑的独特体系与风格。③将中国古代建筑分为十三大类，涵盖了中国古代建筑的全部形式。④对这些古代建筑中的壁画、彩绘、雕刻、石碑、琉璃、供器、用具、设施等各自的功能、用途，以及建筑物在设计、营造、规划、布局、结构、形制等方面的关系，做了简要的介绍。柴泽俊的讲授通俗易懂，增加了学员们对古建筑研究的兴趣。在讲授古代建筑的勘察方法时，柴泽俊根据自己多年积累的勘察体会，从七大方面讲述了勘察的方法和要点。在讲到对每个单体建筑的各个构件部位的时代特征的研究是认识和研究古代建筑的关键所在时，他毫无保留地从建筑平面、柱子、阑额、普拍枋、斗栱、梁架、举折、瓦顶脊饰和装修等方面一一详细讲解。柴泽俊还向培训班提出，就近在大同华严寺、善化寺实地讲授古代建筑的构造与形制，得到培训举办方和学员们的一致赞同。这一期培训班受到热烈欢迎，学员们纷纷表示收获颇丰。

同月，柴泽俊与北京古建筑修整所的朱希元先生合著的《广胜寺水神庙壁画初探》一文，在《文物》1981 年第 5 期发表。

6 月中旬，国家文物局委托山西省文物局，计划当年 10 月在解州关帝庙举办全国十六个省市的古代建筑修缮保护培训班。山西省文物局责成柴泽俊筹备培训事宜。筹备事项：①拟定讲授课题，每个授课人可讲一两个课题。②课题需要涵盖中国古代建筑的历史沿革以及寺观、园林、民居、石窟等的建筑结构、建筑美学、建筑勘测、建筑保护等方面，要能代表 80 年代初期中国古代建筑研究的学术水平。③授课人应是这一领域的学科带头人，要在全国范围内筛选授课老师。④确定授课时间及其他事项。

7 月初，柴泽俊将拟定的筹备事项、授课人名单和会议议程等，上报国家文物局。月末，国家文物局复函同意。柴泽俊组成培训筹备小组，负责联系授课人，敲定讲授课题。这些授课老师多是全国知名的专家学者，研究范围涉及古建、园林、石窟、佛塔、民居等方面，其中许多是在六七十年代就与柴泽俊相识相交，一起研讨勘察过的古建专家，如祁英涛、杜仙洲、罗哲文、刘叙杰、张驭寰等先生。还有时任北京工业建筑设计院总工程师陶逸钟先生，主讲"中国古代建筑和现代建筑结构的内在联系""略谈对古建筑的保护和维修工作"；清华大学建筑工程系教授莫宗江先生，讲授"营造学社的成就""古代城池建置"；南京工学院建筑系教授潘谷西先生，讲授"中国古代城市建设""中国古代宫殿、坛庙、陵墓建筑"。

8 月中旬，培训筹备小组完成所授课程讲授顺序一览表。柴泽俊主讲"山西古建筑概述""佛教知识点滴"。

9 月 5 日，中国古代建筑保护修缮培训班在山西运城解州关帝庙正式开课，培训期为四个月。柴泽俊负责培训管理。

10 月初，国庆期间，柴泽俊组织学员实地勘察关帝庙及常平关圣祖祠。他把这一课称为"古建筑实践观摩会"。他亲自讲解关帝庙寺内各殿宇的构件与形制，与学员们互动交谈，深受大家欢迎。

12月25—26日，柴泽俊在培训班讲授"山西古建筑概述"。他按朝代顺序讲述了"山西早期建筑资料概况""唐代建筑""五代、宋、辽、金建筑""元代建筑""明、清建筑"五个部分。在"山西早期建筑资料概况"一节中，他主要讲述了北朝时期山西的建筑，主要由佛寺石窟造像、石雕碑刻、秦砖汉瓦等构成山西早期建筑的资料，其中以云冈石窟和天龙山石窟为重点，还介绍了散落在山西各地的砖塔、和石塔。从"唐代建筑"开始，他主要讲述以木结构为主的寺观庙宇。唐代建筑中最重要的是五台佛光寺和南禅寺。五台佛光寺东大殿是20世纪30年代中期梁思成先生发现和公布的典型唐代建筑，梁先生著有《论五台山佛光寺建筑》一文。

"山西古建筑概述"的讲稿内容后来成为柴泽俊发表的文章《山西几处重要古建筑实例》之中的重要章节。讲稿中，他对关帝庙内两座木构古建筑御书楼和春秋楼进行了深入细致的探讨，相关内容成为他发表的文章《山西几处精巧的古代楼阁》中精彩的部分。这两篇文章后来均被收入《柴泽俊古建筑文集》①。

12月29—30日，柴泽俊讲述"佛教知识点滴"。50年代他在太原晋祠工作期间就开始学习佛道知识，70年代中期三次陪同赵朴初先生访问寺院以后，他更深入地学习了佛教知识。他深深懂得，研究古代建筑以及塑像、壁画、石窟、琉璃等，没有佛教知识是难以前行的。柴泽俊主要讲述了佛教教义、佛教的发展与宗派以及佛教主要经典。他讲述的"寺庙中常见的佛像"，引起了学员们的高度兴趣，这是与他们的古建工作分不开的。这种以实用为主的讲课形式，深受学员们的欢迎。柴泽俊还有一个最大的优势，就是他能把抽象的理论与他勘察、修缮过的古代建筑结合起来，这一点不论在讲课中还是在著述中，都得到了充分的发挥。

12月末，培训班结束。这一期高规格高水准的培训班结束后，柴泽俊就开始筹备将这次讲座内容编辑成书。因书中需要配很多图表和照片，工作量大，加上客观条件限制，编辑工作进展比较慢，直到1984年底才全部编辑完成。柴泽俊亲自赴京，请赵朴初先生为该书题写了书名《中国古建筑学术讲座文集》。该书1986年由中国展望出版社出版。

---

① 柴泽俊《柴泽俊古建筑文集》，文物出版社，1999年。

在办培训班的过程中，柴泽俊与熟悉的老朋友和学术界的师长们加深了友情，与初次结识的专家学者们建立了友谊。柴泽俊参与或负责的 60 年代初期的永乐宫迁移、70 年代中期五台南禅寺的落架大修，都是经典的古建筑保护修缮工程，因此他在山西古建筑保护修缮领域的努力与成绩也得到了大家的认可。

是年，中国共产党第十一届六中全会召开，会议通过了《关于建国以来党的若干历史问题的决议》。

1982 年　壬戌　四十八岁

1 月，柴泽俊在去年 10 月古代建筑培训班的讲稿《山西古建筑概述》在《山西文物》1982 年第 1 期发表。

2 月，《太原晋祠》一文在《山西文物》1982 年第 2 期发表。此文后来收入《柴泽俊古建筑文集》。柴泽俊对晋祠的介绍和研究在 50 年代就开始了，1958 年，他就在文物出版社出版了处女作《晋祠》。

3 月，《洪洞广胜寺》《五台佛光寺》和《略论山西古代壁画》在《山西文物》1982 年第 3 期发表（其中《洪洞广胜寺》一文作者署名是云山，为柴泽俊笔名）。三篇内容丰富、篇幅庞大的文章同时发表在同一期刊物上，《山西文物》几乎成了柴泽俊发表古建文章的"专刊"。

4 月中旬，柴泽俊再次勘察临汾尧庙广运殿，发现周围环境已大为改观。

5 月初，柴泽俊向山西省文物局提出对临汾尧庙广运殿进行修缮、和保护的建议，并完成了《尧庙广运殿修复工程设计书》。在修复设计中，他对如何加固广运殿的台基、廊柱、檐柱、额枋等十六处木构件提出了标准和要求。此项工程于同年 9 月开工，1984 年初竣工。然而令人遗憾的是该殿不幸于 1996 年 11 月份突然被大火焚毁，疑为人为纵火，但警方一直未破案。1997 年 6 月重启了广运殿修复工程，1999 年初竣工。两次修复工程均由柴泽俊主持。

同月，柴泽俊与日本古代建筑学者田中淡先生交流古建筑的勘测与保护方法。田中淡先生是日本京都大学教授，曾师从南京大学郭湖生教授研修中国古代建筑史。柴泽俊与郭湖生教授是多年好友，郭教授推荐田中淡先生求教于柴泽俊。柴泽俊与田中淡一直保持师生之谊。

6月，柴泽俊在晋东南地区勘察古代建筑及附属文物。

首站是潞城文庙，在潞城县城东北18公里的李庄。柴泽俊对大成殿殿顶鸱吻和迦陵频伽、正脊雕龙、脊刹正面雕饰进行了测量、记录和拍摄，还记录了大成殿殿顶琉璃鸱吻口内的题字："至治元年（公元1321年）程德厚营造庙堂""至元元年（公元1335年）李君仁捏烧吻脊"。

平顺大云院是第二站。大云院位于平顺县城西北，寺区三面环山，前临漳水，坐北朝南。寺内建筑经过历代修葺，唯有弥陀殿和寺外七宝石塔为五代原构。弥陀殿内存有少许五代壁画，佛坛上原有阿弥陀佛、观世音菩萨、大势至菩萨塑像，后遭毁坏。柴泽俊在勘察弥陀殿时发现，殿宇后檐下沉，四向檐柱外倾，梁架脱榫，檩条滚动，殿顶漏雨严重，采取过支顶砖柱、木柱和加厚檐墙等抢险加固措施，现状已不能继续维持。在柴泽俊指导下，弥陀殿于1993年落架大修，1994年修缮完成，达到了预期的效果。

大云院弥陀殿内四壁原来画满壁画，清康熙年间因雨浸墙体，致使大部分壁画毁坏，仅东壁、北壁东隅和扇面墙正背两面有小部分壁画残存，约为20平方米。这些残存壁画在1962年修缮时被发现，清理泥皮后显露出来。柴泽俊对这些残存的壁画都做了测量、记录和拍摄。1994年，在第二次修缮过程中，又在东壁墙上发现20多平方米的壁画。这些壁画，柴泽俊都一一记录，并对壁画内容和画法技巧等做了考证。这些壁画成为柴泽俊后来编著出版的《山西寺观壁画》一书中的重要内容①。

柴泽俊来到平顺县南边与河南林县毗邻的金灯寺，寺院位于太行山玉峡关林虑山洪峪岭百丈悬崖腰间，这里有明代开凿的石窟群。勘察考证之后，他写了篇文情并茂的《平顺金灯寺石窟》，后来成为《山西几处小型石窟造像》文章中的一节②。

长治市城隍庙位于长治市大北街庙道巷。城隍殿为元代建筑，五开间，八架椽，悬山顶，殿内塑像已不存。柴泽俊勘察发现，两山墙外倾，檩子滚动，椽子折断，殿顶西半部全部坍塌。经测量，金柱和前后檐柱尚

---

① 柴泽俊《山西寺观壁画》，文物出版社，1997年。
② 柴泽俊《山西几处小型石窟造像》，文物出版社，1999年，第506—510页。

稳固，檐柱、金柱和梁架上主要构件可不予拆卸，两山柱础需要加固，柱子抄平后填塞牢实，墙体重砌。斗栱局部拆卸后修补归安，已折损的各构件可复制，大梁、二梁、三架梁、单步梁等多是自然材制成，虽坍塌但未损坏，属原件原构。殿顶瓦件脊兽因坍塌而损失大半，但东侧的吻、脊、垂兽、瓦件、沟滴尚存，可以照旧复制。该殿于1984年修缮完成，坚实稳固，墙体无倾闪，梁架规整。在制作玄鉴楼的琉璃前，柴泽俊记录并拍摄了题记、鸱吻、脊部罗汉、脊部行龙、城隍庙舞台垂兽及脊部行龙、舞台鸱吻及其细部、城隍庙后殿鸱吻、后殿脊部行龙、舞台仙人等。

柴泽俊又赴长治市南郊泰山庙，对东岳殿鸱吻、吻侧仙人和东岳殿行龙进行记录和拍摄。

长治观音堂在长治市西北梁家庄，庙区古槐蔽日，四周与民舍相邻，庙宇规模不大，坐北向南，庙前牌坊不存，四周垣堵围护，自成一区。现存建筑和塑像皆为明万历年间遗物。坛上置佛龛三楹，主奉观音、文殊、普贤三大菩萨像，尊称三大士。龛楣上下及殿内四壁悬塑满布，山石云雾、树木花卉、寺刹殿宇、亭台楼阁、廊庑勾栏、桥涵溪流皆塑于壁间，佛教所奉神祇和供养人分布其中，总计881尊，残坏者288尊，完整者593尊。柴泽俊择其中322尊拍摄了图片，并做了记录和说明。在日后出版的《山西古代彩塑》一书中，有22尊观音堂彩塑被收入书中，如观音堂正殿明间塑像（满挂悬塑）、观音菩萨像、明间韦陀像、观音堂正殿明间壁塑等，都是精品中的精品。

柴泽俊还顺道前往长治城南17公里的南宋村，记录并拍摄了玉皇观献亭琉璃脊刹和盘龙香炉等琉璃文物。

因长子县当地政府提出了迁移法兴寺的申请，柴泽俊又赴法兴寺考察并对新址进行评估。

法兴寺位于长子县慈林山坳，唐塔、宋殿、宋代彩塑等构成一组很有价值的文物建筑，但年久失修，残损严重。70年代初期，柴泽俊就来过这里。近年来这里是煤矿区，地下巷道纵横，不断塌方，地表裂隙随处可见，沉陷现象不断出现，使庙宇建筑出现裂隙，庙宇现状已经很难继续维持，法兴寺的建筑及塑像、碑刻已失去原地保护的可能性。柴泽俊与当地政府和采矿单位协商，并对距旧寺址2公里的崔庄翠云山新寺址进行实地考察，认为条件尚可。采矿单位也愿出资帮助法兴寺迁移。

离开法兴寺前，柴泽俊对圆觉殿的佛、菩萨、弟子、金刚等塑像一一拍摄照片，并详细记录其身姿、坐高、像高、头高等尺寸，对寺内现存唐建石构舍利塔、郑惠王碑刻、燃灯石塔、唐代小石塔以及从唐至清的碑碣二十余通都进行了详细记录和拍摄。

考察结束后，柴泽俊回到太原，就法兴寺迁移问题向省文物局做了专题汇报。省文物局表示，如修复加固资金不足，可由文物保护经费补助。柴泽俊撰写了迁移修复方案，并报国家文物局审批。此项工程于 1982 年 9 月开工，1986 年竣工。

柴泽俊还勘察了长子崇庆寺。此寺位于县城东南 22 公里的紫云山腰，坐北向南，三面环山。寺后紧依紫云山峰，形若玄武之势，左右山峰尤如青龙爬行和白虎卧伏，气势非凡。寺前沟壑纵横，寺庙规模不大，前面是天王殿、千佛殿，左右侧为三大士殿和卧佛殿对峙。该寺肇始于北宋，其千佛殿、地藏殿、三大士殿之塑像，尽管后世有过修饰，但宋代风貌尚存。柴泽俊拍摄了近五十尊彩塑的照片，并对殿内和殿顶的琉璃制品做了记录和拍摄。

高平开化寺和万寿宫分别保存有宋、元两代壁画，有珍贵的文物价值和艺术价值。开化寺大雄宝殿内的彩绘图案和壁画皆为宋代作品，堪称我国古代寺观中的稀有珍品。柴泽俊测量了开化寺大雄宝殿西山墙、东山墙、北檐墙东半部、北檐墙西半部和大小拱眼壁上的壁画的尺寸和面积，并对壁画内容、画风和画师进行了考证。万寿宫是一座道观，三清殿内原供奉道教最高尊神三清塑像已毁，殿顶脊兽、瓦件等琉璃制品明、清曾进行更换，唯正脊东端的鸱吻仍是元代的原作，至为可贵。三清殿内东、西、北三面墙壁原来绘满壁画，后人于两山墙上各辟窗三方，使壁画受损。"文革"期间柴泽俊曾来此勘察，殿内遗存的塑像和壁画大部分被毁，他测量了东、西壁残存的少许壁画。两壁残存壁画总计 5.32 平方米。因壁画大部不存，殿内塑像又毁，故壁画内容难以断定。他根据画面皆为道教神祇的形象，初步辨识为星君、神将、太乙、仙伯、金童、玉女以及山神等，均作朝拜状。壁画中道教神祇的排列达三四层之多，高低错落，顾盼传神。其冠戴、服饰或富丽，或朴素，或简练，或精致，各因其身世、地位不同而有别。根据其形象、装束和排列方法判断，壁画好似《朝元图》的局部。壁画画法为兰叶描，个别地方略有渲染，格调和韵律尚有吴道子遗风。其线条刚劲有力，笔法工整潇洒，须发横飞，眉目传情，技艺之佳可谓炉火纯青。画面设色以青绿为主，兼用朱砂、铅粉、赭石、地板黄，色调庄重而典雅。与芮城永乐宫三清殿元代壁画和稷山青龙寺腰殿元代壁画相比，有许多雷同之处，而人物形象更为传神，笔法更加奔放。令柴泽俊感到遗憾的是壁画残损，未能觅得题记，故而作者姓名不可考。

距开化寺不远有一座清梦观，柴泽俊拍摄了遗存的三清殿脊饰凤凰、脊饰仙人等。定林寺雷音殿保存有金代琉璃，甚为珍贵，因此他顺道去了定林寺，对雷音殿脊刹力士、麒麟、飞马等金代琉璃做了记录和拍摄。然后他南下前往晋城玉皇庙。

玉皇庙原名玉皇行宫，位于晋城东北府城村，创建于北宋熙宁九年（公元 1076 年），现存前后三进院落，皆保存完好。庙内殿宇廊庑 17 座，房舍 114 间，布局紧凑，轴线分明，高低层叠，主从有致。山西现存大小玉皇庙近百座，殿宇塑像完备者唯此一座。在玉皇庙各殿堂和廊庑内，还保存宋、金、元三代塑像 160 多尊。柴泽俊在此停留三日，对玉皇殿、三元殿、四神将殿、十三曜星殿、天厩殿、蚕神殿、太尉殿、关圣殿、十二元辰殿、二十八宿殿、成汤殿、东岳殿、三王殿等 19 座殿宇中的珍贵塑像进行记录、测量和拍摄，考订和研究其称谓、面相、发髻、服饰、神态、造型。他把测量数据做成统计表，包括身姿、总高、座高、像高、头高等，十分详尽准确。

晋城玉皇庙还保留金、元、明三代制作的琉璃脊饰和鸱吻等。其中玉皇殿正脊侧面金代烧制的二十八宿琉璃造像、脊刹上琉璃狮子像和后坡垂兽琉璃麒麟像等造型古雅，色泽斑驳，堪称国内孤品。正殿和垛殿上元代黄绿色琉璃大吻和山门上明成化二年（公元 1466 年）的纯蓝色琉璃吻兽脊饰，亦为国内稀有。柴泽俊都做了记录和拍摄。

这次晋东南一行柴泽俊收集的第一手资料，十几年以后都成为他出版的多部专著中最为精彩的部分。这些壁画、琉璃、塑像、碑刻也许会随着时间的推移而受损，但他搜集和保存的图片资料，将在著作中长存。

8 月，柴泽俊撰文《平阳地区古代戏台研究》。这是 1979 年他主持修缮临汾魏村牛王庙元代戏台后，一篇研究古代戏台的专业文章。文中他还列举了六七十年代勘察古建筑时调研的 29 座平阳地区古戏台，从建筑构件、戏台形制特征和铭文题记等方面来剖析解读戏台的发展演变。

10 月初，由中国科协筹建的中国文物保护技术协会在北京成立。柴泽俊被聘为常务理事。

同月，柴泽俊赴应县，与当地相关部门对应县木塔周围环境进行规划，商讨寺前场地清空及解决学校占地等事，并再上木塔二层和三层查看扭曲状态。回太原后，柴泽俊向山西省文物局汇报，指出木塔变形不容乐观，提出应将木塔保护列入议事日程。

11 月 19 日，第五届全国人民代表大会常务委员会第二十五次会议通过并施行《中华人民共和国文物保护法》（以下简称《文物保护法》）。

12 月下旬，柴泽俊通过对《文物保护法》的学习，针对什么是文物的"原状"，如何在历史变迁中保存"原状"，根据自己在保护修缮实践中的体会和实际运用，提出独到的观点，诠释了《文物保护法》中提出的"不改变文物原状的原则"，写出一篇理论与实践紧密结合的文章，题目是《试论古建筑修缮中的"不改变文物原状"》。该文提出，保护古代建筑，必须根据《文物保护法》中第十四条的规定："核定为文物保护单位的革命遗址、纪念建筑物、古墓葬、石窟寺、古建筑（包括建筑物的附属物），在进行修缮、保养、迁移的时候，必须遵守不改变文物原状的原则。"对于如何保存"原状"，文章指出，可以通过经常性的保养维修工程、抢险性的加固保护工程和重点进行的落架修缮工程来实现。对于如何恢复"原状"，文中按组群建筑的全部复原和局部复原、单体建筑的全部复原和局部复原四种类型，结合修缮实例加以论述。此文后来收入《柴泽俊古建筑文集》。

1983 年　癸亥　四十九岁

1 月，柴泽俊撰写的专题研究文章《五台南禅寺》在《山西文物》1983 年第 1 期发表。该文阐述了南禅寺在中国古代建筑史上的重要地位，指出南禅寺保留了唐代建筑的规制、结构和塑像的形体、手法，为研究我国唐代建筑提供了极其重要的实物例证。寺内泥塑与敦煌莫高窟唐代塑像如出一辙，有流畅的衣纹、精美的佛座、丰满柔和的体态、逼真的神情，手法洗练，技术纯熟，是我国唐代塑像中的佳作。该寺曾由柴泽俊主持修缮，1974 年秋开始施工，1975 年竣工，是古建修缮的经典工程之一。

2月，柴泽俊被评定为古代建筑工程师（中级职称）。

4月初，柴泽俊赴运城地区勘察古建筑及附属文物。

柴泽俊先来到新绛县绛州州府大堂。此行是了解和研究官府建筑，前年他勘察临汾地区古建筑时曾看过霍州州府大堂。这两处官府建筑是山西仅存的元代遗构。

在新绛县城，他察看了钟、鼓、乐三楼。钟楼为明代建筑，局部保留元代风格。它在"文革"中被损毁，近年来重新修复。鼓楼位于州府衙署东南隅，创建于元至正年间（公元1341—1368年），明、清两代曾多次修葺，现存主体建筑为明代遗构。乐楼位于州城西南隅，现存主体建筑为明代遗构。乐楼是酬神演戏的地方，楼身上下两层，下层阔五间，上层阔三间，均可演戏。这座乐楼上下重台叠构，演戏时重台重演，为全国仅见。勘察发现，三楼建筑状况尚好。

柴泽俊还考察了新绛白胎寺、葫芦庙、关帝庙和福胜寺。对白胎寺中殿宋代塑像迦叶及胁侍菩萨像、葫芦庙正殿元塑三清及侍者像、龙香村关帝庙正殿元塑关羽、关平及侍者像，以及福胜寺正殿元塑佛、菩萨、天王、金刚、罗汉等，柴泽俊都一一记录、测量和拍摄。他对这些庙宇内的琉璃、碑刻也都做了记录和考证。

新绛稷益庙位于县城西南的阳王村。柴泽俊根据明嘉靖二年（公元1523年）《重修东岳稷益庙碑》的记载，知此庙创建时代在唐、宋之际，元代曾重修。随着岁月的流逝，山门、献亭及两侧厢房、廊庑业已塌毁，仅存基址，唯舞台和正殿各五楹保存尚好。以歌颂三圣大禹、后稷、伯益为题材的工笔重彩壁画，就保存在正殿内的两山墙上。正殿面宽五间，明间特大，进深六椽，为单檐悬山顶。前檐明间装格扇门，两次间置窗。前后檐柱头上施五踩斗拱，明间置平身科两攒，正出翘头之外每面出斜栱三缝，致使栱上耍头每攒七枚，犹如花朵怒放，精美华丽。殿内梁架依开间施大额枋承重，局部沿用元代规制。殿顶用黄、绿、蓝三彩琉璃剪边，有少部分瓦件似经清人补配过。现存殿宇除大额枋和殿内少量栱件、替头外，大都是明代重建后的遗存，实为明代殿堂。殿内除门窗外，四面墙壁曾绘满壁画，现北壁壁画已失，仅东、西、南三面墙的画幅尚存。东西两山墙的山面梁架结构造成壁画画面中部高起，两侧低下，形成"凸"字形。柴泽俊对现存壁画的面积进行测量，测得面积为131平方米。壁画大都完好，他做了详细记录和拍摄。二十年前这座正殿曾作为仓库使用，他注意到该殿在雨季有雨水渗漏，致使壁画表层与墙体出现脱落现象，局部墙体呈鼓闪状。柴泽俊将这些情况通知了当地文管部门。此殿在第二年进行了修茸，加固墙体，封护画面，装置门窗，加强通风。

柴泽俊随后赴万荣东岳庙考察。此庙在万荣县城内西大街，坐北朝南。庙区原来规模较大，现在仅存中轴线上的几座主要建筑了，自前至后有山门、飞云楼、午门、献殿、八卦亭、东岳殿、寝殿及东西厢房、两侧廊屋等。根据元代《重修岱岳庙碑》，知午门、献殿、东岳殿为元构，飞云楼、八卦亭为明正德年间（公元 1506—1521 年）重建，其余建筑属于清代。飞云楼是东岳庙内主要建筑之一，其造型和结构在山西乃至全国的木构阁楼式建筑中也是颇具特色的。1972 年柴泽俊曾勘察过此楼，所幸"文革"中该建筑未受到大的损伤，这次复登此楼，柴泽俊对楼的内部架构和各层檐斗栱都做了详细勘察。

除飞云楼外，万荣县还有一座同样著名的木构楼阁，这就是县城西南40 公里黄河东岸后土庙内的秋风楼。该楼因楼上藏有汉武帝《秋风辞》碑刻而得名，也是万荣唯一尚存的明代建筑。柴泽俊查阅《荣河县志》《河东文物揽胜》《万荣文物》等资料后，判定秋风楼系后土庙中主要建筑，有可能是汉武帝时创建。万荣后土庙是中国后土庙的鼻祖，是汉武帝经常巡游之地。因黄河水患，除秋风楼尚存明制外，后土庙内其余建筑均为清代重建。柴泽俊在后来发表的《山西几处精巧的古代楼阁》一文中，重点介绍了万荣东岳庙飞云楼和万荣后土庙秋风楼这两座黄河岸边的木构楼阁。

在万荣后土庙，柴泽俊对圣母殿脊刹、鸱吻、脊饰凤凰、脊部化生童子及飞马武士等琉璃制品做了记录和拍摄。他又前往临猗县文庙，拍摄了大成殿的琉璃脊刹和鸱吻。这些珍贵的琉璃制品成为他后来出版的《山西琉璃》中重要的内容。

柴泽俊从临猗沿国道向东南行至距运城市 5 公里的寺北曲村，其东南隅有唐代报国寺。寺宇早毁，仅遗址上留存一个基座较高的单层圆形砖塔，形体别致，保存完好，这便是著名的唐代高僧泛舟禅师的墓塔。塔通高 10 米，青砖砌筑，分塔基、塔身、塔刹三个部分，每个部分约占总高的三分之一。该塔历经一千一百六十多年，基本完好。其价值有三：一是唐代建筑上的门窗多已不存，只能根据壁画和雕刻图案来分析，此塔对研究唐代门窗提供了极为可靠的资料；二是塔上部塔檐叠涩伸出，超过塔基周边，使雨水可直接注入地面排出，避免塔身受雨水腐蚀；三是塔刹形状犹如一座小塔居于大塔之上，俗称"塔上塔"，这种形制是经过周密设计和科学计算的，千年以来大小古塔多沿袭此制。泛舟禅师塔为研究我国古塔形制和雕刻艺术提供了真实可靠的实物资料。柴泽俊此行目的也在于此。

运城市古安邑城关东北，有太平兴国寺，寺宇早毁，佛堂楼阁已夷为平地，唯存一塔，俗称安邑塔，是古安邑的象征。南同蒲铁路从塔旁经过，塔身虽裂，但仍巍然矗立，呈苍古挺拔之势。柴泽俊对照《安邑县志》，勘察了塔身、塔貌和塔的形制手法。在历史上此塔多次因地震而裂，裂而弥合，合而又裂，它的建造和修补都被人们传为佳话。

运城市的这两座塔都成为柴泽俊的研究对象，他在同年写的《山西古塔精粹略述》中对它们有详细探讨。

柴泽俊从运城北上返回太原途中，在闻喜县城停留，拍摄了文庙大成殿的鸱吻、脊刹和垂兽等琉璃作品，还考察了文庙的殿宇状况和刻石碑文。

绛县东南张村有一座太阴寺，仅存大雄宝殿，为金代遗构。柴泽俊专程赴此，拍摄了殿宇和琉璃。其琉璃垂兽甚为珍贵。

回太原途中，柴泽俊还顺道考察了丁村民俗和晋中的几个民俗大院，收获颇丰。他感到胃部异常疼痛，以为是十多年前胃切除后饮食不规律和劳累造成的胃部不适，吃了些保护胃的药品，似乎能缓解疼痛，遂不以为意。

6月，柴泽俊撰写了《山西古塔精粹略述》一文。此文后来收入《柴泽俊古建筑文集》，部分内容被选入《山西风物志》一书。在文中，柴泽俊把古塔作为佛教寺庙中特有的一种建筑形式，从形制、结构及平面、立面等方面对古塔作了详细研讨，并指明古塔在古代寺庙建筑的考察研究中是不容忽视的。文章对山西现存且在我国塔式建筑中少见的珍品或仅有的孤例，一一作了考证。在"结语"中，他为以后的研究者们指明了正确的研究方向和广阔的研究空间。

10月中旬，柴泽俊从太原阳曲县前往盂县、阳泉、平定、昔阳等地进行文物勘察。

阳曲不二寺原址在县城西北一个偏僻的土坡上，多年来水土流失，土崖塌方。该寺是金代建筑，寺内其他殿宇、围墙皆已不存，仅留三圣殿一座，三间，悬山顶，保存有明代塑像和壁画，甚为珍贵。当地政府提出迁移，柴泽俊为此专程勘察。他看到原址确无保存条件，又在当地政府工作人员陪同下考察了县城附近的新址，认为可行。迁移方案以永乐宫和法兴寺为例，将建筑、塑像和壁画统一迁移保护。柴泽俊对塑像、壁画和琉璃等附属文物做了拍摄、记录和存档。迁移工程于 1989 年进行，一年后完成，迁移效果极佳，参观者较前大为增加。

柴泽俊从阳曲出发，直奔盂县县城。他本想先在县城城隍庙内拍摄琉璃和塑像，遗憾的是均在"文革"中被毁，仅存遗址。无奈，他只得前往县城西北的盂县圣母祠考察。这是座清代建筑，供奉的是柴氏郡主。他拍摄了殿内塑像及寺内碑刻、琉璃。殿宇建筑尚完好，暂时无须维修。

他又前往盂县大王庙。此庙的金代大殿和其他建筑年久漏雨，山门已塌，但尚无大碍。当年雨季，庙门前的洞河水流量猛增，洪水直接冲刷庙基，严重威胁庙宇安全。柴泽俊在实地勘察时，发现庙前河岸有几处被冲塌，他即刻与当地文物部门和有关的政府机关协商，决定即刻动工加固寺前河岸建筑，于上游砌筑斜形小堤一道，引导水流自洞河当心下泄，以保庙基安全。此工程于第二年 5 月竣工，从此庙基无忧。该寺殿内有漏雨、倾斜和坍塌现象，保护修缮工程于 1989 年启动。该寺分前殿、中殿和后殿，各殿内无塑像、无壁画，因此修缮工程简便易行，当年就基本完成了。

柴泽俊又顺国道南行，抵平定县天宁寺。该寺是以塔为主的塔院式寺庙，有九百年历史。寺内殿宇均毁，唯双塔尚存。宋建双塔东西对峙，各高十余丈。双塔为楼阁式仿木结构建筑，形体壮观，构造相同。塔平面为八角形，塔身四层，高三十余米。塔底中空，东西南北四面皆砌有门道，相互通达，内置释迦如来像一躯。第二层以上皆施平座，三层平座甚高。这种施有平座的楼阁式塔，具有鲜明的宋代风格。柴泽俊登塔勘察，查阅碑文，拍摄图片，留作资料备用。

柴泽俊沿国道过昔阳县城，来到县城西南的石马村石马寺。这里原是一处规模不大的摩崖造像群，后人依像造屋，筑以殿阁，遂形成佛寺布局。宋代称寿圣寺，因寺前有石马一对，因而称石马寺。柴泽俊勘察中多有发现，后来石马寺被他写入《山西几处小型石窟造像》一文中，该文收入《柴泽俊古建筑文集》。

榆社与沁县之间，多有散落在偏僻乡村的石窟造像和石刻碑碣。柴泽俊过和顺、左权，到达榆社。他勘察了邓峪村石塔造像、庙岭山石窟、南村造像、福祥寺石塔、北良侯村造像，一路走来，一一记录拍摄。到达沁县南涅水，这里在1957年文物普查时发现并清理发掘出一大批石雕造像，称为南涅水石刻造像，主要有造像石塔、单体造像和造像碑三种，共计1391件。其中造像石塔205座，单体造像1161尊，造像碑和文字碑刻25通，可见规模和布局是相当宏伟的。柴泽俊考其石刻题记，知石刻造像跨越北魏、东魏、北齐、隋、唐、五代、北宋七个朝代，历时600余年之久，其中北朝作品数量最多。他都做了详细记录，相关内容后来收入他1985年写的文章《山西几处古代石刻纪略》中，该文亦收入《柴泽俊古建筑文集》。

12月，柴泽俊撰写《山西古代彩塑选粹》。此文后来收入《柴泽俊古建筑文集》，部分章节被选入《山西风物志》。文中他对雕和塑的划分作了明晰的讲述，并对山西现存有价值的历代彩塑的数量有精确的统计。可见这些年来，他的足迹已遍布山西偏僻的乡村。

柴泽俊年谱 · 重任在肩

1984 年　甲子　五十岁

1 月，"中国风物志"丛书编委会约请柴泽俊担任《山西风物志》一书的编委并撰写部分内容，同时约请的还有乔志强、李裕民、寒声。柴泽俊负责撰写古代建筑、石窟艺术、古代壁画、古代彩塑、古代石刻、古代琉璃六个部分。

2 月，柴泽俊腹部疼痛加剧，多次中断《山西风物志》书稿的写作。柴泽俊按胃病治疗，服用了一些他已吃了十多年的治疗胃炎和保胃的药。妻子多次催促他去医院做详细检查，弄清病因，他一直说："等几天吧。" 1970 年柴泽俊已做胃切除手术。只留有三分之一的胃。当年大夫曾告他，手术的效果只能保持十多年，以后是否加剧就不好说了。因此他一直认为这是胃病的继续。他想到了最不好的结果。他必须加快写作，加快古建保护性工程的勘察、设计和施工。

5 月，柴泽俊被任命为山西省古建筑保护研究所所长、总工程师。

5 月 28 日，由于腹部疼痛不断，柴泽俊住进太原市铁路医院。按胃病治疗，进行消炎止痛。十五天后出院，症状暂时得到缓解。

6 月，柴泽俊撰写文章《山西几处小型石窟造像》。在 20 世纪 60 年代中期和 70 年代，柴泽俊利用被批斗和进"学习班"之外的时间，使用简单的交通工具，甚至徒步行走在山西各地偏僻的山村，寻找那些散落在乡间的山村小庙和石窟碑刻。这篇文章和他随后写的《山西几处古代石刻纪略》，其素材都是六七十年代搜集和考证得来的。这两篇文章后来均收入《柴泽俊古建筑文集》

7 月初，柴泽俊接到通知，请他随同山西五台山佛事考察团前往日本访问。此行的安排是在东京、京都、奈良三大城市考察日本的佛教寺庙并进行交流。

7 月 20 日中午，考察团一行十人，从北京飞往日本东京。飞行了四个小时，下午 16∶30 抵达东京成田机场。一下飞机，他们便感到骄阳似火。华裔财东孔令伟先生安排他们前往法华宾馆。一行人受到日本佛教会及日本文化财总长玲木嘉吉等官员的热情接待。随后数天，他们参观了东京的城市建设和一些佛教寺院。在东京繁华的市区，高层建筑群以各种不同的造型耸入云空，天空被分割成不同条块，汽车在布满立交桥的道路上行驶，车流似乎永无尽头。闹市中处处是拥挤和忙碌，给人的感觉就是"快"，有一种催人快跑的压力。

京都有著名的比睿山，是日本天台宗的传法中心。在三十三间堂中观赏近万尊观音像后，他们专程驱车前往京都西郊的岚山，瞻仰了日本朋友为纪念周恩来总理而立的诗碑。车队在龟山公园门前停下，诗碑就立在龟山南坡上。1919 年 4 月，二十三岁的周恩来雨中三次游岚山，几天后他离开京都回国，一到天津正赶上五四运动，立刻投身于这个洪流之中，从此开始了他毕生为中华民族之崛起而奋斗的历程。诗碑矗立在绿树丛中，脚下是湍流的大堰川，走过长长的渡月桥，便是巍然耸立的岚山。

他们一行在离开京都赴奈良的告别宴会上，柴泽俊讲述了中国古建筑的渊源："中国的古建筑源远流长，至唐代发展到鼎盛期。山西省的古建筑是中国古建筑的代表，现存古建筑大部分是寺庙建筑，与日本寺庙建筑在建筑的脉络和佛法的因缘方面都有密切关系。中国古建筑与日本寺庙建筑在世界建筑史中同属于东方建筑体系，我们应该加强中日两国之间在佛教和寺庙建筑保护方面的交流。"此言得到宴会席间日本同仁的赞同。

奈良的佛教和寺庙建筑在日本影响很大。公元 743—753 年，鉴真大师五次东渡日本均未能成功，且双目失明。公元 754 年，他第六次东渡成功，次年被迎入日本首都奈良的东大寺。他建戒坛院，为日本全国的中心戒坛。又在附近建唐禅院，作为讲授戒律之所。鉴真与其弟子除传授律学外，还讲授天台宗教理，校勘佛典，并被日本律宗奉为祖师。他还把中国的寺院建筑技术和雕塑、美术等介绍到日本，为中日文化的交流做出很大贡献。

8 月 2 日，考察团一行主要在东大寺和法隆寺参观。柴泽俊向陪同的日本佛寺主事提出观看法隆寺西边一座在战争年代因存放炸药而被焚毁的经堂残迹，并请日本古建筑专家介绍日本是如何加固夯土墙的。这两点要求一提出，立即引起日本方面的重视，认为这不是一般性参观而是专业交流，于是提议举办一场中日之间的古建筑交流座谈会。

8 月 5 日，在座谈会上，日本专家介绍了日本对古代建筑保护和修缮的方法：每当大修时，对已损构件都要拆换并且更新，更新率几乎达到三分之一，看上去"修旧如新"。比如一座唐代建筑，经过几次大修后，就几乎找不到唐代的原构件了，而成为集历次修建技术为一体的"综合型"建筑了。这与我国的古建筑修缮理念大相径庭。在座谈会上，柴泽俊以"如何保护古建筑"为题，阐述了中国古代建筑保护和修缮的原则和方法。他讲道："在进行修缮、保养、迁移时，必须遵守不改变文物原状的原则，所谓'原状'就是古建筑原来的形状，即本来面目，包括建筑方位、规制布局、高差位置、布列方法、屋宇形制、材料质地、结构体系（如木构、砖石构、砖木构等）都是原状的内容。"他列举了保护、修缮中存在的几种情况：有的保护了主要建筑，但破坏了总体布局；有的在修缮古建筑的时候，使用了现代材料（包括钢筋水泥），甚至使用在露明部分，从而改变了古建筑的质地和结构体系；有的在早期建筑上涂了一层明亮的油漆，并绘了新颖的晚期彩画；有的没有复原根据或复原依据不准确而随意复原，大大损害了古建筑的时代特征和科学性，降低了文物的价值。他指出，这样的保护和修缮，其效果是适得其反的，我们的理念是"修旧如旧"。柴泽俊的观点在座谈会上引起了很大反响，与会者都对柴泽俊精彩的演讲报以热烈的掌声。

此后几天，柴泽俊还进行了几场专题演讲。整个考察期间，中日双方的交流都在友好的气氛中进行。日本专家铃木嘉吉先生一直陪同访问，在此后的若干年中他多次赴中国考察，数次来山西研讨古代建筑。柴泽俊与他在相互交往中建立了深厚的感情，并一直有书信往还。

在访问日本期间，柴泽俊多次腹痛，日本友人安排他去医院检查，都被他婉言谢绝，一直坚持到回国。

8 月 20 日，为查清腹痛原因，柴泽俊在山西省肿瘤医院做了 B 超，检查结果是胆囊里有泥沙状结石，胆囊壁薄，医生建议尽快做手术。

8 月 22 日，柴泽俊选择保守治疗，住进山西省医学院第二附属医院，使用消炎药和排石药治疗。住院期间，他把病床当作案头，坐在小凳上在病床旁撰稿，有时还要回单位处理紧迫的工作。

10 月中旬，柴泽俊转入太原铁路医院，继续进行保守治疗。太原铁路医院离家近，离单位也近，故选择第二次住院。

10 月 20 日，中国共产党第十二届中央委员会第三次全体会议通过

《中共中央关于经济体制改革的决定》。

11月初，柴泽俊在住院期间带病返回单位，组织班子成员和全所职工学习中共中央关于经济体制改革的文件。

11月中旬，柴泽俊在住院期间完成了《山西几处重要古建筑实例》《山西几处精巧的古代楼阁》，这两篇文章后来均收入《柴泽俊古建筑文集》。在《山西几处重要古建筑实例》中，柴泽俊分别对芮城广仁王庙、平顺天台庵、解州关帝庙等十六处木构古建筑从形制结构和制作手法方面进行探讨和研究。在《山西几处精巧的古代楼阁》中，柴泽俊对代县边靖楼、万荣后土庙秋风楼、万荣东岳庙飞云楼、长治玉皇观五凤楼、朔县崇福寺千佛阁、新绛钟楼鼓楼乐楼、介休玄神楼、解州关帝庙御书楼、解州关帝庙春秋楼、孝义中阳楼这十座古代楼阁的建筑形制和制作手法进行了探讨和研究。

12月，柴泽俊在病床上完成《大同华严寺大雄宝殿结构形制研究》一文。他写道："大同华严寺大雄宝殿，是我国早期佛寺建筑中的巨构。华严寺在大同市内西部，东向，面宽九间，进深五间，单檐四阿顶，高大雄壮，气魄宏伟。据方志、碑碣和题记所述，它创始于辽道宗清宁八年（公元1062年）。现存殿内脊板下题记和梁架上留题可证，此殿为金天眷三年至皇统四年（公元1140—1144年）重建。1933年，我国著名建筑史学家梁思成、刘敦桢，以及林徽因、莫宗江等人曾调查过大同古建筑，并撰文刊载在《中国营造学社汇刊》第四卷第三、四期合刊本上。从此，华严寺建筑的价值享誉中外，被称为我国建筑史上的瑰宝。但是，限于当时的条件，华严寺大雄宝殿未曾详测。"因此他分别就寺的方位问题、台基与月台、平面设置、柱子、斗栱、梁架、殿顶、装修共八个问题进行了研究。

同月，《山西风物志》的撰稿进入尾声。

12月末，因保守疗法没有明显疗效，胆结石病情加重，柴泽俊转入山西省医学院第二附属医院，准备手术治疗。主治医生检查后说："你拖得太久了。"柴泽俊淡淡一笑："有些东西要赶紧写出来，怕来不及。"

1985年 乙丑 五十一岁

1月初，在山西省医学院第二附属医院住院部，柴泽俊为《山西风物志》赶写了最后一篇稿件《山西几处古代石刻纪略》。这是柴泽俊自去年在山西省肿瘤医院通过B超检查出患有严重的胆结石以来，忍着巨大疼痛和冒着胆囊破裂的危险，为《山西风物志》撰写的最后一篇专题研究中国古代石刻造像、造像碑和文字碑碣的文章。

1月15日，柴泽俊承担的《山西风物志》部分书稿完成。截至此时，柴泽俊已为该书撰写了十四万字，内容包括中国古代建筑、彩塑、壁画、琉璃等最能展示山西风物的文化遗产。

同月21日，柴泽俊被推进手术室。三个小时后，主刀大夫从手术室走出，手上托着一个医用白盘，上面放着刚摘取的已变成褐色的胆囊。大夫摘下口罩，对焦急等候在手术室门外的家属和同事说："看，胆囊已经很薄，且失去弹性，里面结石约有三千七百多块泥沙状颗粒，一旦囊壁破裂，结石流出，散入体内各个部位，后果不堪设想。"在场的人都倒吸一口冷气。面对这血淋淋的胆囊，人们无法想象，四年多来，柴泽俊是用何等顽强的毅力与疼痛做斗争，四年里他又完成了多少工作。

改革开放初期，党中央把发展科学技术和教育事业放在重要位置，以便使经济建设转到依靠科技进步和提高劳动者素质的轨道上来。国家通过各种途径，加强对劳动者的职业教育和在职继续教育，努力建设一支素质优良、纪律严明的劳动大军。当时山西省古建筑保护研究所有职工六十人，只有两名职工有学历，是工农兵大学生。柴泽俊手术后一上班，就在职工大会上号召全体职工通过各种学习途径达到大学专科以上学历，古建所领导班子将在时间和经费上给予支持。柴泽俊还号召每个在职职工都要学习与文物相关的专业知识。

同月，古建所开始筹备古建筑专业图书资料室、古建筑木结构模型实验室。柴泽俊通过山西省文化厅、山西省文物局向山西省科委、国家文物局逐级申请资金，再从自有经费中拿出一部分开始筹建。四年后古建筑专业图书资料室建成，拥有价值百万元的图书资料。五年后古建筑木结构模型实验室建成，拥有17座具有代表性的山西古建筑木结构模型。

山西省古建筑保护研究所自成立以来，其勘察测绘的仪器，一直是"文革"前使用的简单的测量仪器，是当年古建队施工使用的，其功能和效率是低下和落后的，对古建筑勘测工作影响很大，勘察测绘仪器已到了必须更新换代的时候了。柴泽俊通过省科委向省财政厅以及国家文物局申请购买价值一百多万元的近景摄影测量仪和全自动绘图仪等一批先进仪器，可用于测量古建筑及各类塑像、石窟、壁画，不再受高度的限制。山西古建所成为当时全国文物界唯一拥有并使用此种仪器的单位。

柴泽俊又酝酿着一个新的打算：建设自己的专用优质木材库。古建筑保护和修缮的对象绝大部分是木结构形式，因此木材是修缮材料的重中之重。古建所创建之前和初期，所用木材都是随用随购，材质以及木材的干湿程度无法保证，影响施工进度和建筑物的质量。建设自己的木材库是最好的办法，正如老百姓所说："手中有粮，心中不慌。"为此柴泽俊四处筹措资金。山西省文物局、文化厅、科委和财政厅以及国家文物局、国家科委等部门都对山西古建所建设木材库的计划大力支持。虽然当时处于改革开放的初期，经费很紧张，但古建所在有关部门的帮助和支持下，不到两年就建成了价值百万余元的优质木材库，在80年代后期和90年代发挥了重要的保障作用。

4月中旬，临汾地区党委、行政公署及有关部门倡议修复临汾大中楼（鼓楼）。山西省古建所接到报告后，柴泽俊对临汾地区负责同志说：

> 1958年，我在临汾地区勘察文物时，曾与王金榜同志共同访问过一些老者，其中有中学教师宁姿才、窦梅伯、李建章等，对大中楼叙述颇详。他们青年时期曾多次登楼远眺，观其结构，赏其景色，读其碑文，溯其沿革。他们的叙述虽然多为素材，但其中不少内容可成为人们今日研究平阳史迹的重要线索。
>
> 其中有关钟楼的形制说："大中楼明初重建后，清康熙年间地震毁坏后又予重修，民国年间还进行过补葺。楼上碑碣很多（现已不存），碑文载，大中楼高耸入云，高有十二丈之余，折一百零八尺之外。群众传言这与山西一百单八县相符。碑文谓平阳福地为天神所赐，故大中楼依天罡、地煞、洞天、福地而筑。楼上梁架结构特殊，据说是仿照东羊戏台（本县东羊村后土庙戏台）而建造。楼顶正脊十

字形相交，四面皆有吻兽可见。形象巍峨，气势壮观，结构奇丽而巧妙。晋南一带民间传有'平阳府里大鼓楼，半截插到天里头'的谚语，以此形容大中楼的壮丽。"

临汾城大中楼也称鼓楼，面向四条大街，巍巍然耸入云霄，它是古平阳的象征，也是临汾城池的标志。

1947年冬，解放军围困临汾，兵临城下，国民党第六十一军军长梁培璜命令军警强迫民夫将中楼拆除，仅留楼下砖构台基和四面门洞。临汾城大为失色，极为可惜。

20世纪60年代，我们就曾有过修复临汾大中楼的倡议，由于十年"文革"的浩劫，未能如愿，延误下来了。

临汾文化局的同志递给柴泽俊一张搜集到的大中楼破坏前的外观照片。柴泽俊指着照片对他们说："檐下结构和瓦顶脊兽皆模糊不清，只可以看到外观形状和总体轮廓。楼身两层，三檐十字歇山顶。楼顶脊兽矮小，翼角处弧度僵直，鸱吻未摄入。就照片楼身外观而论，可以明显地看出，后人补修时掺入了当时的手法。照片上楼的总高，以基座推算为33.5米（不包括正脊、鸱吻）。基座边沿与楼身有一定的间距，平地仰角拍摄又有一定的摄影变形误差，30多米高的建筑物，其摄影误差约为十分之一，即3.35米。据此加上照片上的可见高度，其楼身原状总高应为36.85米左右。这与当地人传说总高为一百单八尺的高度吻合。"柴泽俊接着说："大中楼是一座以木结构为主，矗立在砖砌高台之上的楼阁式建筑。它的造型与结构是其历史与艺术价值的精华所在。可惜此楼拆毁于战争时期，没有也不可能取得科学资料，这就给修复工作造成了一定困难。因此只能根据现有资料及一些文献记载，弄清原状形制，这是修复设计的必备前提。"

要做好修复工程，至少须弄清两点，一是创建年代，二是创建时的原貌，这样才能把掌时代风格、建筑手法、形制结构等符合原貌特征的建筑。至此柴泽俊开始查阅现存碑文及文献记载。

6月初，柴泽俊完成有关临汾大中楼历史沿革及原状形制的考证研究。

6月末，柴泽俊亲自赴临汾市大中楼遗址进行勘测和发掘。

7月1—2日，柴泽俊在完成对临汾大中楼的勘察后，顺道再次勘察洪洞广胜寺、蒲县东岳庙。

7月中旬，柴泽俊完成《临汾大中楼修复设计书》。

9月初，"中国风物志"丛书之《山西风物志》由山西教育出版社出版。

本月，根据永济县的申请，山西省古建筑保护研究所在当地主持召开了普救寺修复学术研讨论证会。山西省人大、政协和国家文物局的领导以及各地知名学者参加了论证会。柴泽俊在会上通报了近年来搜集的一些资料。会议就普救寺的时代、规制和修复依据等达成共识，同时否决了永济县提出的按明制方案修复的建议。与会者一致认为应恢复佛寺原规制。

10月中旬，柴泽俊赴朔州崇福寺进行勘察。他发现弥陀殿因年久失修残损严重，于是开始做进一步的勘察测绘。殿内外斜向支柱风化倾斜，石檐墙基下沉，梁架走闪，构件折损，台明腰部鼓闪严重，整个殿宇倾斜。斗栱折断，脱榫多处。塑像残损严重，躯体部分多有损毁。殿内壁画随墙体开裂、脱落。

崇福寺长期以来存在一个棘手问题，寺庙内西半侧地基的归属未能解决。新中国成立初期，朔州县招待所占据崇福寺西侧，建有排房四幢和大餐厅、灶房等。这些建筑已贴近寺内中轴线上的鼓楼和殿堂，使得寺区范围窄小，几无隙地，建围墙、挖排水渠和培植树木等工作皆无法进行。如果要进行修缮施工，连备料都没有空间，因此这个占据问题就显得非常紧迫。近年来寺庙管理部门多次向县领导提出搬迁招待所。县委书记王全福认为招待所在此局限很大，没有发展余地，同意迁出。可惜因经济原因，搬迁工作一直无法落实。柴泽俊勘察之时，恰逢省长白清才来朔州视察，柴泽俊顺便汇报了崇福寺的残损状况，请求拨款修缮，同时提出，因无空地施工和备料，应将招待所迁出，将地基归还寺庙，趁大殿修缮之际，完善寺宇规制，进行绿化和美化，以便对外开放。白省长认为建议合理，予以支持，遂与当地领导研究决定撤销招待所，人员由县里安排，房舍和餐厅留作修缮工程施工用房，施工方从施工费用内给招待所提供一些资助，以满足招待所人员安排之需。这样，不仅解决了崇福寺弥陀殿修缮期间的工棚、库房、修壁画用房及施工场地，而且有助于恢复寺庙原貌，给修缮工程和以后的开放参观提供了便利。

11 月中旬，柴泽俊撰写的文章《山西寺观壁画》在《美术研究》1985 年第 4 期发表，引起美术界及壁画研究者的关注。

本月，长达六年之久的"截留"之争开始了，柴泽俊将经受他政治生活中的又一次"考验"。

柴泽俊从 1984 年 5 月担任山西省古建筑保护研究所所长，正是改革开放深入进行之时。农村土地承包责任制改革的成功，推动以城市为中心的经济体制改革在全国范围内展开。科技体制的改革也是经济体制改革的重要一环。科学技术是第一生产力，改革必须有利于促进科学技术的进步，能最大限度地调动科学技术人员的积极性。山西古建所的财务体制一直是财政全额拨款体制，这种"大锅饭"的体制影响了古建所的活力，长久以来所形成的僵化的思维模式和理念，需要在改革中逐步扭转。只有打破固有观念，才能适应改革开放的新形势。

刚刚做完手术还躺在病床上的柴泽俊认真学习了中国共产党第十二届中央委员会第三次全体会议于 1984 年 10 月 20 日通过的《中共中央关于经济体制改革的决定》，领会其深邃的精神实质，结合山西省科委下达的有关科技机构改革财政体制的文件精神，他思考着古建所下一步的发展思路。

山西省科委下发的对科研机构实行财政体制改革的方案是实行财政预算差额补助。方案中提出两种差额补助的办法，要求相关机构选择。一是科研机构对外提供有偿服务，自收自支，国家财政实行差额补助；二是科研单位对外提供有偿服务，自收自支，差额补助之外的经费国家不再收回，留存在上一级主管部门，用于科研项目的使用，科研成果与工资绩效挂钩。

回到工作单位，柴泽俊组织班子成员和全所职工学习《中共中央关于经济体制改革的决定》，和班子成员一起讨论山西省科委下发的对科研机构实行财政体制改革的方案。结合古建所的实际情况，他和班子成员一致认为第二套方案更适合自身情况，于是他们向省科委提出申请采用第二套方案，省科委审批通过了。

经过不到一年的试行，古建所职工的工资收入和福利待遇有了提高，柴泽俊开始筹备建设办公楼、宿舍、食堂和澡堂等福利设施。职工的工作积极性大大提高，科研活力大大增强，但仍然有一些人在观念上还没有摆脱计划经济的桎梏，思想一时还转不过来，尤其是打破了铁饭碗，工资与成绩和效益挂钩，少数个人利益受到冲击。有些人对有偿服务、自收自支不理解，误解为古建所截取和留用了国家财政拨付的资金，便向山西省文物局、文化厅和纪委告状，甚至向国家文物局等部门告状。一时间告状之声甚嚣尘上，不绝于耳。

12 月，山西省文化厅、文物局组织的调查小组进驻古建所，开始了长达半年的马拉松式财务检查。

是年，邓小平《建设有中国特色的社会主义》一书在全国发行。

1986 年　丙寅　五十二岁

1 月，柴泽俊撰写的文章《五台山纪略》在《山西文物》1986 年第 1 期发表。此文从一个文物工作者的视角，介绍了五台山的地形地貌及佛寺源流，对古塔、彩塑、壁画和石雕艺术的论述，尤其是对台怀内外十二处寺庙的形制研究与艺术价值评点，令人耳目一新。

这篇文章约有一万三千字，不设小标题，一气呵成。全文大体由三部分组成。上篇讲述五台山的地貌、地形、气候及东、西、南、北、中五座台峰的概貌特征。中篇讲述五台山在我国佛教史上的重要地位，介绍了从东汉永平年间（公元 58—75 年）五台山初创佛教寺院以来的历史沿革，五台山台内台外现存五十五处佛寺的分类，极其珍贵的唐建南禅寺大殿和佛光寺东大殿以及金、元、明、清等朝佛寺殿宇的古朴苍劲、雄伟壮观、重楼叠阁、宏阔秀丽、结构奇巧、雕刻精细、装饰富丽、形制多样、各具特色，还介绍了附属于这些殿宇的彩塑、壁画、琉璃、石雕以及标志性的古塔建筑，它们是古代匠师们遗留给我们的珍贵的文化财富。下篇分别对具有代表性的十大佛寺略述梗概，它们分别是显通寺、塔院寺、菩萨顶、罗睺寺、圆照寺、殊像寺、碧山寺、南山寺、金阁寺、镇海寺。阅读全文，不仅能增加我们对五台山佛寺的了解，在精神上也是一种享受，作者仅有小学文化程度，但是下笔生花，语言精练，文笔优美。

同月，《五台山研究》1986 年第 1 期刊登了柴泽俊的古建专业论文《佛光寺东大殿建筑形制初析》。早在 1937 年，梁思成先生就曾撰文《记五台山佛光寺建筑》。这是跨越半个世纪的两代古建筑学家在佛光寺上空交汇的灵光。《佛光寺东大殿建筑形制初析》和《五台山纪略》这两篇文章后来均收入《柴泽俊古建筑文集》。

2月，柴泽俊为《咏晋散文游记选》撰文《访天龙山》、《话说龙山道教石窟》。这是两篇介绍石窟造像和道教石窟的文章。

3月初，山西省文物工作经验交流会在太原举行。柴泽俊在会上做了题为《文物保护单位导游应重视的几个问题》的报告。报告从四个方面向文物工作者及相关的导游提出了必须具备的专业知识。

同月，柴泽俊开始撰写《普救寺探源》《普救寺原状考》。这是在1984年10—11月对普救寺遗址的第一次发掘所写的考证文章。柴泽俊感到第一次发掘所获资料有限，决定与有关部门商量进行第二次发掘。

4月，时任山西省省长王森浩指定山西地名委员会和山西省古建筑保护研究所共同编撰《山西古建筑通览》画册。山西省人民政府秘书长、山西地名委员会主任委员李玉明先生任主编，柴泽俊任副主编。柴泽俊承担本画册全部文字的撰写及通篇布局安排。

5月，赴永济参与对普救寺遗址的再发掘。此次发掘于6月份结束。

6月，柴泽俊依据普救寺遗址第二次发掘结果和搜集的相关资料开始撰写文章《普救寺探源》《普救寺原状考》，为普救寺的修复工程做准备。

柴泽俊撰写的《普救寺探源》《普救寺原状考》是修复普救寺工程设计的重要依据。在《普救寺探源》中，他以唐元稹《莺莺传》、金董解元《西厢记》、元王实甫《西厢记》为蓝本，从这些文本中的环境描述、对白、唱词中逐句寻找与普救寺相关的内容，并与遗址发掘结果互相印证。在《普救寺原状考》中他写道：

> 经发掘，寺内建筑设置为横向并列着三道轴线。各线自成布局，另设门庑，又相互联系为一体，有过道可以通行。这与一般寺庙以中轴线为主者截然不同。各线建筑因营造时代不同，布局规制皆异。
>
> 西轴线以舍利塔为主体，副阶周匝，前设大钟楼，后置大佛殿，均垂直地布列在寺宇西侧轴线上。……
>
> 大佛殿居西线最后，是隋唐之际寺内主佛殿。……
>
> 中轴线布局以殿阁为主。前有天王殿（亦曰金刚殿），菩萨洞中有弥陀殿和罗汉、十王二堂，后有藏经阁。经发掘基址和出土实物证

实，为宋时所建。……

东轴线建筑全部遭毁，遗迹被污土掩埋，且已不完整。经发掘，除了正法堂为宋金基址，余皆明清遗址。东线建筑分前后两院，前院有门庑、厢房（僧舍），枯木堂居中。后院有禅堂和方丈室，正法堂居后部北隅。东线南端濒临沟壑，建筑设置略向北偏移，与中、西二线相比较，成为不规则的并列布局。①

这两篇文章不仅为普救寺修复提供了重要依据，而且为其他古建筑的探源和考证展示了范例。

7月，柴泽俊筹备普救寺修复工程。

同月，柴泽俊再赴朔州崇福寺作深度勘察，发掘台明基址，测绘现状，随后向国家文物局呈报了《朔州崇福寺弥陀殿勘察报告》。

崇福寺弥陀殿不仅是我国辽金建筑中的巨构，而且殿顶琉璃、殿前装修、檐下匾额、殿内彩塑和壁画等皆为金代原作，现存脊兽、瓦件为金代原式，殿顶栈砖和地面方砖也都是金代纹砖的形制。由此可见，弥陀殿在历史上是没有落架大修过的，也证明它在我国古建筑遗存中极为罕见，极其珍贵。但此时的弥陀殿已经落入不得不落架大修的境况，因此风险也是很大的。当时有人提出，顺其自然风化，管理者不会有任何责任，但如果在大修中出现闪失，则个人责任重大，请柴泽俊慎重抉择。出于一个文物工作者的职责，柴泽俊没有顾及个人名誉，毅然向山西省文物局和国家文物局呈上弥陀殿勘察报告，说明残损情况，提出维修对策及存在的难点。

8月，柴泽俊完成《朔州崇福寺弥陀殿修缮工程设计书》，明确了工程范围与任务、修复加固项目、施工步骤与方法及施工中的注意事项。

同月，柴泽俊完成《朔州崇福寺弥陀殿壁画加固保护设计书》。

同月，柴泽俊完成《永济普救寺修复工程总体设计》。整个工程分两期进行。第一期工程从1986年8月开始，至1987年底完成。第二期工程要求在1988年底完成。总体设计中对普救寺主体建筑给出了明确清晰的形制，并提出四条必须注意的问题：①切不可把近代和现代的一些图案、手法、色调和设想的一些所谓新花样加在古建筑之上。②修复工作应本着

---

① 柴泽俊《普救寺原状考》，《柴泽俊古建筑修缮文集》，文物出版社，2009年，第165—171页。

保护文物原状的原则进行，以使用中国建筑的传统材料和传统技法为好。所谓原状，包括规模、形制、结构、手法和色调。③寺内设置和建筑的色调，应以古朴、素雅为准。寺庙内古朴为主，花园中素雅为重。④普救寺区的绿化美化工作，应该严格按照中国的民族传统进行。寺庙内外应以松、柏、桧、槐为主，另有几株越墙翠竹。力争树木花卉与《西厢记》时代相符。

同月，永济普救寺修复工程正式施工。

9月初，柴泽俊又完成了《朔州崇福寺弥陀殿塑像加固保护设计书》，并上报国家文物局审批。

10月，根据山西省委和省科委的科技体制改革政策，山西省古建筑保护研究所采用提供部分有偿服务的办法来补充经费的不足。

走向市场搞设计和施工，首要的前提是必须具备相应的资质，而当时在全国范围内古代建筑设计和施工还没有现成的资质评审制度，只有现代建筑部门有这样的制度。一年多来，柴泽俊搜集和整理了新中国成立以来的有关法律和规章，尤其是现代建筑行业的一些资质评审标准，草拟了《古代建筑专业设计资质评审标准》《古代建筑专业施工资质评审标准》这样两套资质评审标准，上报山西省文物局和文化厅。

同月，在太原体育馆召开了由山西省财政厅、建设厅、文化厅、文物局、物价局和建设银行等机构组成的联席会议，讨论确定了古建筑设计和施工的专业资质标准。会议评定山西省古建筑保护研究所为甲级古建筑设计单位和甲级古建筑施工单位，并由山西省财政厅报国家建设部批准。此项资质的确认，不仅在山西省而且在全国对古建筑设计和施工单位都是首例。这些开创性的工作，使山西省古建筑保护研究所走在了改革开放的前列，通过适当收取合理的设计和施工费用，给单位和职工也带来了实实在在的利益。

11月，国家文物局组织专家审核柴泽俊上报的关于朔州崇福寺弥陀殿保护修缮的一系列设计书和勘察报告。专家们一致同意落架大修，并拨付资金四百万元，由山西省古建筑保护研究所承担项目实施，由柴泽俊主持勘测、设计和施工的全过程。

12月初，柴泽俊赴临汾市指导大中楼的修缮施工。

1987年 丁卯 五十三岁

1月，柴泽俊赴朔州崇福寺选材和备料。他对材料的选择是非常严格和讲究的，甚至是非常苛刻的。

他在修缮工程设计书中写道：

> 弥陀殿的各种构件用材断面较小，且负荷甚重，惟前槽大额枋断面略大，但结构特殊，荷载尤甚。因此，所有大木构件和椽飞（除了望板），均需用无节、无朽、无裂痕的一等落叶松制作、添配和墩接。柱子、额枋、槫材、四椽栿、角梁、椽子等圆材构件和负重构件，必须用轴心材制作，不得用方材加工或拼接。斗栱构件依原构用榆槐木（本地产）制作。装修部分的地栿、立颊、门槛、隔扇、棂花、板门、匾额等，须用一等红松或旧红松修补添配。
>
> 砖瓦构件必须用黄土澄淋后制作。其尺寸合度，棱角规整，色正音纯，敲击响亮，无蜂窝砂眼，耐压力为100号。砍磨时必须大面（露明面）平整，楞角合格，无缺片和孔洞。脊刹、吻兽、沟头、滴水等琉璃构件必须按照原有规格、式样和色泽补配残缺部分。其标准为胚胎坚硬，火候适度，色泽浑厚古雅，与原构件的连接点严实无隙。复制构件（如西侧背兽、仙人等）必须遵此要求。椽钉、飞钉、瓦钉和连檐、瓦口、悬鱼、博风、望板以及各种铁活上所用的铁钉皆需定制方形笨钉，不得用机制圆钉代替。各种复制木构件的榫卯必须在搭套和安装时开凿，交构严实。木构件（包括斗栱）安装后的间隙，在未宓瓦前，忌勿塞垫，严防加压后折断构件。各种铁活的规格，除了按照图纸要求，还须测量铁活部位构件相互连接和加固的具体尺寸，以求准确无误，拉紧钉固。……
>
> 此外，白灰过淋，黄土过筛，砂子洗净，麻刀索草（或麦糠）不朽，灰土拌后不超过12小时，麻刀拌灰需打碎拌匀，灰泥背须压抹严实，筒板瓦下灰泥坐牢等等，虽为施工技术知识所必备，但仍需经

常检点。发现问题，及时纠正。如稍有疏忽，工程质量必然受到影响。①

2月中旬，柴泽俊赴永济普救寺查看施工质量与进度。

正月十五过后，永济普救寺工地工人陆续返回工地。按照普救寺修复工程进度计划，今年要完成第一期工程中期计划，以中线建筑为主，几座重要的殿宇将在年内完工。菩萨洞业经后人重筑，残状尚存，需在此基础上加以修缮保护。天王殿和钟鼓二楼为明代增补，工程量不算太大，前殿、罗汉堂、十王堂、藏经阁以及西线三佛殿皆为宋、金基址，是重点工程。

三佛殿为唐代形制，位于舍利塔北，五开间，深六椽，单檐四阿顶，瓦顶布灰色，唯二鸱尾用绿琉璃制成，斗栱、门窗皆为唐式，原有三尊石佛像仍置于其中。前殿在中线上院南隅，三间，四椽，歇山顶，斗栱简洁，琉璃剪边，宋金已有此殿，按宋代形制修复。罗汉堂与十王堂在中线上院东西两侧，宋代形制，宽五间，深四椽，前檐设廊，斗栱极简练，筒板瓦顶，无琉璃脊饰，全为布灰色。藏经阁在中线北隅，宋代形制，面宽五间，进深四间，二层，重檐歇山顶，下层围廊，上层平座斗栱上设以勾栏，殿身仅三间，设板门、直棂窗，上层设格扇，瓦顶黄绿色琉璃剪边，脊兽沟滴皆作宋式。

对工程的选料柴泽俊十分重视，有具体严格的选材标准。如柱子选材，一律以圆心材制作，柱身均为圆形，要求每根柱子的顶端一律留出6×6厘米方榫，长度以穿过普拍枋入栌斗底卯眼约5厘米为宜。柱子底端以纵横向开凿"十字口"通风防腐，口宽2厘米，口深1.5厘米，长度为圆柱径。栏额、普拍枋以方材制作，纹顺质坚、无节裂者为宜。凡栏额两端做撑头榫穿入柱头卯内，普拍枋两端对接做勾头搭掌卯，并在搭接的中线上开6×6厘米的柱榫眼。斗栱选材应为质坚纹顺无节裂者，在由原材加工成枋材后，一律经过蒸煮浸透，晾干后再进行制作。栱件的开口凡左右横向构件，一律开上口，深三分之二。凡出跳之竖栱均开深口，深三分之一。散斗开顺身口，交互斗和栌斗开十字口，并凿做隔口包耳，每个斗底

---

① 柴泽俊《朔州崇福寺弥陀殿修缮工程设计书》，《朔州崇福寺弥陀殿修缮工程报告》，文物出版社，1993年，第30—31页。

开管脚卯眼与栱件相交。梁架除了枋、替、叉手、托脚等用方材，其余均以圆心木制作，选材坚硬，无朽裂。凡梁头一律加制铁箍加固。所有梁栿均需平直光滑，卯口要严实，榑枋接口一律用螳螂勾头榫卯。椽、飞、望板用材，除了山门，其余檐椽和飞子均有卷刹，望板以厚 2 厘米为限，底面刨光，斜搭掌错缝。柴泽俊对瓦顶工程中苫背、结瓦、调脊、博脊与围脊都做了具体要求。

3 月初，中央美术学院美术史系主任金维诺教授给柴泽俊发来邀请函，诚邀他参与《中国美术全集·绘画编·寺观壁画》一书的写作。金维诺先生撰写了《中国古代寺观壁画》一文，作为此书的概论部分。柴泽俊撰写了《山西古代寺观壁画》和相关的图版说明。柴泽俊详细论述了山西古代寺观壁画的分布状况、创作年代、内容画法和现存面积，同时精辟地概述了历代壁画的发展、兴盛和衰落过程，并选择典型壁画对其绘画技巧和风格进行深入研究。最为难得的是该书仔细研究了壁质构造和作画方法，探索了中国古代壁画研究的新方向。该书于 1988 年 3 月由文物出版社出版。

3 月中旬，职称评审工作在全国各地科研单位展开。柴泽俊此时的职称为工程师（中级），是 1983 年评定的。职称晋升的顺序一般为工程师（中级）、高级工程师（副高）、研究员级高级工程师（正高）。同时政策规定对国家有特殊贡献的科技工作者可直接申报研究员。柴泽俊据此申报正高职称。

4 月中旬，柴泽俊收到浙江美术学院教授史岩先生的邀请，参与撰写《中国美术全集·雕塑编·五代、宋雕刻》。史岩先生撰写了《五代、两宋雕塑概况》一文，柴泽俊撰写了《五代、两宋时期山西的雕塑状况》和相关的图版说明。该书于 1988 年 6 月由人民美术出版社出版。

4 月，朔州崇福寺弥陀殿开始实施塑像加固保护工程。

弥陀殿金代塑像位于殿内佛坛上，体形高大，工艺精湛，历经八百多年而保留至今，成为研究我国雕塑史的重要实物资料。弥陀殿有塑像九尊：坛上主像三尊，中尊为弥陀佛，左右为观世音、大势至二菩萨；胁侍菩萨四尊分侍于主像两侧；金刚两躯，雄峙于坛前两端。此外，佛座束腰部分塑有力士四躯，背光上还塑有小坐佛、飞天和乐伎。

弥陀殿内主像三尊，皆为坐式，下设透空的束腰须弥座和莲台。各像手皆残，胸部曾被盗宝者挖成残洞，50年代曾用素泥补平。三尊主像座的上部泥皮多已脱落。胁侍菩萨四躯，分布于主像两侧后隅，手皆残，有的臂已裂。二金刚在两侧前隅，手皆残，下部衣饰及背光亦损坏，东侧金刚下部泥皮已失，主杆木骨折断，折断处裂隙1.8厘米，躯体前倾约为14.6度，随时有倾倒之虞。明间背光上原塑有小佛像一尊、飞天2躯和伎乐天12躯。现下部4躯伎乐天已不存，另有4躯缺头。因此必须采取措施加固保护。

弥陀殿落架大修，塑像就地保护，残者加固。雁北地带风雪甚巨，8—11级大风连年出现。如此高大的塑像和背光在八百多个春秋中历经自然和人为的侵袭，已相当脆弱。殿宇落架大修和塑像就地加固保护是难度很大的工程项目。

柴泽俊依据上年度已完成的《朔州崇福寺弥陀殿修缮工程设计书》《朔州崇福寺弥陀殿塑像加固保护设计书》，组织技术人员研究保护措施。他们对不同的塑像采取了不同的加固保护措施。

措施一，架设全部塑像保护框架与保护层。

三尊主像各重20吨，胁侍菩萨四尊各重约6吨，二金刚各重约8吨。主像下部须弥座乃由直径15—20厘米的小木柱和横木结架搭构而成，承载上部塑像的全部重量。胁侍菩萨和金刚皆有木骨埋入地下，外用麦秸泥和棉花纸筋砂泥贴塑而成。朔州地带常有大风出现，1982年、1986年皆有大风，且造成危害。针对这样的情况，他们经过实地研究试验，拟用钢管和木板架设成保护塑像的框架和防避风雨层。

措施二，加固西次间背光。

西次间背光腰部折损。此次加固保护，将于背光之后两侧增设扁形木柱，上部设以横杆，用铁片螺栓与背光相连，使背光在上部铁链、铁环悬挂之下产生自持之力。此次加固与支搭保护框架同时进行。借助框架保护，加固工作将会更安全些。

措施三，加固东侧金刚像。

东侧金刚像高5.52米，连同背光共高5.98米。躯体原倾约为12.6度，主杆折断后增加倾斜度15厘米，现约倾斜14.6度。前倾原因：一为右腿和躯体后部下隅大块泥皮不存，呈头重脚轻状；一为地震波及所造成。加固要求：金刚归回原位，加固后予以固定。采取三项加固办法，可以达到预期效果。第一，支搭稳固金刚的架木。第二，用电业高压线电杆折转处拉地线的原理，自金刚背面拉一道电线，上端与像体胸部、腹部横竖木杆系紧，下端斜向埋入地下水泥地梁中，线位隐于像背衣襟泥皮之内。第三，请泥塑匠师和雕塑工作者相结合，补配金刚后部所缺的衣襟和右腿上泥皮，完善塑像自身，稳固像体下部，改变头重脚轻的现状。

5月，古建筑研究实验室仍在创建中，已完成了五台南禅寺、佛光寺和晋祠圣母殿等几座木结构大殿模型。

6月，位于太原市王村北街新址的山西省古建筑保护研究所办公楼和三栋职工宿舍楼相继建成。在获得科技单位改革红利的同时，所谓"截留"问题仍在持续。柴泽俊不时地接受多个"调查组"的询问，甚至检察院也介入了。妻子多次劝他辞去所长职务，抱怨地说："你在永乐宫一待八年，我带着三个孩子就靠我三十多元的工资生活，既要工作，又要带孩子，还得接济老家的亲人。谁知你刚回太原又赶上'文革'被批斗，前年又动了胆结石手术，你的胆和胃都被切掉了，这十多年来就没过上稳定的日子。现在孩子们都大了，你我都五十多了，刚担任所长这个职务，又有人告状，这样的日子什么时候是个头？"柴泽俊坦然回答："我放不下心中的古建，想在有生之年多干点事。我从事文物工作三十多年了，现在依然家徒四壁。清者自清，我想总会有结论的。我只担心因此而干扰了我的工作日程。"

8月，柴泽俊赴繁峙岩山寺勘察，并在当月完成《岩山寺修缮工程设计书》。在设计书中他大胆地提出将岩山寺西北3公里宝藏寺遗址中仅存的圆觉殿迁至岩山寺内的原弥陀殿基址上复原保存。这样既可保存金代木构，又可完善岩山寺布局。《岩山寺修缮工程设计书》因故未能如期上报国家文物局，1996—1997年间才对岩山寺做了简单的修缮。直至今天，圆觉殿依然孤独地矗立在宝藏寺遗址上。

9月，山西大学开设的古建筑专业大专班开学，学制三年，面向全国招生。柴泽俊亲自管理这个班，并主讲"宋代《营造法式》""清代《工部营造则例》""山西古代彩塑""山西古代壁画""山西琉璃""怎样勘察测绘古建筑""山西古建筑概论""古建筑结构"等课程。

他特邀古建名家单士元、杜仙洲、于倬云和杨道明先生来讲课。这是培养古建筑方面的人才最重要的举措。多年以后，这个班中的大多数学员已成为山西乃至全国古代建筑保护修缮的骨干力量。

10月初，柴泽俊两年前向省科委、财政厅和国家文物局申请购买的价值百万元的照相机、测量仪、全自动绘图仪等一批先进仪器到位，并立即投入使用。

10月13日，山西省文物局中级职称评审委员会召开专门评审会议，就柴泽俊本人申报的职称展开评议。评审的程序是由中级职称评审委员会依据本人申报，按照政策条件审议通过后，推荐到高级职称评审委员会审议。

评审会上发生了意见分歧。本着对评审工作认真负责的指导思想，评审委员会组织专人小组，听取外界人士的意见。他们一方面向山西省委宣传部长张维庆汇报，另一方面派人赴北京听取国家文物局和故宫博物院的资深人士的意见。张维庆部长的意见是："按政策规定评审，够条件就应评审通过。我们要培养我们山西自己的人才，不要压制。"专人小组在北京分别听取了三位人士的意见。他们是故宫博物院副院长单士元先生、故宫博物院总工程师于倬云先生、国家文物局古建专家组组长罗哲文先生。有趣的是，当专人小组在不同时间、不同地点分别听取这三位先生的意见时，得到的回答几乎如出一辙。在单老家中，来人递上柴泽俊的报批材料，并说明来意。单老看罢，惊异地问："我以为柴泽俊已经是研究员了，他所做的工作和文章我都知道，对我国古建筑的发掘和保护是有贡献的。"在于老家中，来人把柴泽俊的报批材料递上，于老摆手道："我不看这些材料，他本人的文章和工程我都看过，我很赞赏，没想到现在还是个中级职称，早应该是研究员了。"罗老同样没看来人递上的材料，只是问道："为什么他现在才是个中级职称？"

10月末，在中级职称评审会上，张颔先生指着《中国美术全集·绘画编·寺观壁画》和《中国美术全集·雕塑编·五代、宋雕塑》两部专著的样本，讲道："大家都知道金维诺金老、史岩史老吧，中央美术学院和浙江美术学院有多少教授级专家、学者把不能与这二老共同合著引为憾事。这两部合著不仅是对柴泽俊个人成就的肯定，也是我们山西古建筑事业的幸事。如果我们仍以副高的职称去面对金老和史老的话，我们将会把我们自己放在什么地位。"此时，专人小组又把从北京听取的意见向评审会做了汇报。于是，会议通过了柴泽俊的申请，并上报高级职称评审委员会。

11 月，永济普救寺第一期修复工程结束，第二期修复工程筹备开工。

在此前已修建了与《西厢记》关联最为密切的一些建筑，分别是崔相国别院（包括老夫人居舍与崔莺莺西厢）、张生西轩、书斋院和花园中亭台、池塘、假山、香案、回廊、曲栏等。这些建筑唐人小说《莺莺传》（又名《会真记》）中已有之，金人董解元《西厢记》中更加规模完备，元代王实甫《西厢记》中较前更为精致逼真。据其情理，应按照唐宋规制复原，力争与文献吻合。但是这些建筑规模较小，屡经补葺，明嘉靖年间地震后又予重修，在它们身上反映了几个时代的特征。据此，在复原时以唐宋时期的建筑形制为基础，为了配合文学作品又适当穿插一些山西地方元、明手法，以示补葺和重修后所留的遗迹。在《永济普救寺修复工程总体设计》中，柴泽俊对它们的形制安排如下：

崔相国别院：在三佛殿与藏经阁之间北隅。四周围以院墙，前设院门，后设角门（通向花园）。院内除了花畦，正房（老夫人屋舍）、东厢、西厢（崔莺莺居室）各三间，正房两侧设小耳房各一，皆作悬山顶，厢房规格可略小一些。门窗式样应符合唐宋之规，不施斗栱与琉璃装饰。

张生西轩：在塔院西向廊房西侧北隅。三开间，悬山顶，中隔一墙，开设二门，各成一间半，以求与文献相符。轩内除正常门窗外，北向山墙上另辟一窗，直接可望见花园。这是《西厢记》中原有之意。此轩简洁，可不施斗栱和琉璃构件。

书斋：在藏经阁以北。有书斋、花房，四周围墙，自成一院。原为崔相国书斋，寺僧亦在此接待一些官吏学士，故距崔府别院甚近。张、崔爱情故事发生后，成了张生的书院。院前开便门，院后设角门，房子五间，深四椽，悬山顶，两道隔墙分为三屋，书斋、卧室、书童各居一舍，外设花畦、石桌凳，呈雅静气氛。

花园：花园就地形建造。亭子四座：一为双亭置于水塘附近，一为方亭置于低凹处，八角亭设于花园东北上部。池塘（湖）、假山相依而设，在花园中部，塘间曲形小桥可通往假山上，池塘四岸用片石砌筑，假山叠石悬险如削。塘前平地置简易石桌，是莺莺当年焚香的地方。翠竹遍植山塘周边，山后及旁侧设矮墙于翠竹之中，墙上有假窗、墙角，有便道可通。墙角竖一顽石，是当年张生偷观莺莺处。园内环廊自寺西侧土坡腰间设置，至园内山、湖附近止，三十余间，随地形而建，仰覆瓦顶，两面敞朗。此项工程可视资金情况酌情增删。亭子四周和廊庑两侧皆设曲栏，以符合元代王实甫《西厢记》中"一个潜身曲栏边，一个背立湖山下"之述。①

12月初，柴泽俊赴运城考察汉代陶楼。

1988年　戊辰　五十四岁

1月，经过三年筹备，山西省古建筑保护研究所建成古建筑图书资料室，藏书十几万册，价值百万元。

同月，永济普救寺修复工程进入第二期。这一年将完成东线修复，自前至后有院门、僧舍、枯木堂、长老室、正法堂和香积厨。正法堂宋金已有，可依宋金形制复原，其余皆依明制修复即可。另外，还有崔相国别院、书斋、张生西轩、花园等其他工程也将在年末完成。

在《永济普救寺修复工程总体设计》中，柴泽俊对普救寺东线复原建筑的形制做了如下设计：

僧舍：在东线前院东侧，明代形制。五开间，深四椽，悬山顶，前檐设廊，斗栱简单，瓦顶不施琉璃构件。

枯木堂：在东线中部，明代形制。宽三间，深六椽，单檐悬山顶，斗栱简单，瓦顶无琉璃装饰。明间前后皆辟格扇门，可以穿通。

禅堂与长老室：在东线后院左右两侧，明代形制。宽三间，深四椽，前檐设廊，斗栱极简，无琉璃装饰。

正法堂：在东线北隅，宋金形制。面宽五间，进深四间，四周围廊，重檐歇山顶，明次间皆安格扇门，瓦顶脊饰用琉璃剪边，脊兽沟滴皆为宋式。

---

① 柴泽俊《永济普救寺修复工程总体设计》，《柴泽俊古建筑修缮文集》，文物出版社，2009年，第352—353页。

香积厨：在东线北隅正法堂以北，明代形制。此乃当年寺僧、居士、香客设斋膳食之所，分香积厨与斋堂两个建筑。香积厨三间，斋堂五间，皆为悬山顶，设门窗，斋堂中为格扇门，均无斗栱与琉璃装饰。①

2月，柴泽俊撰写文章《临汾魏村牛王庙元代戏台剖析》。该文于1997年发表在《建筑历史与理论》第五辑②。这篇文章分为四个部分，考证了牛王庙戏台的发展、演变和沿革，研究了该戏台的形制结构和特征，勘察了它的残损状况，探讨了戏台形制变化与我国戏剧发展史的关系。该文提醒文物工作者，不要忽视对古戏台的保护，它是古代建筑体系中一个重要的方面，也是我国戏剧发展史的实物证据。

3月15—16日，为使普救寺修复工程更趋完善，山西省古建筑保护研究所特邀全国建筑史、文学史、戏曲史和声学物理方面的著名专家张驭寰、吴晓玲、于倬云、陈通、霍松林等近十人赴永济普救寺进行实地考察和学术研讨。

普救寺的修复并不是一个单纯的工程技术问题，它涉及我国文学史、艺术史、戏曲史、宗教史、建筑史和声学物理等不同学科领域。在整个修复工程中，山西省古建筑保护研究所认真研究宗教史、建筑史和描写张生和崔莺莺爱情故事的各种文学作品，找到了修复普救寺的可靠的文献依据。他们用考古学的方法清理发掘基址，摸清了隋唐以来普救寺的规模和建筑遗迹，并发现了不少珍贵文物和建筑构件，为修复工程提供了可靠的实物依据。另外，普救寺舍利塔（俗称莺莺塔）还有一种良好的声学效应，在塔附近击石，塔身有回声若蛙鸣。这种现象见于记载已二百多年，修复过程中实地研究保护蛙鸣回声，并列入修复设计项目中。

经过实地考察和研讨论证，专家们一致认为，修复设计有根据，修复工作建立在科学可靠的基础上。尤其是大钟楼、舍利塔回廊、大佛殿和藏经阁等，时代特征鲜明，符合佛寺规制，而且非常协调。现在寺内建筑已初具规模，舍利塔的回声四面都可听到。集不同学科之长于古建文物修复

---

① 柴泽俊《永济普救寺修复工程总体设计》，《柴泽俊古建筑修缮文集》，文物出版社，2009年，第351—352页。

② 中国建筑学会建筑史学分会编《建筑历史与理论》（第五辑），中国建筑工业出版社，1997年。

中，是一种值得提倡的科学方法。

4月初，经山西省高级职称评审委员会评审，柴泽俊越级晋升为研究员（正高职称）。

4月中旬，柴泽俊受国家文物局委托，带领山西、河南、河北三省古建专家组赴西藏考察布达拉宫残损情况，并制定了总体修缮方案。该方案经中央七部委讨论后报国务院审批，于同年10月被批准实施。

8月初，山西省三晋文化研究会成立，柴泽俊任理事。他从2003年起任研究会副会长。

8月中旬，朔州崇福寺弥陀殿开始揭取壁画。

弥陀殿的壁画位于殿内四壁，其绘制时间与殿宇建造年代相同。因年代久远，殿宇倾斜，后壁壁画大部不存，东壁后间壁画也已毁坏，南壁、西壁和东壁前两间壁画基本完好，总面积320多平方米。除极少部分为明、清重绘，余皆金代原作。壁画内容为说法图，绘有坐式佛像、胁侍菩萨、三世佛、三大菩萨、八宝观音和千手千眼观世音等。画面布局疏朗，格调古雅，色泽以朱红和石绿为主。画法为重彩平涂，着色浓郁，笔力雄健。这种以朱红为主的大型人物画在唐至五代兴盛，宋金以来的寺观画中已属少见，弥陀殿之作犹存唐画风韵。这些壁画历经840多年的自然侵袭和人为损坏而保留至今，为研究我国宗教史、美术史提供了重要的实物资料。

现存壁画的残损状况是：各壁的裂缝大小不等，多数上下裂通。东壁主要裂缝有三道，西壁主要裂缝有四道，南、北两壁除了残损部分，裂缝多是小缝。弥陀殿壁质构造与别处不同，殿内不用砖坯而用土坯一竖一卧垒砌，壁画与土坯大都联结甚固。上部局部鼓闪，砌体和泥皮分离。各壁下部因潮气侵蚀呈松软状。画面上飘带、衣襟、花冠等精致部分颜色沉厚而浓郁。原作因胶质过重有皱皮现象。大面积平涂色彩部位亦有落色现象。

壁画与建筑相依为命，大殿落架修缮，壁画也必须揭取下来，经过加固再复原上去，原位保存。揭取壁画，是加固保护的第一大工序。针对弥陀殿壁画现状，首先要拍摄现状照片，存档备查，也可作为修补依据。柴泽俊在做完这些前期准备工作后，指导工地技术人员根据弥陀殿壁画的实际，用粉线将画面分割成大小不等的88块。大者达10平方米左右，小者

2 平方米左右，一般都在 4—6 平方米。揭取画块的厚度以 8—10 厘米为佳，并涂刷封护剂，在裂缝、残破疏软处和清代所补绘的灰泥壁部位还需粘贴靠背纸和麻布，以防止揭取时闪动或偏侧造成新的裂缝错位和色彩脱落。现存殿宇四面墙壁因檐柱沉陷已产生荷载功能，为安全计，在揭画前，柴泽俊指导技术人员，除了殿宇拆卸脊瓦、四向支撑和四角戗固外，每揭取一块壁画，即在每根檐柱两侧各加支柱一根，用以代替墙体负重，防止意外。画块的降落用机械控制，画块的搬运用载重平板车，缓慢运行。存放壁画的库房防潮通风，画块放在距地面 1 米以上，严防潮气侵蚀。

9 月 26 日，《中国旅游报》刊出记者李东岗的一篇报道，题为《普救寺莺莺塔科学考证取得重大进展》，副标题为《非科学施工造成破坏亟待制止》。此文批评普救寺修复工程"非科学施工造成破坏"，"围廊使回声效益降低了 50%"。

10 月初，柴泽俊撰文《对〈中国旅游报〉刊文的回覆与商榷》，回应记者李东岗《普救寺莺莺塔科学考证取得重大进展》一文的批评。此文被收入《柴泽俊古建筑修缮文集》。

10 月中旬，西藏布达拉宫总体修缮方案获得批准。

11 月中旬，日本古建学者稻垣荣三、铃木嘉吉来山西太原进行学术交流。

同月，柴泽俊母亲故去，享年八十岁。

12 月，山西古建筑保护研究所模型试验室万荣飞云楼模型完成。实验室已初具规模。

同月，柴泽俊开始筹备建造古建筑保护研究所自己的木材库，以保证在日后古的建筑修缮中有自己储备的优质木材。

12 月末，永济普救寺修复工程全部结束。从 1985 年 9 月召开普救寺修复专家研讨会以来，至此共历时三年零四个月。

1989 年　己巳　五十五岁

1 月，柴泽俊在修复普救寺前撰写的文章《普救寺原状考》，发表在《文物季刊》1989 年第 1 期。

2 月，柴泽俊撰写文章《繁峙岩山寺》。该文多角度全方位地研究了岩山寺的寺史沿革、建筑特征、墨书、壁画、雕塑、碑刻等，强调寺内文殊殿的金代壁画是岩山寺的精华所在。

岩山寺金代壁画的发现和保护过程，曾有过一段曲折的历史。20 世纪 50 年代进行文物普查时，杨陌公等先生发现了岩山寺建筑及其壁画。由于当时的认识水平和各方面条件所限，勘察者仅注意到岩山寺建筑的结构形制和时代特征，将岩山寺定为元、明建筑，对壁画不够重视。该寺曾被公布为山西省重点文物保护单位，后又调整为县级文物保护单位。限于当时的经济条件和认识水平，岩山寺一度处于无人管理的状态中。1973 年柴泽俊在参加山西古代壁画的复查工作时，曾在岩山寺停留数日，发现文殊殿的彩塑和壁画皆具宋、金风韵，其中尤以壁画最为引人注目。究其内容，丰富多彩；赏其画风，工整严谨；遍阅碑文，知其寺史；觅得画师，明其作者。柴泽俊据寺内碑文和西壁墨书题记，确定文殊殿内的壁画是六十八岁的"御前承应画匠"王逵及王遵等人于金大定七年（公元 1167 年）绘制的。

我国宋、金寺观壁画保存下来者为数不多，除了一些残缺不全的壁画，高平市开化寺大雄宝殿、朔州市崇福寺弥陀殿和繁峙县岩山寺文殊殿的壁画已是鸿篇巨制了。其中岩山寺文殊殿的金代壁画题材丰富，画技高超，当时的许多社会生活和风貌跃然壁上，历经八百多个寒暑而保留至今，诚属难能可贵。

3 月初，山西省古建筑保护研究所大型古建筑实验室建成。该实验室收入了山西重要的十七座古代建筑木结构模型，这些模型分别代表着五台南禅寺大殿、佛光寺东大殿、文殊殿，平遥镇国寺万佛殿，太原晋祠圣母殿，应县木塔，大同华严寺大雄宝殿，朔州崇福寺弥陀殿，芮城永乐宫龙虎殿、三清殿、纯阳殿、重阳殿，洪洞广胜寺弥陀殿、毗卢殿，代县边靖楼，万荣县飞云楼、关帝庙春秋楼。同年 9 月《山西古建筑木结构模型》一书由北京燕山出版社出版。

3 月，朔州崇福寺弥陀殿修缮工程开始修复壁画，拆卸殿身构架，加固残损构件，补配琉璃残片。柴泽俊指导加固修复壁画。加固修复壁画分三个主要阶段，即揭取壁画，加固壁画，安装壁画。揭取壁画分为清洗画面、封护画面、分块编号、制作揭取板、支搭揭画架木、揭取壁画六个工作程序。加固壁画分为基本铲平、补素泥、刷胶水渗底、抹胶水砂泥、刷酒精漆片渗底、粘贴布料与布揪、压抹酒精漆片砂泥、粘框、补平画面九个操作程序。加固壁画必须在干燥、通风、宽敞的修复室中进行。加固壁画前，须依据大型画块的规格制作平整的修复板和修复台，板面应有棉麻布之类的垫层，板置于台上，台高 70 厘米为宜。安装修复壁画，俗称挂画，是将加固好的画块原位安装，补平接缝，砌筑背面檐墙，修复画面，使其原状依然。

5 月，朔州崇福寺弥陀殿开始砌筑基础，尤其是强化柱础下的磉墩，加固台基。在施工中，不断有新的发现，柴泽俊都及时记录：发现建筑基址；找到殿身倾斜的原因是前檐明、次、稍间五根檐柱柱底向后平移 40—50 厘米，乃后人修缮人为所致；后檐柱柱身向北倾斜 40 厘米，柱底平移仅 5—8 厘米，乃殿宇倾侧后推力所形成，这种仅平移前檐柱的修缮方法，加剧了殿宇的倾侧折损；殿顶琉璃为金代原作等。这些发现，都收录在《朔州崇福寺弥陀殿修缮工程报告》中[①]。

5 月中旬，柴泽俊受南京工学院（现为东南大学）聘请，为大学生讲授古代建筑课程。

7 月初，柴泽俊勘察太原晋祠圣母殿。由于近年来圣母殿不均匀沉降日益加剧，台基前部下陷，柱子沉侧，梁架走闪，墙垣裂缝，栿枋拔榫折断，槫椽滚动脱钉，瓦顶大片鼓起，裂缝和漏雨现象不断出现。柴泽俊对圣母殿构件逐项逐件进行勘测、分析和记录，发现相当部分的木构件其腐朽、劈裂、残损程度比较严重，且继续发展。柴泽俊立即向山西省文物局、山西省政府和国家文物局等相关部门汇报，并准备《太原晋祠圣母殿修缮工程设计书》。

本月末，柴泽俊陪同日本古建专家一行再次勘察晋祠圣母殿。

11 月，柴泽俊与同事研究晋祠圣母殿前木雕蟠龙的加固方法。

1990 年　庚午　五十六岁

1 月，柴泽俊撰写文章《宋、金时期山西琉璃艺术初探》。此文后来

---

①　山西省古建筑保护研究所《朔州崇福寺弥陀殿修缮工程报告》，文物出版社，1993 年，第 63—64 页。

被收入《柴泽俊古建筑文集》。

在这篇研究文章中的第一部分，柴泽俊讲述琉璃的产生、发展，特别是琉璃逐渐用于建筑装饰所产生的艺术价值，还考证了宋《营造法式》中有关琉璃烧制的记载。在文章的第二部分，作者考察了使用在山西古建筑之上的琉璃，有吻兽、脊饰、牌坊、高塔、碑碣、影壁、狮子、供器及附属于其中的龙凤、花卉、仙人、武士、佛像、菩萨、押鱼、天马等，造型生动，色彩艳丽、各尽其妙。这些琉璃艺术随着山西寺庙的建筑，分布在晋南、晋东南、晋中、晋北、雁北等地，在宋、金之际山西寺庙建筑上装饰琉璃艺术构件已十分普遍，捏制和烧制工艺已臻完备。大量实物证明，山西不仅是"中国古代建筑的宝库"，而且也是我国古代琉璃艺术之乡。文章第三部分指出，琉璃匠师是琉璃的制作者，也是琉璃艺术的创造者。在等级悬殊的传统社会里，许多琉璃匠师尽管创造了宏伟巨大的琉璃艺术作品，但他们的名字及其业绩如同淹没在汪洋大海之中，不为后世所闻。作者呼吁，在我们研究我国琉璃艺术成就时，应注意搜集留在琉璃作品上的年款题记、匠师姓名和记事碑文中有关琉璃的记载，给予匠师们应有的重视。

同月，柴泽俊开始撰写学术专著《山西琉璃》。该书以对宋、金时期山西琉璃的探索为切入点，上溯西汉、北朝，下迄明、清，研究山西各个时代的琉璃艺术，涉及冶炼成分、作品形态、制作年款、匠师题记等。书稿于同年年底完成，次年5月由文物出版社出版。

3月，柴泽俊撰写文章《晋祠唐叔虞祠创建年代及沿革》《晋祠历史文物的惟一性及其保护建议》。

在《晋祠唐叔虞祠创建年代及沿革》一文中，柴泽俊考证唐叔虞正殿之建是在北宋太平兴国四年（公元979年），至太平兴国九年（公元984年）工程告竣。那么，宋初晋祠庙内正殿所奉开国君主唐叔虞又何以变为圣母呢？唐叔虞祠又于何时移至祠内北侧，其原因何在呢？现将柴泽俊在该文中的考证简述如下：晋祠本为唐叔虞祠堂。祠宇中供奉叔虞的主体建筑曾位于祠内中轴线后部，即鱼沼飞梁西侧悬瓮山脚下，这在北魏郦道元《水经注》中有记载。宋太宗灭北汉后，在鱼沼西侧原唐叔虞祠旧址上建起高大雄伟的正殿七楹，殿内仍供奉晋祠主神唐叔虞。但是，祀奉唐叔虞的正殿并没有能够保留多久，大中祥符二年（公元1009年）就被山体滑坡摧毁了。据《宋会要辑稿》《太原府志》《重修汾东王庙记》等记载，因地震、狂风、冰雹、蝗灾、旱灾、霜冻等自然灾害频发，人们祈求甘霖泽农禾，多要到太原城西十里山谷中的娘子庙祷告，祈求和祀奉者甚众，且祷雨应验。故将女郎（后称圣母）祀奉于晋祠内主位，圣母在人们心目中的神灵地位比唐叔虞高出很多，人们祈雨和祀奉活动多以圣母为主体，宾移主位的局面逐渐形成。北宋天圣年间（公元 1023 年—1032 年）晋祠之唐叔虞祠殿移建于庙内北侧而南向，原正殿位置重新修复改奉水母（女郎），宋神宗熙宁年间（公元 1068—1077 年）加封号"显灵昭济圣母"，至此晋祠之母遂奉为周成王和唐叔虞母后邑姜。

在《晋祠历史文物的唯一性及其保护建议》中，柴泽俊阐述了晋祠中一些建筑和文物的历史唯一性。如：①晋祠是中国历史最久的古典园林。②晋祠圣母殿是将原供奉唐叔虞的正殿修复后改奉水母（圣母）。③鱼沼飞梁，沼桥之古，形制之殊，在全国独占鳌头。④晋祠庙内既祀奉主神叔虞及其母后邑姜，又祀奉三清、玉皇、水母、文昌、吕祖、关圣、佛祖、药王、龙王、财神、送子娘娘、灵官、驺台、公输子等各种神祇。各类建筑因地势建造，轴线分明，风格各异，但又不失其完美的整体性和有机联系的统一格局。这种择地营建，运用自然山水与人文建筑形成的古典园林和宗祠神宇有机组合在一起，是自然美与人文美的和谐统一，迄今保存完好，堪称全国奇例。⑤石刻，唐、宋、元、明、清历代石刻碑文俱在，记事、祷祠、谢雨、诗词、歌赋皆有，其中唐太宗御笔行书《晋祠之铭并序》和唐镌《华严经》石刻堪称全国之极品。⑥绘画，宋、元、明、清彩绘和壁画多隐于殿宇檐下和墙壁间。宋代大栱眼壁画中彩绘图案清晰完好，色彩如初，在全国现存实物中未曾见过。⑦铁铸文物皆是佳品，其中宋绍圣四年（公元 1097 年）、五年（公元 1097 年）两尊铁人（俗称金人），至今依然明光锃亮，为全国所未有。⑧周柏、唐槐、宋金槐榆遍及祠内，现存周柏一株，已近三千年高龄，是我国古代园林中人工植树的先河，也是晋祠古代园林和古代宗祠神宇初创阶段的佐证。⑨晋祠庙内各个殿堂之中保存有宋、元、明、清彩塑百余尊，皆是佳作。尤以宋塑宫娥侍女像和元塑倡优乐伎像最引人神往，这种与真人登高的古代彩塑写实作品，是全国孤例。⑩圣母殿前宋制木雕蟠龙、金建凉亭式献殿和"难老""水镜台"等书法牌匾也是晋祠独有的历史文物。

5月，柴泽俊撰写文章《宋建晋祠圣母殿形制结构与法式特征》。这是为圣母殿大修作专业指导的一篇论文。他指出："圣母殿的重建（实则重修）年代与宋李诫《营造法式》颁布年代相近，规模较大，副阶周匝，堪称我国宋代建筑的代表作。"此文从台基、平面、柱础与柱子、阑额和普柏枋、斗栱、梁架、槫、举折与出际、椽飞与檐出、瓦顶、檐墙及地面、装修、彩绘、壁画、神龛及塑像等方面研究和阐述了晋祠圣母殿的形制结构和法式特征。文中配有大量的图纸、规格尺寸表和统计表等，都有翔实的数据分析。此文是圣母殿大修前，作者在勘察调研后对圣母殿形制结构与法式特征所做的专业研究，后来在修缮的过程中有新的发现，因此本文中一些研究数据被修正和补充，并记录在《太原晋祠圣母殿修缮工程报告》中。为保留修缮前的认识，本文未作补充，反映了作者脚踏实地的务实精神。此文后来被收入《柴泽俊古建筑修缮文集》中。

6月，柴泽俊赴朔州崇福寺指导弥陀殿安装木构架、瓦顶，装配脊饰、吻兽。

10月，柴泽俊的专著《繁峙岩山寺》由文物出版社出版，为大八开版本。全书分八大部分，以岩山寺及其壁画为主线，详细全面地记录了岩山寺建筑和壁画的发展沿革及其艺术价值。书中正文、图版说明和附录共约10万字，有彩色图版147幅、建筑实测图46幅、碑拓12幅。另外，还将同属于五台山显通寺一脉的繁峙宝藏寺仅存的圆觉殿建筑的相关内容收入书中。

11月初，柴泽俊带队，与省古建所高级工程师吴克华、任毅敏、李在青、李刚等技术人员在晋祠圣母殿勘察、测量。同时请化工部第二设计院勘探队钻探基础，分析地层，对地基构造及变形情况进行掘井勘探和物理力学分析，为晋祠圣母殿的修缮进行前期准备。

12月，朔州崇福寺弥陀殿砌筑檐墙下部槛墙，安装防震斜撑和壁画框架。

1991年　辛未　五十七岁

3月，朔州崇福寺弥陀殿安装壁画、修复画面。

4月末，柴泽俊赴五台山台怀考察，登大白塔极顶考察塔刹状况。

5月，柴泽俊专著《山西琉璃》由文物出版社出版。全书包括三大部分：山西琉璃艺术发展概述、图版、图版说明。在"山西琉璃艺术发展概述"中，柴泽俊详细讲述了琉璃这一艺术珍品产生、发展的历史过程，琉璃在元、明时期达到鼎盛所形成的艺术价值。"图版"中用了432幅极为珍贵的照片展示山西琉璃艺术，其中有相当数量的照片已成为绝版。最后附有图版的文字说明，使读者清晰明了。

同月，朔州崇福寺弥陀殿开始收尾工程，砌墙、墁地、修补格扇和板门、油饰断白。

6月初，柴泽俊与国家文物局古建专家组组长罗哲文先生陪同日本古建专家铃木嘉吉考察应县木塔。

同月，太原晋祠圣母殿数项基础性测试、勘察、设计仍在进行中。

9月8日，中共中央常委、全国政协主席李瑞环同志考察应县木塔，提出要妥善保护木塔。

9月中旬，太原晋祠圣母殿地基钻探、勘察设计完成。柴泽俊撰写了有关地基勘察、沉陷测试、构件残损、隐藏壁画和修缮加固方案的材料。通过对晋祠所在地的地形地貌、水文气象和地层岩性构造的详细分析，得出了殿基土层物理力学性指标，明确了殿基水文地质条件，得出五点结论，为圣母殿修缮保护工程中的基础加固提供了数据支持。在此基础上，柴泽俊又做了圣母殿倾侧沉陷测试，分别对其构件包括台基、柱础、柱子、阑额、普柏枋、斗栱、梁架、槫椽、檐头、瓦顶进行细致的倾侧沉陷测试，初步分析了造成圣母殿变形的原因。

10月10日，《太原晋祠圣母殿地基勘察研究》《太原晋祠圣母殿倾侧沉陷测试》《太原晋祠圣母殿构建残损研究》《太原晋祠圣母殿隐藏壁画探索》以及《太原晋祠圣母殿修缮加固方案》文件完成，上报国家文物局审定。

接着柴泽俊提出了晋祠圣母殿加固基础、强化殿基载荷的施工方法。

10月中旬，建设部总工程师戴念兹、国家文物局副局长黄景略及古建专家罗哲文、李竹君、张之平等勘察应县木塔。柴泽俊参加了这次考察并提出两种保护方案：一是根据残状，落架大修；二是综合加固，现状维护。

10月20日，朔州崇福寺弥陀殿修缮工程竣工。

10月下旬，柴泽俊完成《朔州崇福寺弥陀殿修缮工程竣工技术报告》。报告详细记录了崇福寺弥陀殿修缮工程的全过程，从1986年国家文物局组织专家会议审核修订修缮设计方案，1987年加固保护塑像，1988年揭取壁画、烧制砖瓦，1989年加固修复壁画、拆卸殿身构架，1990年安装木构件，到1991年安装壁画、修复画面、油饰断白。施工要求、方法、程序等以及材料的配比都详细记录在案，成为日后可供借鉴的珍贵资料。此文后来收入《朔州崇福寺弥陀殿修缮工程报告》中。

同月，柴泽俊成为第一批享受国务院颁发的政府特殊津贴的专家。

11月12日，国家文物局古建专家组和文物组领导、其他省市文物界领导和专家对崇福寺弥陀殿修缮工程进行验收鉴定。参加验收鉴定的有：国家文物局古建专家组组长罗哲文，原故宫博物院总工于倬云，原故宫博物院古建部主任傅连兴，文化专员朱长令，国家文物局处长孟宪民和李培松；省文物局领导，省古建所所长兼总工、崇福寺弥陀殿修缮领导小组常务副组长柴泽俊，省文物局文物处副处长王永先，原省文物局副局长李正云；朔州市副市长李尧，朔州市政协副主席王金书，朔州市雁北考古所所长张畅耕及朔城区有关负责同志。上午进行验收鉴定会议，会议由国家文物局古建专家组组长罗哲文主持。柴泽俊首先汇报了工程进展情况、攻克的技术难题和取得的效果，接着与会同志发表了验收鉴定意见，最后国家文物局古建专家组组长罗哲文总结发言。

柴泽俊汇报的内容主要有三点：①崇福寺弥陀殿落架大修，是经过现场勘测和设计，经国家文物局批准后施工的。在国家文物局和省市领导的关怀和支持下，经过全体技术人员共同努力，历时四年多时间，胜利完成了任务，达到了预期的目的。②修缮弥陀殿，攻克了四大技术难题。一是弥陀殿柱子、梁架和斗栱等大木构件腐朽残损严重，修缮中千方百计加固后继续使用，使原构件达到构件总数的93%；二是壁画画块太大，揭取加固极易损伤，通过相应的技术措施，达到了使壁画安全完好的目的；三是塑像倾斜、背光折损、殿顶琉璃破碎等问题，通过逐项研究，恢复了原状；四是殿外色泽陈旧古雅，殿内保存有一部分金代彩画，原状保存，完好无损，坚持原状、原件、原貌、原构，遵守了不改变文物原状的原则。③施工过程中，在文物安全、人身安全、节约资金、培养专业技术人才方面，提高了认识，掌握了技术，增强了文物保护的主动权。

验收鉴定会上，国家文物局古建专家组成员和省市文物界专家和领导同志都发表了意见，对弥陀殿修缮工程质量、施工中解决的各种技术难题以及取得的效果给予肯定，并要求认真总结经验，供全国各地修缮古建文物借鉴。

11月中旬，山西省文物局按照国家文物局指示，派代表参加在意大利罗马古城举办的万国博览会，隆重推出"中国·山西文物精华展"。时任山西省副省长吴达才同志带队，柴泽俊等一行五人随行。这是中意两国友好交往和文化交流活动中一个大的项目。在展览中，哪些山西珍贵楼阁庙宇的微缩模型能代表山西这个占全国地上文物比例最高的省份的形象？柴泽俊选择了解州关帝庙春秋楼、佛光寺东大殿、南禅寺大殿、永乐宫三清殿、纯阳宫和晋祠圣母殿。当这些大小相当于原建二十分之一的古建筑模型如期展现在罗马万国博览会时，轰动全城，盛况空前。当地报纸极力宣传，多家电台进行了实况转播。

会展期间，主办方带着他们一行游览了罗马一些著名的教堂和景点。罗马古建筑遗址中著名的凯旋门为砖石结构，是柴泽俊此行最感兴趣的看点之一。他是以保护和修缮古建筑的眼光来考察的。罗马古建筑有其独特的保护修缮风格，一是保护修缮不太注重与原样的酷似，而是在细部留有修缮痕迹，但大多保持和谐统一；二是"留白"明显，即修补增添的部分是白色的，故称留白。东西方古建筑保护修缮的风格迥异，但其标准和规范都符合国际共同的维尼斯宪章。

他们又来到圣彼得教堂。这是世界上最宏伟的教堂，它的高度只比埃及金字塔低5米。教堂两翼上半拱形的四排石柱，使教堂显得格外壮观。教堂前是一个不小的广场，广场中心立着一个巨大的石碑，让人马上想到当年立这块石碑的工程是何等庞大艰巨。进入教堂，到处都是精美的雕塑，最吸引人们视线的是米开朗基罗的《母爱》。这是他二十五岁时的作品，其内容是圣母玛利亚抱着刚从十字架上取下的耶稣的尸体，她右手搂着耶稣上身，左手微伸，俯首看着儿子，眼睛里流露出慈爱与悲哀。这个雕塑确实是一个杰作。

在西斯廷教堂，他们看到了米开朗基罗的两幅壁画《创世纪》和《最后的审判》。柴泽俊站在高五丈、宽三丈的巨幅壁画《最后的审判》前，身心被一种强大而猛烈的艺术力量紧紧摄住，久久凝视。画中心云端中耶稣高举右手，发出最后的判决；右侧下方是一群幸福的人正在飞入天堂；左下侧是落入地狱的犯罪者。整幅画面显示了正义与邪恶、光明与黑暗的搏斗。

柴泽俊似乎对这些雕塑和壁画有着更深切的感受，他的脑海中浮现出他所挚爱的泥塑彩像，石窟、石刻雕像，永乐宫他亲手迁建修复的壁画，更感到了一个文物工作者的使命与责任。尽管在他担任古建所所长这些年来，工作中常常遇到阻力和困难，尤其是近五年的所谓"截留"问题的干扰，但他相信"最后的审判"终将使真理和正义永恒。

在会展结束的前一天，主办方安排他们清晨从罗马乘火车去佛罗伦萨，看到了意大利美丽的田园风光。田野，丘陵，刚割过的麦田，从茂密的森林里流泻出来的阳光，静静流淌的小河，遍地的葡萄园，生机盎然。上午，他们参观了古老的圣玛利亚教堂，它是但丁时代已经筑起的教堂，被誉为佛罗伦萨王冠上的宝石。教堂的一角珍藏着但丁的画像，以及与《母爱》同一题材的米开朗基罗的雕塑。从教堂出来，又参观了佛罗伦萨大贵族美第奇家族的祭堂和陵墓。祭堂以白色大理石为主调，正面是祭坛，两侧是陵墓，四座大理石雕塑分别为《夜》《昼》《晨》《暮》，都是米开朗基罗的作品。

下午，他们乘汽车奔驰在亚平宁原野上，前往比萨。比萨古城的广场中心有一座大教堂，教堂前矗立着白色的大理石圆柱形斜塔，这便是著名的比萨斜塔。比萨斜塔高七层，顶上有一个钟楼，每层都围有好看的廊柱。这塔建成不久就倾斜了，经过悠久的岁月，这座精美的古塔还那样完整坚实，确是世界的奇迹。比这座斜塔建成年代约早一百年，在古老的东方——中国，一座巍峨的木塔屹立在三晋的应县古城之中，这就是应县木塔。它经历千年的风雨侵袭和多次地震冲击，曾在战火中中弹200余发，仍然屹立着，但其塔内结构已明显倾闪和扭曲。柴泽俊曾多次以不同的方式向国家文物局或其他机构表明迅速修缮保护的主张和思路。他站在比萨斜塔前由衷地希望，在地球两端同时矗立着的这两座古塔，都能永远坚实地屹立在大地上，它们是人类共同的财富，都是伟大的建筑艺术。这次会展唯一让他遗憾的是，未能把应县木塔的模型带来展示，那将是一次绝妙的"双塔"交映的景象。

12月初，在全国第三届旅游地学术研讨会上，近百名专家学者倡议修复鹳雀楼，以适应改革开放和发展旅游事业的形势。

12月中旬，在太原迎泽宾馆召开了晋祠圣母殿修复方案专家讨论会。参加会议的专家有国家文物局古建专家组组长、中国传统建筑学会理事长罗哲文先生，国家文物局古建专家组成员、中国文物保护协会理事长、原故宫总工程师于倬云先生，国家文物专家组成员、原故宫博物院古建部主任傅连兴先生等全国知名的专家学者。柴泽俊在会上做了关于晋祠圣母殿基础勘测和钻探等项目的报告。他向会议提交了圣母殿的修缮加固方案，供大家审定。专家们的意见是一致的：晋祠圣母殿应落架大修，在大修之前先完成地基基础加固工程。

1992 年　壬申　五十八岁

1月，柴泽俊先生主持的朔州崇福寺修缮工程被山西省建筑厅评为优质设计工程。

2月，山西古建所长达六年之久的"截留"之争闹剧平息。随着改革开放的深入，人们的思想观念发生了巨大的变化，古建所职工感受到科研体制改革给大家带来的实惠，人们逐渐认识到，古建所作为具有甲级资质的设计和施工单位，在政策范围内收取一定的设计施工费用，并用于职工福利，以充实科研经费的不足，是合理合法的。

5月中旬，山西省文物局召开专题会议，研究讨论应县木塔保护事宜。会议决定成立木塔修缮领导组，省文物局局长任组长，柴泽俊同省文物局副局长张一同志任副组长。

6月25日、28日、30日及7月1日，柴泽俊在上年已完成的几项基础测试的基础上，连续撰写《太原晋祠圣母殿修缮工程基础加固设计书》《太原晋祠圣母殿修缮工程壁画加固保护设计书》《太原晋祠圣母殿修缮工程塑像保护设计书》《太原晋祠圣母殿修缮工程设计书》。在《太原晋祠圣母殿修缮工程基础加固设计书》中，对圣母殿不均匀沉降加剧造成的严重势态进行了细致的分析。这些势态包括：台基东南部下陷严重，柱子沉陷倾斜，梁架走闪，墙垣出现裂缝，柎枋拔榫折断，搏椽滚动脱钉，瓦顶鼓起裂缝，漏雨现象不断出现，部分木构件腐朽、劈裂、残损。柴泽俊指出：

第一，圣母殿台基依山坡而筑，其下隐覆之基岩面为东南偏东向不规则斜坡，根据勘察提供的基岩埋深推算，其坡面倾角在17°—20°之间，坡度约30%，上覆盖原生土和杂填土垫层，斜面厚薄不一。勘察资料表明，圣母殿恰在太原盆地西边缘断裂带上，为一"活动断裂构造"。由此不难看出，圣母殿台基处在一个受地质灾害影响的滑坡体上，滑坡失稳是圣母殿基础的最大隐患。

从台明移动情况分析，受断层活动和震动灾害影响，部分台基淤土层已发生过一定程度的下滑，使处于下滑方向的台明受推挤而走向拱凸。同时在下滑淤土层影响范围内，出现了添补性的沉陷。这种沉陷有一定的侧向性，致使柱础在沉陷的同时还发生了方位的错动。

第二，勘察资料表明，圣母殿地基的地下水位下降3米左右。由于台基淤土层厚薄不一，导致失水固结沉降的差异较大。如果地下水位继续下降，沉降差异则更大。除此之外，水位以下的淤土层失水固结沉降，因台基淤土层的厚薄悬殊，会有一定的沉降差异。粗略推算，东南角现在水位以下的台基淤土层，若全部失水固结，沉降量可增加25厘米左右。

第三，人工填土形成的台基表层硬壳，是圣母殿之基础。勘察表明，硬壳已经支离破碎，失去了原有"板块"基础均衡承托建筑荷载的作用，导致台基淤土层受力不均，不仅使地基的不均匀沉降更趋严重，而且还有可能诱发台基淤土层的蠕动滑陷。[①]

在分析圣母殿地基失稳的原因后，柴泽俊认为只有对基础进行修缮加固，使修缮加固的基础与场地地基相适应，才能保证地基与基础的稳定性。他结合上年度委托化工部第二设计院进行的系列基础钻探和地层地质分析测试报告，提出采用柱桩结构的基础设计方案。柴泽俊将设计报告上报国家文物局审批。

7月，山西省古建所受永济县政府的委托，对黄河岸边的鹳雀楼遗址进行考察研究，以便制定修复方案。柴泽俊遂带着古建所科技人员吴克华、张殿清、吴锐、张恩先等人首次对鹳雀楼遗址进行勘察和考证。

鹳雀楼又名鹳鹊楼，与武昌黄鹤楼、洞庭岳阳楼、南昌滕王阁齐名。

它居蒲州城外的黄河东岸（今永济县境），原楼形体壮丽，结构奇巧。唐、宋之际文人学士登楼赏景、吟唱赋诗，留下许多不朽诗篇，其中王之涣的《登鹳雀楼》一诗堪称千古绝唱。从地理位置来看，它与华山隔河相望，西南距临潼华清池不及 100 公里，其附近有普救寺、黄河铁牛、匼河旧石器遗址、解州关帝庙、芮城永乐宫、中条山第一禅林万固寺等，形成系列旅游胜地。因此鹳雀楼的修复十分有必要，可惜的是基址也早已被毁。

柴泽俊一头扎进故纸堆里，开始对鹳雀楼的沿革和形制构造进行探索。他稽考的古代文献有：唐代李翰的《河中鹳雀楼集序》、唐代诗人王之涣的《登鹳雀楼》、畅当的《登鹳雀楼》、李益的《同崔邠登鹳雀楼》、耿湋的《登鹳雀楼》、马戴的《鹳雀楼晴望》、司马札的《登河中鹳雀楼》、张乔的《题河中鹳雀楼》、吴融的《登鹳雀楼》、殷尧藩的《和赵相公登鹳雀楼》，北宋沈括《梦溪笔谈》中对鹳雀楼的记载以及元人王恽的《登鹳雀楼记》、清乾隆《蒲州府志》、清光绪《永济县志》，等等。鹳雀楼的始建年代与沿革逐渐显现：鹳雀楼始创于北周，兴盛于唐，历五代、宋、金，至元代楼身已毁，仅存遗址，以后再未重建。明、清两代黄河泛滥，河床较唐代加宽十倍以上，蒲州城西多次受到冲刷，鹳雀楼基址已荡然无存。

柴泽俊开始进行方案设计，草成后得到国家建设部顾问郑孝燮和国家文物局古建专家组组长罗哲文两位先生的指点，他们认为设计方案符合唐制，但楼体造型略显瘦高，有挺拔秀丽之势，少宏伟壮观之感，建议加大楼身宽度，时代特征不变，作为备选方案，供论证时选择。柴泽俊据此将楼身面宽改为九间，进深改为七间，总高 66 米。若除去围廊抱厦，以檐柱计算，楼身宽七间，深五间，二、三层亦同。底层前后抱厦五间，两侧抱厦三间。台级、踏道、楼院环廊、角楼、门庑等仍按前述规划设置。此方案亦画出效果图，巍峨壮丽，气势磅礴，但造价略高。

柴泽俊将两套方案上报国家文物局审批。由于各种原因，鹳雀楼修复工程被暂缓进行。直到 1996 年 8 月，这项工程才又被列入议事日程，再次组织专家在原设计方案的基础上修改补充。柴泽俊主持了这次修改设计，1996 年开始修复工程。

8 月，柴泽俊为韩国学者讲述山西寺观壁画。

9 月初，柴泽俊与日本学者铃木嘉吉、田中淡等研究应县木塔残损情况及保护方法。

10月7日，柴泽俊收到日本奈良国立文化财研究所所长、日本古建专家铃木嘉吉的信，信中说他们多次来山西，每次都受到热情接待，特别是去年8月在山西看到精美的古代建筑得到专业的保护修缮，受益颇深。

10月17日，《山西工人报》第二版刊登本报记者梁若洁的文章《揽胜复古第一人——记山西省古建筑研究所所长、高级工程师柴泽俊》。

11月，为纪念《中华人民共和国文物保护法》公布十周年，柴泽俊撰写文章《古建筑修缮保护的基本方法和程序》。柴泽俊将近几年培训讲座中的有关内容进行了系统的梳理和归纳，可操作性很强。此文成为90年代中后期山西古建筑修缮保护的基础教材，后收入《柴泽俊古建筑文集》。

同月，国家文物局古建专家组会议通过了柴泽俊提出的晋祠圣母殿修复的前期方案，即采用柱桩结构的基础设计方案。在前廊的每一根柱位下用直径为90厘米的柱子作为基桩，穿过沙层直接插入山体基岩中60厘米，上部以钢筋混凝土连接为类似"圈梁"的网状结构，与廊柱下边相接。这样圣母殿前后廊柱均立于质地相同的山体基岩上。除非发生山体崩裂的意外之灾，廊柱基础不会沿岩面滑动，更无沉降之忧。这样在晋祠圣母殿修缮施工前就解决了基础加固难题，为下一步圣母殿的修缮奠定了坚实的基础，实现了标本兼治的施工宗旨。

1993年　癸酉　五十九岁

3月18日，《山西工人报》用整版篇幅报道柴泽俊，题目为《再造辉煌》，作者为本报记者梁若洁，并附有两张工作照。

4月，太原晋祠圣母殿基础加固工程完成。柴泽俊深有感触地说："若无特大地震，数百年内晋祠圣母殿的基础是坚固的。"

5月初，太原晋祠圣母殿修缮工地备料。国家文物局拨专款540万元。根据设计要求和需要，针对残损构件的实际情况，选择木材的材质和砖、瓦、琉璃、石料的规格和质量，是确保工程质量、完整体现宋代建筑风貌并使之延年永久的关键一环。

柴泽俊带领施工组勘察发现，圣母殿上的柱、额、梁架等大木构件和椽望，皆为华北落叶松制成；门窗为红松解制，斗栱构件全部为当地榆槐加工而成，当照此购买。他注意到近年来华北落叶松规格甚小，仅可制作椽飞及其他小型构件，大型构件的补配复制只得用东北落叶松代替。工程施工需要用干燥的、纹顺质坚、无节无裂、无槽无朽、无虫蛀的优质木材。所幸山西省古建所自柴泽俊担任所长后多年藏贮的木材，基本上足以满足圣母殿所需，为施工节省了时间。

砖瓦构件的复制，按照原件实物和设计规格，均须棱角规整，色正音纯，无砂眼、无裂纹；石灰以洁白体轻的块灰为佳，除基础灰土用泼水过筛之粉灰外，其余均用淋灰，且需埋入地下捂闷过性后使用；所用黄土选用当地优良土质，不得含杂物，使用时过筛；选用优质水泥和纯净河沙，石子粒度严格按设计要求备料；各类石料均选用质地坚硬无裂纹的灰岩石质；铁活铁钉、化学加固材料等均须优质。

6月中旬，在晋祠院内搭设工棚库房，围护施工场地。圣母殿谢绝参观。

同月，支搭保护塑像棚架，防风、防雨、防潮，通风且不见阳光，禁忌阳光照射，否则会引起塑像变色。保护侍女像和廊内石碑。

晋祠圣母殿内的宋代塑像，是晋祠文物的精华，也是我国彩塑艺术的珍品。落架修缮圣母殿，必须保护好殿内外全部塑像，在施工过程中必须确保它们安然无恙。为此，柴泽俊专门组织了塑像保护人员，并亲自讲解保护要领。他提出了三种技术方法：

> 圣母殿内外共有塑像四十五尊，全部为木骨泥塑外表敷彩而成。除殿前左右二站殿将军居廊内，其余塑像皆在殿内。殿内当心间置神龛，龛内主像圣母端坐凤椅之上，左右小侍女像各一，龛外与神台下两侧分置宦官和官娥侍女四十尊，依神龛左右和次梢间后墙、山墙布列。圣母为坐像，其余均为立像。除龛内两尊小侍女为明塑，廊内南隅站殿将军为1950年补塑外，余皆宋代原作。虽然明代作过装绘，面部脱落处两层质地可见，但宋塑造型、神韵、衣饰、发髻等，风格明显，极富时代特征，在我国古代雕塑艺术作品中堪称瑰宝。现状：殿内圣母及宦官、侍女等，部分色彩剥落，有的发髻受损，有的手臂已失，有的手指残缺，有的项下裂纹，殿前廊内北尊站殿将军已向前

倾，背面下部衣纹裂痕明显。为了在圣母殿修缮过程中塑像不受损害，确保其安全，必须采取有效的技术措施，能搬迁者移地保护，不能搬迁者支搭架木就地保护。搬迁或支搭架木保护之前对全部塑像要拍摄照片，便于施工过程中采取保护措施和竣工后检验核对。

……

根据圣母殿内外塑像的结构、体积、体量和现状，结合保护技术条件，可分别采取下列三种方法：

1. 站殿将军像，支搭架木就地保护

殿前廊内两尽间两尊站殿将军像，……根据塑像的高度、重量和木骨埋入地下的结构方法，不宜移地保护，就地支搭架木为好。架木距塑像要有一定间隙，每面三根立杆，四面连接、组合而成，顶部要形成斜向坡度，坡度下端超出木立杆，便于下雨排水；架木自身要有剪刀斜撑，防止大风摇晃；架木地表处，要用青砖、白灰、黄土等做出散水，防止雨水渗入。……

2. 殿内神龛及圣母坐像，就地保护

殿内明间筑有神台，台上置有高、宽、深皆4米余的神龛，本身就是圣母塑像的保护装置。但神龛明代更制，体积虽大，木柱显细，木板偏薄，格扇及斗栱繁缛纤巧，在殿内可为圣母像的陈设和保护物。拆卸殿宇后，它远不能承担保护自然界侵蚀的保护功能。就地保护神龛，圣母坐像即可随神龛就地保护。神龛外支搭保护架，形成殿堂式保护棚，架外覆盖木板和尼龙油毡；龛内依圣母坐像支搭保护架，用袋式塑料布封护，内外保护层皆留足通风间隙，防雨、防风、防砸撞，定期检查，保证安全。

3. 殿内宦官侍女等像移地保护

殿内除圣母外，宦官侍女等像四十二尊。除龛内二小像外，高度与真人相近，或略高于真人，重量在400—500公斤左右。各像下部皆设有低矮的基座，塑像木骨自脚下与木座相连，自身稳定，但没有埋入地下，移地保护较方便。但迁移方法和安全问题，必须给予高度重视。经实地测量，根据每尊塑像的大小、胖瘦和倾侧程度，分别预制方形轿式框架。轿身四周立柱，下部置地枕和托板，四向设三至四道横杆，用螺栓固定。靠近塑像处加施塑料泡沫垫层，自胸、腹、头三处与轿身垫实贯牢，外侧前后绑架轿杆。由人工抬至存放地点，连同轿架入库存放。存放塑像的库房，要防风、防雨、防潮、通风，且不见阳光，禁忌阳光照射引起塑像变色。要求轿架牢固，操作认真，移动谨慎，切勿猛起猛落，严防碰撞跌闪，确保塑像安全。每尊塑像捆绑垫层及与轿子固定时，既牢固严实，又稳定柔软，不允许塑像因任何坚硬物的垫托而造成损伤。对此，要坚持手工操作，科学的方法和认真细致的工作态度相结合，方能奏效。[①]

7月初，拆卸殿内外牌匾、木雕龙及殿顶脊兽。

8月中旬，山西省古建所接到山西省政府下达的任务，要求在国庆前对山西省政府院内一号楼屋檐抱厦（三层）进行修缮。柴泽俊亲自在现场指挥施工，于9月29日竣工剪彩。时任山西省领导胡富国先生亲临视察，颇为满意。

10月初，国庆之后，晋祠闭门谢客，开始揭取壁画、迁移碑刻等。此事成为山西文物界、旅游界乃至全国文物界的热点新闻。柴泽俊也成为新闻关注的焦点，此时的他将自己"封闭"在晋祠院内，"逃避"记者的访谈。

同月，柴泽俊主笔的《朔州崇福寺弥陀殿修缮工程报告》由文物出版社出版。此书是他编著的首部古建修缮报告。两年后日文版在日本出版。《朔州崇福寺弥陀殿修缮工程报告》完整地将古建筑落架大修中拆卸、加固、修缮、安装、恢复原状等技术施工过程和设计图纸以修缮工程报告的形式展示出来，这在古建文物修复史上是第一次。

10月中旬，晋祠开始揭取壁画。晋祠圣母殿自北宋崇宁元年（公元1102年）重修以来，已八百八十多年，其间经历元、明、清几次修茸，殿宇内外四壁壁画皆已不存。根据勘察，在殿身前槽门窗之上和两次间、两稍间横坡板壁上有四方画面，经测量面积为37.12平方米，主要内容为人物，表层刷有白垩一道，模糊不清。殿身前檐八块栱眼壁上，明嘉靖四十年（公元1561年）重修时予以彩绘，画有"卷云退晕"、云中画"二龙戏珠"和"龙凤呈祥"等图案。从边沿残损处，可窥见里面还有壁画，重修时可能是在旧画面上重抹的。上檐南山面五块栱眼壁上，清代绘有花

---

① 柴泽俊等编著《太原晋祠圣母殿修缮工程报告》，文物出版社，2000年，第86—87页。

卉，手法拙劣，边沿处亦有色彩可见，可能泥皮内局部保存有原画。上述栱眼壁壁画画面有 10.18 平方米。此外前槽柱头之间还有清人留下的水墨纹样和题字，也应视作壁画保护。针对这样的情况，柴泽俊组织施工技术人员专门研究保护方案，他指出："圣母殿修前勘察阶段对壁画的探索，是有其局限性的，大面积的墙壁，外面后人补抹壁面重画者，都不可能全部探索清楚。在殿宇修缮拆卸过程中，要进一步全面地探索圣母殿壁画的隐藏部位和残存部分，哪怕一点一滴、残缺不全或局部画面都要千方百计地保护。"柴泽俊在永乐宫壁画揭取、崇福寺壁画揭取等多处揭取壁画的经验基础上，对于晋祠圣母殿壁画的揭取已是胸有成竹。尽管如此，他还是做了细致的分析，提出揭取壁画的方法和措施。

12 月 25 日晚，山西灵石县资寿寺三大士殿十八罗汉塑像头部被盗贼锯断盗走。

26 日早，柴泽俊接到报告后即刻赶到现场，看到殿内残状悲痛不已。公安部门已立案督办，这一消息震惊全国文物系统。

1994 年　甲戌　六十岁

1 月，北方的天气依然很冷，工人们在临时工棚内加固和修补揭取下的壁画。尽管这一环节的施工对于柴泽俊来说早已驾轻就熟了，但他依旧像修缮其他殿宇一样常驻工地，和工人们一道研讨工艺。针对加固壁画的详细操作程序和各种配方的调配使用方法，柴泽俊给施工技术人员讲述芮城永乐宫和朔州崇福寺加固修复壁画的经验和体会。在古建修缮的过程中注重培养人才，尽快带出一支有实力的修缮队伍，是柴泽俊作为古建所所长和省文物局总工的一种责任。

2 月末，春节一过，太原晋祠圣母殿的殿体开始拆卸，同时检修加固各种残损构件。对于拆卸下来的确实不能再使用的构件，就采用复制的办法，但必须严守不改变文物原状的原则，这一条非常重要。

4 月初，柴泽俊与相关部门联系举办"山西古建筑文物展·模型陈列展"，欲将山西古建文化推向海外，为山西经济发展多创造一份机遇。因多方面因素影响，展览计划未能实现，令人惋惜。

6 月中旬，太原晋祠圣母殿工程进入挖筑加固基础阶段，这是圣母殿修复工程施工的重要阶段。在挖掘基桩柱孔的过程中，施工技术人员发现殿身前廊柱和前檐角柱原有基础较为复杂，而且都是单独的柱底基础，没有相互连接，且个别柱坑中没有素土与碎石掺杂的夯实填土和三个土层位，而是以厚度近 20 米的人工垒石直接置于厚度 1 米左右的未经夯实的建筑垃圾之上，瓦砾、碎砖空隙较大，杂乱堆积，结构松散。柴泽俊对施工技术人员说，这样的基础构造，与五台南禅寺大殿原有的基础筑造形制有相同之处，这种做法出现在唐、宋建筑基础之中，堪称奇例。他将这一发现完整地记录下来，作为以后研究的资料。

8 月，太原晋祠圣母殿修复工程进入安装全部木构架（立木）阶段，表明前期的基础工程及各项准备、加固等程序结束。

10 月中旬，柴泽俊受国家文物局邀请，赴山东泰安为全国古建筑培训班讲学。

10 月末，中央领导丁关根、姜春云等专程到晋祠工地视察。

同月，古建筑专家罗哲文先生、张驭寰先生、张锦秋女士、郭黛姮女士分别来信来电问候太原晋祠圣母殿工程情况，表达出极大的关注及良好的祝愿。

11 月，柴泽俊撰写《碑刻与古建筑之缘》一文，后发表于《运城石刻研究》1995 年第 2 期。在文中他讲述了山西现存历代碑刻数以万计，1977 年在临猗出土的东汉建宁元年（公元 168 年）残碑是山西现存已知碑刻的鼻祖，万荣后土庙秋风楼上汉武帝《秋风辞》石碑为我国诗词铭刻之先驱。碑刻的记事范围涉及历史事件、历史人物、城池兴衰、宗教信仰、寺庙建置、桥梁营造、关隘葺补以及地震、灾荒、水文等，与古代建筑互为依托、互相作用，不断得到演进、变化和发展。他指出，古代碑刻的保存以寺庙为多，其中有不少碑刻记载史料，与寺庙的创始和兴衰息息相关。一种是简单地留题于建筑梁架之上，称为"题记"；另一种较详细的记事方法则是撰文刻碑，竖于建筑一侧，称之为"记事碑文"。这两种记事活动，都是当时当事之人为之，除重刻、补记外很少有改变和传抄之误，较为准确可信。由此可见，在古建筑的勘察研究中，对石刻碑文和题记的考察是非常重要的一环，万万不可忽略。

1995 年　乙亥　六十一岁

2月10日从公安部门传来令人兴奋的消息：盗取山西灵石县资寿寺十八罗汉塑像的犯罪分子落网。但十八罗汉头像被犯罪分子运到广州出手，几经转卖已被走私出境，流失海外。这一消息让柴泽俊一喜一忧，喜的是犯罪分子已绳之以法，忧的是国宝流失海外，且无任何线索，归期遥遥。

3月初，太原晋祠圣母殿施工，开始烧制砖瓦、补配琉璃构件。

同月，《三晋文化论丛》第二辑刊登柴泽俊的文章《抗日战争中文物遭残纪略》，纪念抗战胜利五十周年。这是一篇爱国主义教育的好文章，作者以高度的责任感，用激愤的笔墨控诉日本侵略者在中国大地对中国人民所犯下的滔天罪行。

5月，太原晋祠圣母殿工程铺钉望板、瓦顶，归安脊兽。

柴泽俊在施工现场指导并做出具体要求：①铺钉望板。望板一律用斜口柳叶缝，刨光面向下，用2.5—3厘米长铁笨钉钉牢，钉位应是梅花点纵向，不许隔椽，竖向不超过15厘米。要互相交错，增强连接力。②瓦顶。包括抹压灰背、泥背，铺盖筒、板瓦。望板铺完，于正斜脊位置上铺3米宽，三道沥青、两道油毡，望板与防护层上先抹护板灰一道，100：2：4白灰烟煤麻刀搅拌而成，压实厚1厘米。灰背干透，抹灰泥背一道，用3：7麦秆搅灰泥，平均抹厚3厘米，平榑处微厚，椽身部分较薄，弧线柔和。泥背干透再抹100：3：8白灰烟煤麻刀一道，平均厚2厘米，抹实压光，干后无裂纹。③宪瓦。在干透的青灰背上分打瓦垄灰线，垄档均匀垂直。筒板瓦之下用4：6搅灰泥压实。瓦要渗透，灰要过淋，土要过筛，泥要搅拌均匀。随用随拌，搅灰泥不应隔夜。筒瓦接口和档沟处挂麻刀青灰相连接。筒板瓦之下的灰泥必须饱满，板瓦交接处挂灰安稳。全部瓦顶均用麻刀青灰捉节夹垄，抿压光实。各路瓦钉随时贯钉，避免干后震动。④安装脊兽。正戗各脊均用麻刀青灰调砌。先砌好脊座，干后调脊。正脊先安鸱吻，最后安宝形脊刹。戗脊先安戗兽，由下至上。根据编号草图，先将脊兽构件部位校正好，龙兽花卉反正校准，逐步安装。脊兽内铁活木桩，照原样砌筑牢固。四角各脊高度相等，曲线弧度相同圆和。扣脊瓦用搅灰泥安牢。仙人、走兽、脊刹要用铁轴贯固，青灰填实。脊兽和瓦件接缝处用麻刀青灰抿压严实。正是在这样严格的施工要求下，晋祠圣母殿修缮工程才成为古建修缮史上的经典范例。

7月中旬，太原晋祠圣母殿施工进入安装壁画阶段。

9月初，洛阳龙门石窟文物研究所召开国际艺术研讨会。台湾震旦集团董事长陈永泰先生和震旦文教基金会董事长吴棠海先生应邀参加。会上传言，山西灵石资寿寺十八罗汉头像被盗后已走私海外。陈永泰先生闻之震惊，深感惋惜。当即向吴棠海先生表示，尽快打听十八罗汉头像下落，出资搜集，奉还资寿寺。消息传到山西，柴泽俊深感欣慰，似乎看到了希望。

同月，晋祠圣母殿开始油饰断白，修复构件上的彩画，归安廊檐下牌匾和木雕盘龙，砌筑檐墙。圣母殿和其他古建筑一样，其油饰断白和彩画是保护殿宇木构件防止腐损的有效措施，可以增强建筑气势，烘托民族特色。做旧则是为了新旧构件在外观上协调统一，恢复宋代风貌。

10月，由日本专家铃木充翻译的日文版《朔州崇福寺弥陀殿修缮工程报告》在日本出版。日本财团法人、文化财建造物保存技术协会理事太田博太郎先生写了序言。

12月28日，《太原日报》第一版刊文报道晋祠圣母殿修缮工程，题目是《博取今朝笑沧桑——记晋祠圣母殿一次前无古人的落架大修》。全文分四个部分：首先介绍晋祠圣母殿不可替代的文物价值，其次揭示其严重倾斜的原因，第三部分讲修缮的方案——落架大修，最后是叙述施工中能工巧匠的艰辛努力。

同月，山西平遥古城申报世界遗产工作领导组成立，柴泽俊任副组长。

1996年　丙子　六十二岁

1月，《文物季刊》1996年第1期刊登柴泽俊1982年撰写的《试论古建筑修缮中的"不改变文物原状"》一文。

2月，台湾震旦集团董事长陈永泰先生听说台湾岛内有一批来自大陆的彩塑头像后，想方设法见到这批头像，他拿出《中国佛寺彩塑》一书中山西灵石资寿寺罗汉头像照片——辨认，确定无疑后，他不惜巨资买下这十一尊国宝。随后他又从欧洲买到五尊。陈先生向上海台办表示愿意无偿将这十六尊罗汉头像归还大陆。至此，尚有两尊小罗汉头像未能访到，陈先生尚感功德不圆满，决计继续访查。

3月初，柴泽俊调任山西省文物局任总工程师。

同月，晋祠圣母殿工程已近尾声，抹墙墁地，砌筑台明，归安勾栏，修复壁画画面，油饰断白，彩画修复。

5月初，柴泽俊的专著《朔州崇福寺》由文物出版社出版。该书分为研究篇、维修篇、实测图、彩色图版、图版说明和附录六大部分。其中研究编对崇福寺的历史沿革、建筑规制和结构、建筑上的几项突出成就以及彩塑、壁画和其他附属文物都做了详细研究。在研究编中，柴泽俊以翔实的材料论证了朔州崇福寺在中国建筑史和中国社会发展史上的重要地位和价值。书中稽考了崇福寺的山门、金刚殿、钟楼与鼓楼、千佛阁、文殊堂与地藏室、三宝殿、弥陀殿、观音殿的规制与结构，并配有精确数据对比表、各种构件与《营造法式》对照表等，至为详备。柴泽俊还考察了寺内北魏、唐、五代、辽、金、元、明、清的石雕佛教造像、石雕经幢、铜塑佛教造像、铜铸焚表炉等五十余件附属文物。这些遗物大都时代特征显著，雕造工艺精纯，颇具历史与艺术价值。崇福寺建筑宏伟，结构奇巧，该寺始建于唐代，曾扩建于辽、金时代，许多构件都是金代原作，历经近九百年能如此完整地保留下来，至为可贵。20世纪80年代后期柴泽俊主持修缮，不仅使寺庙得到保护，更重要的是在修缮中仍保持寺庙原状、修旧如旧，保留了完整的唐、辽、金建筑原构。这座建筑在修缮保护方面成为典范，是清华、北大建筑专业学生的实习之地。该书维修编中完整地将80年代末期的修缮保护过程和方法技术记录下来，为后世留下了可资借鉴的珍贵遗产。

6月10日，山西太原晋祠圣母殿修缮工程竣工。

15日，柴泽俊向国家文物局报送了《太原晋祠圣母殿修缮工程竣工技术报告》和《太原晋祠圣母殿修缮工程投资决算报告》。

19日，国家文物局古建专家组和省市文物局领导对晋祠圣母殿修缮工程进行了现场考察与验收鉴定。参与验收鉴定的有：国家文物局古建专家组组长罗哲文，国家文物局古建专家组成员姜怀英、傅连兴，中国文物研究所总工程师傅清远，国家文物局文物保护管理处处长郭旃和干部许言；省文物局相关领导，圣母殿施工领导组副组长兼技术组组长柴泽俊，晋祠文物园林管理局局长尹璨，晋祠文物园林管理局副局长、修缮办公室主任牛坤和技术组全体同志。专家们现场考察和询问后，随即举行验收鉴定会议，柴泽俊汇报了圣母殿修缮中的碰到的几项难题的解决过程及最后效果。听取汇报后，国家文物局古建专家组成员和省市文物局领导都发表了意见，大家一致认为，晋祠圣母殿的落架大修和基础加固，是建立在科学基础之上的，将古建筑修缮方法与文物保护技术融为一体，攻克了基础加固、两层壁画剥离加固、移地保护塑像、保护加固旧构件、保存原有彩画等各种难题，达到了预期的效果，堪称古建筑修缮保护的典范，这是很不容易的，是全体工程技术人员和工人同志共同努力的结果。国家文物局验收鉴定过许多古建筑文物修缮保护工程，总有一些不够理想之处，唯山西朔州崇福寺弥陀殿修缮工程和太原晋祠圣母殿修缮工程，都是落架大修，在保存原状、原貌、原件、原构等方面，都达到了比较理想的效果，晋祠圣母殿尤佳，这是值得总结和推广的。

20日上午，国家文物局、山西省市有关领导和当地群众数千人，在圣母殿举行了竣工验收典礼。在仪式开始前，国家文物局局长张文彬询问陪同他的太原市领导："你的感觉如何？"答曰："花了几百万看不出修过的样子。"他又转身向围观的几位长者问道："你们觉得修得好吗？"几位长者答曰："和没修一样。""好"，张文彬局长讲到，"不论你们的评价是褒是贬，还是不理解，这其实都是对圣母殿落架大修后的最高奖赏。"

7月初，担任山西省文物局总工程师的柴泽俊接到他上任后第一个需要审核的维修项目，是太原市永祚寺文物保护管理所上报的有关宣文塔的修缮申请①。

宣文塔是古称，俗称"双塔"。双塔所在的寺院名为永祚寺，也称双塔寺。双塔坐落在太原市东南郊郝庄村南山脚下，两座塔南北对峙，直指云天，很久以来就成为太原古城的标志。

永祚寺是一座建筑别致的古刹，创建于明万历三十六年（公元1608年）。寺庙依山构筑，坐南朝北，由寺院、塔院和碑廊院组成。双塔位于永祚寺的东南角最高处，相距约50米，并肩而立，端庄厚重，均为八角

---

① 此次主要是修缮旧塔（南塔），新塔（北塔）已在几年前修缮。

十三层仿木构楼阁式空心砖塔，高 54.7 米。塔身外部仿木构，饰有砖雕斗栱、枋子和檐椽，檐上饰琉璃脊兽，淡黄素雅，挑檐凌空欲飞。双塔始建年代不同，一旧（南塔）一新（北塔），新塔至今也有近 400 年的历史。塔表饰以精美的砖雕，自上而下由繁入简，既符合人们仰视的欣赏习惯，又节约了工料。随着塔身的上升，每层高度逐渐降低，斗栱由五踩重翘变为三踩单翘，符合人们仰视时下低上高的视觉。双塔塔心中空，阶梯设在外壁与内壁之间，游人可盘旋而上，直至第十一层。塔身每层辟有四门通向出檐，可眺望山川美景。据《太原府志》和《阳曲县志》记载，"永祚寺……旧塔微侧，更建新塔"。这表明，建新塔之时旧塔已倾斜。旧塔塔身在战争年代曾受损，近年来已修补完好，但塔身倾斜问题一直未能解决。

7 月中旬，柴泽俊对宣文塔进行了勘察测绘。他指导技术人员对旧塔倾斜数据、塔身腰部曲折和砖层、塔檐被压受损情况仔细分析，确认属于建成后的变形。有人提出此塔倾斜是为了抵御西北方向风力有意所为，但测量后发现塔腰折弯达 2.86 米，已超过安全极限，不应是有意所为，且有随时倾侧的危险。柴泽俊对此深感忧虑。

7 月 20 日，组成双塔保护施工组，组织技术人员和施工人员研究寻找校正宣文塔倾斜的科学技术方法。通过太原市政府相关人员联系到对斜塔有纠正经验的杭州人士曹世忠先生，塔身倾斜得以校正，但出现两大问题：一是塔身本身出现劈裂，塔体整体结构出现松散迹象；二是塔基不稳。

8 月初，柴泽俊推荐山西省煤炭设计院总工程师王步云先生解决塔身不稳问题，他自己负责塔身加固的施工工作。王步云先生用现代建筑技术加固了塔基，解决了因塔基不稳带来的塔身左右摇摆问题。

同月，柴泽俊解决了塔身裂缝和砖结构松散问题。其方法是：先将塔身裂缝清洗，然后使用灌浆加固和铁活加固的方法，檐头照旧雕刻补砌，粘接牢实，用铆杆加固。又于每层下部用双向大螺栓作双十字交叉穿透塔身并和两面铁板穿透固定。从剖面看形成内圆大"井"字形，隐在每层层顶的砖体中。这样整个塔身就像被钢板和双十字钢筋包裹一样，解决了塔身的松散、劈裂问题，而从塔外观和塔内每一层地面砖体看不到施工的痕迹。施工之精巧可见一斑，令业内人士叹为观止。施工从 9 月份开始，于

1997 年春结束，校正旧塔（南塔）侧斜度 2 米。如今双塔巍峨雄姿依然如故。

9 月初，柴泽俊接到山西代县上报的《关于边靖楼保护的请示报告》。边靖楼位于代县城内中央，亦名谯楼，俗称鼓楼，于明洪武七年（公元 1347 年）建，后火灾毁坏，于公元 1476 年重建，清代几次补葺。该楼残损主要表现为主梁断裂和倾斜，台基东面部分已塌毁，需揭顶大修。

9 月中旬，柴泽俊赴代县察看边靖楼受损情况，并制定出施工方案：台基部分灌浆重砌，揭楼顶、换梁、最上两层落架大修，校正楼身倾斜。施工期间柴泽俊又多次赶赴现场察看工程进度，现场解决技术问题。两年半后，边靖楼修缮工程竣工。

10 月，临汾地区报来《关于广胜下寺大雄宝殿保护修缮的请示报告》。广胜下寺大雄宝殿残损现状：月台、台明皆残损，东山面及后檐台明早失。檐柱高低不等，后檐柱头沉陷约 40 厘米。后檐斗栱折损大半，仅存华栱和梁头，下昂及慢栱等已失。随着柱头之高差悬殊，梁架亦随之向后向西倾闪。槫材滚动，椽子拔钉，瓦顶漏雨。后檐墙和东山墙外层土坯脱落，东山和后檐柱腐朽情况已敞露在外。后檐当心间原有板门一道，板门已失，用墙体堵塞，门框和门额皆筑入墙内。因后檐外层土坯脱落，隐于墙内之框、额可见。

柴泽俊组织技术人员，根据这种残损情况制定修缮方案：修缮工程以揭顶维修为宜。后檐柱子腐朽严重，通身糟朽者复制，下部糟朽者墩接。后檐斗栱缺失构件甚多，照前檐补齐。前檐柱子、金柱、前檐斗栱和梁架构件大部完好，腐朽者甚少，原件继用，或原件加固后继用。瓦顶大多为明代构件，以明代形制恢复。后檐墙和东山墙外表土坯脱落，照原样修补。外表泥皮抹压平整，涂朱色。台明、月台恢复原状。殿后修筑排水渠，防止雨后山洪冲刷损害殿基。

11 月初，考虑到广胜下寺大雄宝殿中的塑像和仅残存数平方米的十余幅善财童子壁画为元代遗物，具有较高的历史和艺术价值，柴泽俊亲赴现场指导技术人员采取就地保护措施。先用钢材和木材支搭保护框架，上部留有斜度，便于排水。架顶及四周架木板防护，外铺席子、油毡和棚布，防雨、防风、防砸压，同时保持棚内干燥通风。广胜下寺大雄宝殿修缮工程于 1998 年 10 月完工。

12 月，为平遥古城申报世界文化遗产做筹备工作，柴泽俊撰写介绍平遥古城的文章《平遥城区现状及文物价值》。

1997 年 丁丑 六十三岁

1 月，柴泽俊在平遥古城考察县城环境。他看到平遥城墙受损情况不断加剧，掘土盗砖仍未禁绝，城墙上还有新建的水塔、哨楼、电线杆等与古城极不协调的建筑，而且加重了墙体荷载。城墙脚下农家饲养禽畜和积肥沤粪现象随处可见。他立即找到县政府领导，说道："我们山西有这么多好的文物，遗产申报却这么难，如云冈石窟很有气魄，但是进不了世界遗产名录，关键是环境问题。国外入选世界遗产名录的地方环境都清静典雅，我们平遥古城到处都是现代人吃的、住的、生活的痕迹，这方面确实不够好，要加强环境的治理。"回到太原，他又向省领导呈报了对平遥古城进行整改的措施。

2 月，联合国教科文组织委托的专家来平遥实地考察评估。按照联合国教科文组织世界遗产委员会的惯例，申报的最后阶段，需一名非申报国的专家亲临审核。也就是根据申报材料，做现场考察，并出具评估报告，提交世界遗产委员会审议。这份评估报告很重要，是申遗成功与否的关键。恰巧联合国教科文组织委托的专家是日本的古建筑专家、京都大学教授田中淡先生。他的任务是：在中国实地考察平遥古城及城区内外的文物，权衡是否符合世界文化遗产的标准，向联合国世界遗产委员会写出书面报告。

5 月初，台湾震旦集团陈永泰先生在日本访得两尊小罗汉头像，又斥巨资购回。至此，漂泊海外四年之久的十八罗汉头像被陈先生全部收入手中。

6 月中旬，陈永泰先生正式向台湾海基会表达了奉还山西灵石县资寿寺十八罗汉头像的意愿，并委托海基会协助办理相关事宜。

7 月 1 日，香港特别行政区成立，山西省政府向香港特别行政区政府赠送的礼品有应县木塔模型和鹳雀楼模型。

7 月，大陆海协会致函台湾海基会，就陈永泰先生奉还资寿寺十八罗汉头像的事情进行协商。但台湾当局的一些规定对归还事宜形成阻力，商谈陷入马拉松式的谈判模式。

9月，曾任山西省委常委书记的王大任先生为柴泽俊题字，祝贺其专著《朔州崇福寺》出版。题词写道："见微知著窥斑见豹——《朔州崇福寺》的出版是三晋文化研究的一颗新星，贺泽俊同志，一九九七年。"

12月3日，参加第二十一届世界文化遗产会议的各国代表聚集于意大利那不勒斯会场。英国专家亨利·克莱尔向大会报告中国三个申请项目，其中之一就是平遥古城。克莱尔向世界遗产会议介绍说，平遥古城是中国汉民族城市在明清时期的杰出范例，保存了其所有的特征，在中国历史的发展过程中为人们展开了一幅非同寻常的文化、社会、经济及宗教发展的完整画卷。平遥古城顺利入选世界文化遗产名录。

平遥古城列入世界文化遗产名录以后很快享誉中外，受到人民群众的热爱和重视。当我们步入平遥城，接受这一历史文化遗产熏陶和启迪的时候，切不可忘记那些为保护这座古城做出贡献的人们。

"文化大革命"以前，山西保存有明初建造的三座古城，即平阳（今临汾）府城、忻州（今忻州市）州城和平遥县城。"文革"中，府城、州城大部被拆毁，唯平遥县城独存。从那时起到21世纪初期，平遥古城大体经历了五次不同寻常的时代经历。柴泽俊曾叙述平遥古城的五次不平凡经历：

> 第一次是"塌后余生"的经历。
>
> 改革开放初期，随着"联产承包"和集体贸易的开展，城区市民饲养家禽家畜，在城墙内侧挖土，在城墙外侧拆卸残损的城墙和堞楼垛口上略有松动的城砖，来为自己建饲养室、家畜窝和茸补厨房、院墙等。1977年8月5日，平遥遭受百年不遇的暴雨，降水量达323毫米，城北地带雨量尤巨，形成特大洪水向东南奔泻。古城墙挡住了滔滔洪水，城内建筑、街道、工商企业和四万多居民安然无恙，平稳度过了汛期。由于洪水浸泡，城墙受到很大损坏。经现场勘察，大面积损坏者城墙外壁塌毁949米，墙高8—10米，折合面积6470平方米；内壁塌毁1363米，损失土方34320立方米。未塌毁部分裂隙、水沟、灌水洞穴随处可见。
>
> 平遥文管所李有华所长及全所同志十分担忧平遥城墙的安危，他

们向县委、县政府等相关部门多次汇报，请求采取措施，重视保护工作；向山西省文物工作委员会提出报告，请求资助保护；还昼夜值班检查，遇有拆砖盗土者立即制止。1978年、1979年我同山西省文物工作委员会副主任李正云同志多次赴平遥考察文物保护情况。省文物工作委员会多次向国家文物局和财政部提出报告，申请经费，力争保护城墙工程早日全面启动。省文物工作委员会先挤出保护经费十万元拨付平遥，使保护修复城墙工程先行开工，并责成平遥文管所所长李有华同志负责，制定计划，分年完成。我几乎每周都去平遥现场检查。城墙用砖是十分严格的，墙体用什么样的砖，地上铺什么样的字，都不能随便。

第二次是"刀下留城"的经历。

1980年9月，平遥县与某所大学联合搞出一个《平遥县城市总体规划》。按这个规划，拓宽古城内东、西、南、北四条大街，四向城墙上扒开几个大口子通行，城池中心市楼周围拆去铺面民居，开发成环形交通枢纽。原有的西城门早已拆除改建，现在动工的北城墙、东城墙和西大街拓宽工程大概就是要按照那个改造古城的总体规划来实施。发现这些情况，平遥文管所李有华所长躺在城门道里硬挡，不让拆。我同时把情况报给省文物工作委员会和省古建所。我们赶赴现场时，北城门正在拆毁。看到几百年的文化遗产就要寿终正寝，况且国家文物局已经立项，准备投资修缮，一旦损毁，悔之晚矣！想到这里，顾不得正常工作程序，到太原后直闯"辕门"，奔到省委书记王谦同志办公室。快到门口时，王书记的秘书挡住问道："你干什么？"我说："找王书记汇报一件事，占用他三五分钟时间。"秘书说："王书记很忙，没有预约不能打搅他"。我说："只需要三五分钟。"说着已到办公室门口，门半开半掩，听到楼道里有人说话，王书记问道："谁呀？"听到王书记声音，我推门进去，王书记正在沙发上看文件，手里拿着铅笔，我谨慎地说："我是省文管会的柴泽俊，汇报平遥古城的事，耽误您几分钟时间。"王书记说："我认识你，你说吧！"于是我向王谦同志汇报了平遥古城的价值以及应予以保护的理由。王谦书记听后很激动，郑重地说："一周内我们去一次平遥，到时你也一块去。"

王谦书记到平遥后，看了双林寺彩塑和文庙大成殿，最后登上古城墙浏览。平遥县领导向王谦书记汇报，说到受"四人帮"干扰，古城受损，洪水冲刷，城墙塌毁，县委已搞出规划，逐步实施。没等他们把话说完，王书记说："江青叫你拆哩，还是姚文元叫你拆哩？'四人帮'早已粉碎，还会有什么干扰？大雨洪水冲塌是天灾，人为的拆毁是人祸，就是我们的责任。平遥古城是全国仅存的几座古城之一，是山西保存下来的唯一的一座古城，街道、商店都是原样，这很不容易，只能保护，不能损坏。国家已准备投资修建，大家都在，今天讲清楚，不再下文件了。"王谦书记的话对平遥古城的保护起到了至关重要的作用。这一年，国家文物局会同财政部下拨的资金已到平遥，制作城砖，加工白灰，按照已定计划，修缮工程正式启动。

但是，平遥建委并不放弃平遥古城的扩展和改造规划，力图在上级批准后争取实施，遂将"规划"报省建委审批。省建委没有审批改造古城的"规划"，而是让他们征求正在榆次规划的同济大学阮仪三等同志的意见。阮仪三等同志有不同看法，改造性规划未能实施。后来平遥所实施的保护古城、另建新区的规划，应是在这一基础上产生的。

第三次是 1983 年平遥古城被国务院公布为国家历史文化名城，属国家重点文化遗产保护单位。此后到 1993 年，国家累计投资 550 万元，相继修复了城墙、县衙、城隍庙等。

第四次是 1997 年 12 月平遥古城"申遗"成功。时任平遥文物管理所所长李有华先生于 1999 年故去，他把自己近三十年的精力都用到了平遥文物的保护上。平遥县曾把他的事迹印在一个小册子上，柴泽俊为他写下"为保护文物鞠躬尽瘁"。

第五次是 2005 年，平遥古城景区"超载"。摄影大展闭幕当天，两城墙内侧夯土发生坍塌，几天后日昇昌票号东闺房顶又出现塌陷。有数字表明，平遥古城"申遗"后的第一年门票收入由此前的 18 万元增至 500 多万元。2004 年收入高达 4760 万元，是 1996 年申遗前的 58 倍。①

---

① 根据柴泽俊晚年口述整理。

2005 年 11 月 4 日，有记者专程赶赴柴泽俊家中，就平遥城墙坍塌一事采访他。柴泽俊说道："我们现在对于世界遗产的认识存在误区，就是把世界遗产作为一个品牌来经营，通过世界遗产来提高知名度，吸引更多的人来观光旅游，借以谋取更多的经济利益。但是如果超过了景区的承受能力，无限制地发展旅游，势必会影响遗存的寿命和文化的延续性。申报世界遗产第一位的目的是保护，是让古老的文明延续下去，而不是为了开发。对待平遥古城是这样，对待其他文物古迹也是这样，我认为应该把握一个原则——慎重对待，权衡利弊，长远和全面地考虑，切不可为了暂时的利益而破坏了历史文化遗产的整体性。盲目开发，'超载'经营，短时间内可能会得到一些经济利益，但从长远看，将会蒙受更大的损失。"

12 月中旬，柴泽俊的著作《山西寺观壁画》由文物出版社出版。寺观壁画是中国古代绘画的重要组成部分，山西被誉为"中国古代建筑的宝库"，寺观建筑遍及山西全省各地，依附于这些建筑而保存下来的寺观壁画也相当丰富。据普查统计，山西现存的寺观壁画有 2 万余平方米，居全国首位。这些壁画的时代不同，风格各异，题材丰富，画艺高超，体现出我国绘画所取得的卓越成就。这本著作是记录和研究山西重要寺观壁画的大型图集，分文字和图版两大部分。文字部分叙及寺观壁画的源流与绘制，壁画的产生及分类、寺观壁画的发展与成就、壁质构造及绘制方法，对山西省境内现存的唐五代以及明清三十一处寺观、五十一座殿堂的壁画专文论述，考其年代，测其面积，究其画题，赏其画风，评价其艺术成就，并附有山西唐、宋、元、明、清寺观壁画统计表和分布图。图版部分则精选上述寺观壁画的代表作三百七十四幅，按照时代顺序排列，并附有比较详细的图版说明，供读者参考。

1998 年　戊寅　六十四岁

1 月，柴泽俊赴北京，前往国家文物局协调下拨古建修缮经费，省内一些急需修缮的工程获得了资金支持。山西省文物局局长一职自 1996 年后半年起一直空缺，三位副局长按分管部门各自负责。柴泽俊作为总工程师，仍旧负责审核全省各地市报来的保护修缮计划、图纸和预算方案等。

3 月，晋城青莲寺修缮工程启动，抢险加固大雄宝殿和傍院，柴泽俊给予了技术指导。

4月，柴泽俊勘察阳城崇福寺残损和被占用情况，勘察阳城海会寺残损情况。

5月，柴泽俊指导了蒲县东岳庙大殿的修缮工程。

9月初，柴泽俊再次考察解州关帝庙和常平关帝祖祠。他阅读摘抄解州关帝庙和常平关帝祖祠的碑文和相关历史文献，稽考了关羽的生平历史和历代封号，为日后研究解州关帝庙、常平关帝祖祠及关圣事迹做准备。

1985年，柴泽俊曾与关帝庙文管所的张洁严、郝平生等同志赴常平关帝祖祠考察，于祠内崇宁殿台明西南角和背面廊檐下面发现隋唐时期的细绳纹砖数块，于是拍摄照片，测量尺寸，并请文管所将这些砖入库保存。1997年10月柴泽俊两度勘察常平常平祖祠，又在崇宁殿台明角沿处和后檐下面发现隋唐时期的细绳纹砖数块。这些砖大小不一，似乎不是一座建筑上的遗构，亦非民宅小舍所用的条砖规格。实物是最好的时代证据。隋唐细绳纹砖的发现，比较确切地证明隋唐之际常平已有祠宇，说明那时解州关庙正值兴工始建，常平祖祠亦随之改宅第为庙堂予以扩建。后人视扩充为始建，故有常平庙创建于陈、隋间（公元557—618年）之说。近人已将此说录入著述（如上海辞书出版社出版的《中国名胜词典》和山西人民出版社出版的《人·神·圣关公》等）。

10月初，山西省文物局局长一职由山西省文化厅副厅长郭士星兼任。

同月，柴泽俊随同郭士星局长赴京参加国家文物局主持召开的应县木塔工作会议，听取了中国文物研究所勘测应县木塔的情况汇报。

10月底，接到晋城市上报的几座古戏台修缮报告，柴泽俊陪同郭士星局长赴晋东南一带勘察古代戏台。

先勘察晋城冶底村岱庙戏台。随行人员有人判定此戏台为金代戏台，柴泽俊不认同，说道："此戏台我曾在1972年和1982年两次勘察过，现存戏台基本是明代文物，台基和三根石柱可能是元代遗存，有题记的东南角柱是明物，抹棱线角和柱头皆明代手法，题记早已漫漶不清。"柴泽俊又指着上额枋、斗栱、梁架及台顶说："这都是明万历年间遗物，明代石柱子上不可能留存金代题记，况且台基、额枋、斗栱、梁架等无一件金代遗物。将此戏台判定为金代戏台不可信。"

接着勘察高平王报村金代戏台。此戏台规模不大，台基三面为束腰须弥式，背面砌墙，台顶塌坏，但梁架、斗栱仍是金代原构，台基有金代年款刻字题记。柴泽俊请文管所同志负责制定修缮方案，组织保护修缮，并提出了自己的指导性意见。

一行人还勘察了阳城郭壁村元代戏台。有同仁问能否确认是戏台遗迹，柴泽俊查看其柱子、梁架、斗栱、台顶上琉璃，认定都是元代原构，但该台基甚低，高度仅 50 厘米，不应是戏台，似乎像是献亭。柴泽俊向郭士星局长解释说，如果是戏台，台基至少应高出地面 1.5 米以上，应属献亭建制，但也不排除在献亭上用歌舞和戏曲娱神。就建筑而言，是献亭而非戏台。

此外大家还顺路勘察了晋城岱庙、高平定林寺、晋城玉皇庙和二仙庙的残损情况。

11 月中旬，国家文物局副局长张柏、国家文物局文物司司长晋宏逵等，由山西省文物局局长郭士星、省文物局总工程师柴泽俊陪同勘察应县木塔。大家详细勘察了木塔残损情况，发现木塔变形已相当严重，二、三层 2.9 米高的柱子已严重倾斜达 47 厘米，超过柱子垂直线的 15%，已达危险程度，如遇地震等突发性灾害，后果不敢想象。张柏副局长当场提出，必须立刻组织修缮，并向郭士星局长提议，由总工程师柴泽俊主持修缮工程。

同月，在平遥古城"申遗"成功一周年之际，柴泽俊撰写了《平遥古城纪略》一文。文章分为三个部分，首先考证了平遥古城小史，然后讲述了城区现状及文物价值，接着重点讲述了半个世纪中平遥古城修缮保护和"申遗"成功的历程。此文后来收入《柴泽俊古建筑修缮文集》。

1999 年　己卯　六十五岁

1 月，柴泽俊撰写的《山西古代寺观壁画之艺术价值》一文，发表在《文物季刊》1999 年第 1 期。该文阐述了山西古代寺观壁画的艺术价值，指出山西古代寺观壁画具有三个方面的突出特点：一是跨越时空长久，佳作竞相涌现，可弥补我国绘画的历史缺陷；二是内容丰富多彩，无所不有，除了宗教题材，许多社会面貌、社会生活、历史人物以及历代服饰、冠戴、建筑、器皿等，无不清楚地反映在壁画上，大大弥补了古代文献的不足，为研究社会发展提供了珍贵资料；三是风格高超生动，构图严谨，线条精炼，色彩绚丽斑斓，且多留有绘画纪年和画师姓名，难能可贵。

同月，根据国家文物局的指示，山西省成立了应县木塔修缮保护工程管理委员会，由省文物局局长郭士星任主任，柴泽俊任副主任兼总工程师。管委会的前期工作是调研和勘察。3月初，山西北部依旧春寒料峭，柴泽俊同古建所同事登塔顶勘察塔刹保护情况，发现塔刹与塔身中心线倾斜1.5米，确认是塔身倾斜所致。同月再赴应县考察木塔暗层残损，发现每层的暗层承枋木材已折断，仅凭榫卯的咬合维持，如遇外力非常危险。7月、9月和10月中旬，管委会多次邀请太原理工大学李世温教授、山西省建设厅原总工程师刘旋金先生实地勘察研究木塔残损情况。10月末，管委会组织技术人员对每暗层的测绘架木补充完备，拴结牢实，以便随时测量木塔倾斜程度。

3月，历时数年的灵石十八罗汉头像回归事宜终于谈判成功。上海台办与台湾震旦集团商定，接受团由上海台办副主任郭戈带队，团员包括柴泽俊和时任灵石县县长的耿彦波等同志，赴台湾接受十八罗汉头像的回归。一行人17日飞抵香港，转飞台湾，18日至24日台湾震旦集团安排接受团一行在台中、台南和台北故宫博物院等地考察，24日下午返回台北，被告知将在第二天九点办理移交手续。这一夜柴泽俊难以入睡。25日上午九点三十分，在台北海基会大厦举行了十八罗汉头像交接仪式。

交接仪式前，先由柴泽俊和上海台办一名处长对罗汉头像逐一检查鉴定。检查后柴泽俊向等候的郭戈团长及随行人员和震旦集团方面报告："十八罗汉头像全部是资寿寺原作，虽几经辗转但保存完好，陈永泰先生之盛举令人钦佩。"随后交接仪式正式开始，双方在交接文件上签字，并绕罗汉头像一周，仪式结束。

4月，柴泽俊先后三次赴资寿寺，实地研究制定罗汉头像安装复原的技术方案和工艺操作程序。

5月10日，山西省文物局突然接到国家文物局电话，要求在一周内上报第五批全国重点文物保护单位备选名单。同日，山西省文物局成立专家评估组，柴泽俊任组长。评估组将从现有的108处省级重点文物保护单位之中选择符合国保条件的文物保护单位上报，五天内审完。平均每天要审核 22 处文物保护单位，这对于一个 65 岁的老人来说，工作量是相当大的。

6 月初，《柴泽俊古建筑文集》由文物出版社出版。全书分为序、勘察研究编、修缮保护编、古建艺术编几个部分。其中勘察研究编收录十七篇文章，比较重要的有《三十年来山西古建筑及其附属文物调查保护纪略》《山西古建筑概述》《大同华严寺大雄宝殿结构形制研究》《山西几处重要古建筑实例》《山西几处精巧的古代楼阁》等。修缮保护编收录十一篇文章，明确地提出了保护修缮的理论和勘察方法，保护与维修的基本方法和程序等。古建艺术编收录六篇文章，比较重要的有《略论山西古代壁画》《山西古代彩塑选粹》《宋、金时期山西琉璃艺术初探》等，插图大都是 20 世纪五六十年代拍摄的老照片。

6 月中旬，联合国教科文组织与国家文物局联合举办古建筑培训班，柴泽俊应邀授课，题目是"修缮古建筑的传统施工方法与安全措施"。在授课时，他再次强调，古建筑修缮必须遵守不改变文物原状的原则。他还讲到如何才能更好地保持原状，以及详细的施工操作规程和方法。

8 月初，山西灵石县资寿寺十八罗汉头像全部归安。

9 月初，台湾震旦集团董事长陈永泰应邀携夫人亲赴灵石资寿寺，山西省文物局局长郭士星和总工程师柴泽俊等亲自接待。

同月，柴泽俊撰写了《失而复得的瑰宝——灵石资寿寺十八罗汉头像回归纪实》一文，发表于《文物世界》1999 年第 4 期。

10 月，在庆祝国庆 50 周年之际，柴泽俊撰文《从事古建筑调研保护四十五周年小忆》。该文被收入山西人民出版社 2000 年 11 月出版的《山西文物五十年》一书，题目改为《艰辛与乐趣》。

11 月，中国工程院院士、著名文物专家傅熹年先生给柴泽俊寄来题字："整旧如旧，老当益壮。"题跋为："此为梁思成提出之古建筑修缮理想原则，反对整旧如新、返老还童、丧失其历史风貌的修缮性破坏。泽俊同志精心维修保护而多能符合梁公之遗意，因录此语赠之，九九年十一月。"

12 月，柴泽俊在大同华严寺考察塑像。

2000 年　庚辰　六十六岁

1月，柴泽俊安排山西省古建筑方面的十二名工程技术人员承担应县木塔残损状况测绘，要求用一年时间完成各层（包括明、暗层）、各面残损状况（包括倾斜、扭曲、压缩、劈裂等）的测绘，并择其紧要者加以文字说明。

同月，柴泽俊作为第一作者撰写的《太原晋祠圣母殿修缮工程报告》由文物出版社出版，国家文物局局长张文彬先生为此书写了序。至此，他主持的两个古建修缮工程范例——朔州崇福寺弥陀殿修缮工程和太原晋祠圣母殿修缮工程，都出版了报告。

3月中旬，柴泽俊陪同国家文物局副局长郑欣淼、中国建筑科学研究院结构研究所所长赵基达、哈尔滨工业大学教授樊承谋勘察应县木塔。大家一致认为木塔修缮保护应尽快开展，方案应广泛征求意见。柴泽俊说："自去年'木塔办'（应县木塔修缮保护工程管理委员会办公室，以下同）成立后，我们一直在做两个方面的工作：一是调研、勘察；二是广泛邀请全国各地专家实地勘察研究，征求专家们的意见。今年我们已开始进行第三个方面的工作，即进行一些实质性的测试和试验。"他说的测试和试验，指木塔的残损状况测试、地基地质勘察和地震历史分析等工作。

4月初，柴泽俊陪同古建专家张驭寰、张维岳等勘察应县木塔。

5月10—20日，柴泽俊陪同原建设部副部长周干峙和傅熹年、郑孝燮、叶可明、江欢成、张锦秋等专家勘察应县木塔。

5月下旬，山西省史志研究院主办的《沧桑》杂志发表了《大胆的探索不懈的追求——记古建筑专家柴泽俊先生》一文，作者是该杂志记者白兰。

6月初，柴泽俊接到台北市海峡两岸学术文化交流协会的邀请，赴台北参加文化交流活动，并做学术演讲。

6月中旬，山西省古建所与华北地质勘察公司、山西省地质钻探公司联络，请求他们帮助提供应县木塔地基方面的相关数据。柴泽俊数十次奔波往返于各单位与应县木塔之间。

7月至8月，华北地质勘察公司承担并完成了应县木塔塔院内外的地质勘探，探明了木塔地基和地下水位等情况。

8月至9月，山西省地质勘察研究院承担并完成了木塔工程地质勘探，探明塔下地基全为当地粉土夯结而成，深约5米，台基外围正常，塔基下部尤为坚实。勘察单位提出，木塔基础也是文物，近年依然坚固，很难得，应当认真保护。为探明木塔柱底和柱础的情况，经请示，于木塔墙基部位使用探洞探察了内外柱底5根，发现柱底腐朽甚微，柱础分别设置（即主柱与支撑柱不在一块柱础石上），但水平基本相当，柱底相互之间高差仅3厘米余，基本上无沉降现象。

同期，山西省古建所、山西省考古所和山西省地震局共同承担了对近千年来雁北地带历次地震的震级、烈度、方位、间距及其对木塔影响的研究，分析了木塔残损情况和历次修缮加固年代等，并通过地震监测部门对近年来雁北—大同一带的地震监测情况，逐月统计和分析地震对木塔的影响，为掌握木塔安危获取了准确的信息资源。

10月8日，柴泽俊专程陪同两院院士吴良镛先生视察应县木塔，其间，吴先生建议抬升修缮。

10月中旬，因从这一段时间到第二年春季是山西雁北地区最寒冷、风力最大的时期，因此对应县木塔展开风力和风震测试。当时有人提到下述问题：20世纪30年代中期曾拆去木塔上各面斜撑及夹泥墙，是否因风力、风震影响而为之？如果修缮时恢复斜撑和夹泥墙，风力、风震对木塔安全是否会有威胁？为此，请西安大学和太原理工大学联合研究试验，运用1/30的木结构模型反复进行风力风向风震测试，并与当地气象部门所掌握的历史上最大风速风力对应研究分析。结论是，恢复斜撑和夹泥墙是安全的，历史上拆去斜撑和夹泥墙与风力风震无关。

11月，两院院士吴良镛先生为柴泽俊题字："苦心经营，妙手回春。"题跋是："泽俊方家为山西古建筑维护保护作出卓越贡献，新世纪十一月书。"

12月20日，清华大学教授郭黛姮女士来信说："您在应县木塔保护的工作中付出了辛勤劳动和智慧，立下了卓著的功勋，令人钦佩。有您这样的总工指导塔的保护工作，显示着木塔保护工程的科学严谨，必将出现又一个文物保护工作的典范。"

这些赞许和鼓励，对于时年六十六岁的柴泽俊来说，也是压力和责任。

12 月末，山西省古建所对应县木塔残损状况的测绘结果显示，应县木塔存在三个方面的问题："一是木塔残损状况就其可见、可测之构件计算，木塔上下间压缩 88 厘米之多；二是木塔第二层西面内外槽柱子倾斜度超过柱高的 15%，竖向构件如此倾斜、承重功能已基本消失，可以说超越极限；三是木塔现状各层和总高度与陈明达先生《应县木塔》所述出入较大。"

这一年，"木塔办"对应县木塔进行了五项实质性测试，并将测试报告及他们的意见上报国家文物局。

2001 年　辛巳　六十七岁

1 月，"木塔办"请山西省勘察设计研究院承担应县木塔变形的监测任务，在木塔周围 20—50 米的间距里建立了八个监测钢混方墩，用当时国内最先进的仪器，全面监测木塔各层各面各个部位的残损现状及其变化。监测结果表明：以木塔第一层中心点为准，第二层偏侧 29 厘米，第三层偏侧 26 厘米，第五层上部塔刹基座中心偏侧 60 厘米。

2 月初，根据山西省古建所对应县木塔残损现状的测试结果，柴泽俊请太原理工大学李世温教授负责评估木塔各种构件的残损状况。李世温教授组织专家现场反复研究分析，得出评估结论：木塔各种构件和塔体结构功能（特别是一、二层）已发挥到极限，修缮加固保护刻不容缓。

2—4 月，柴泽俊邀请中科院力学研究所完成了应县木塔应力分层测量试验。其原理是运用力学受力原理，通过对一点的压力，检测其辐射在周围的力量。结论是：木塔残损和扭曲变形严重，如遇外力（如狂风、地震等），后果难以预测。

3 月 7 日，《山西日报》在其《经典山西》栏目，以"显通寺维修、南禅寺加固、永乐宫迁建、布达拉宫和应县木塔的修缮，硕果累累，著作等身，然而年近古稀的柴泽俊先生却是没有读过大学的古建专家"为主要内容，讲述了柴泽俊人生的几个重要阶段和他所取得的成就。

3 月中旬，柴泽俊邀请山西化工研究院会同山西省古建所、山西大学对木塔残坏构件用旧木材制成 1/20 大小的样品，用传统材料进行室内加固试验，主要针对柱子、斗栱、额、枋等，测试其抗弯、抗压、抗剪强度，并由太原工学院做破坏性试验，取得了较为满意的效果。为何要做这项试验？柴泽俊说："修缮木塔要尽量保持木塔的原构原件，如果更换新构件较多，势必减弱木塔的原有成分，降低木塔的价值。木塔现存的许多残损件必须尽可能地加固后继续使用。如用高分子材料加固木构件，数十年后将老化，不可采用。用传统材料加固木构件，则须用现代科技手段反复研究试验。"他还说："对于古建筑的保护和修缮，必须时刻注意保存原状，不能有丝毫的变革和偏移。"①这样的保护修缮理念贯穿了他的一生。

4月，山西省古建所选择优质木材进行抗弯、抗压、抗剪测试。柴泽俊安排有经验的科技人员赶赴北京建材中心分设在内蒙古、中俄边界和东北的三大材场取回标准样品，由中国木材研究所进行检验，最终选定中俄边界材场为木塔提供木材。

5月中旬，历经两年的十项实质性测试工作结束。为保证检测数据的真实准确，在每个项目完成后均由专家论证和鉴定验收。有的检测项目在论证阶段按专家意见重新检测，直到符合要求。

6月末，国家文物局在北京召开专家会议，专题论证应县木塔保护修缮的阶段性进展，审查对它进行的十项实质性试验。参加这次会议有国家文物局局长张文彬、副局长张柏，以及考古和古建专家宿白、王世仁、于倬云、王瑞珠、张之平、余鸣谦、陈同滨、崔兆忠等。对山西省古建所承担的木塔残损状况测绘，根据展示的图纸、数据报告和文字报告，专家们一致认为，对应县木塔残损状况的测绘达到了国内先进水平，科学、准确、真实、可信。

7月中旬，"木塔办"连续举行数次工作会议，对北京专家会议的意见进行梳理和研究。

8月初，山西省文物局及下属的古建所、考古所、"木塔办"会同太原理工大学、山西省建设厅、山西省建筑设计研究院等机构召开应县木塔保护修缮工作会议，并特别邀请曾设计上海东方明珠大厦的专家叶可明先生参加。会议通过了三套方案：一是太原理工大学教授马庆如先生提出的

---

① 柴泽俊《试论古建筑修缮中的"不改变文物原状"》，《柴泽俊古建筑文集》，文物出版社，1999年，第305页。

抬升加固方案，此方案得到叶可明先生的支持；二是建筑设计研究院提出的现状加固方案；三是山西省古建所提出的落架修缮方案。"木塔办"计划把三套施工方案进行详细汇总后再上报国家文物局。三套方案安排如下：由山西省古建所承担落架修缮方案的研究、设计；由太原理工大学和山西省古建所共同承担抬升修缮方案的研究、设计（包括抬升修缮钢架、地基抬升设计和木塔各层修缮设计）；由山西省建筑设计研究院和山西省古建所共同承担现状加固方案的研究、设计。年底前各承担单位制定出设计方案，数据要求详细准确，具有可操作性。

9月，《记者观察》杂志2001年第9期，发表了记者李颖的文章《青山踏遍人不老——记中国著名古建筑专家柴泽俊》，记叙了柴泽俊的古建生涯。

12月中旬，木应县塔保护修缮工程施工的三套设计方案的数据测试汇总完成。"木塔办"筹备应县木塔保护修缮全国专家评审会。

12月末，国家文物局与联合国教科文组织联合举办古建文物培训班。

2002年　壬午　六十八岁

2月下旬，国家文物局、山西省文物局、山西朔州市县两级政府及山西省政府分管领导在太原召开应县木塔工作会议。柴泽俊在会上做了汇报发言。应县木塔修缮保护工程管理委员会办公室（"木塔办"）在近三年的时间做了四个方面的工作，搞了八大类十大项实质性的可行性研究测试，提出了三种可供选择的保护修缮方案。

"木塔办"做了四个方面的工作：一是勘察掌握木塔残损现状，为组织各方面科技力量对木塔勘察研究制定计划、奠定基础。"木塔办"邀请太原理工大学李世温教授、山西省建设厅原总工程师刘旋金实地勘察研究木塔残损现状，先后登塔二十余次，将塔体内外、明暗各层及每层各面的残损情况逐一勘察，探索其产生残损的原因，提出进一步勘察研究的计划，并将木塔原暗层测绘架木补充完备拴结牢实。二是陪同国家文物局领导、山西各级领导和邀请来的全国各地专家实地勘察研究木塔残损状况，分析残损原因，听取意见。陪同各级领导现场勘察木塔二十余次，分别陪同来自全国的古建筑、建筑结构、文物保护等方面的专家登塔逐层勘察研究六十多次，现场听取各方意见。绝大多数专家考察后认为，木塔残损情况严重，如遇外力（狂风、地震等），后果不堪设想，应尽快拿出修缮保护方案，不能再拖，也不能只停留在勘察研究上。每次每位专家的勘察意见，"木塔办"都形成了简报，及时上报省文物局和国家文物局。参与实地勘察的专家达六十余人，除2001年参加十项测试论证会的专家外，还有知名专家如郑孝燮、徐苹芳、张忠培、黄景略、谢辰生、韩骥、张德良等。三是提出十大项勘察研究项目，组织有资质有能力的科研单位和高等院校分别承担各个不同项目的测试研究任务。上述十项勘察测试研究任务是在2002年之前完成的，均进行过专家论证和鉴定验收。有的项目论证时专家提出不同意见，补充勘测后进行了第二次或多次鉴定验收。四是根据专家们的勘察意见，组织有资质有能力的勘察设计单位制定了落架大修、抬升修缮、现状加固这三种不同的修缮方案。上述的十项测试和三套可供选择的方案将在当年6月举行的应县木塔修缮保护工程方案评审会上由全国的专家们来评审。

6月5日，经国家文物局和山西省政府同意，应县木塔修缮保护工程管理委员会在太原迎泽宾馆召开了应县木塔修缮保护工程方案评审论证会。全国各地研究古建筑、建筑木结构、钢结构和钢混结构以及文物保护等方面的四十余位专家学者云集太原，其中有郑孝燮、罗哲文、郭黛姮、樊承谋、赵基达、张维岳、张驭寰等教授。七位院士也应邀出席，他们是两院院士周干峙先生和中国工程院院士陈肇元、傅熹年、葛修润、张锦秋、叶可明、江欢成先生。大会会期三天，先由各协作单位汇报木塔勘察、测量、钻探、挖掘、测试的十项数据报告，由专家们评审并通过。再由承担保护修缮施工方案的设计人员分别阐述各自方案。与会的专家学者都在会上发表了各自的观点。会上讨论了整体落架大修、上部抬升、钢架支撑与现状加固四类方案。落架大修虽然延续传统修缮做法，但存在旧构件更换过多与变形矫正后难以安装问题，历史信息损失过多；钢架支撑方案虽然对本体干预较少，但存在思路难以落地的技术问题，同时也是对木塔自身挺立的一种否定。会议以记名表决的方式，确定了木塔修缮方案的总体思路是上部抬升，即将保存较好的上部三层整体抬升，大修调正二层倾斜柱梁框架后再将上部三层整体落回。2002年12月，国家文物局批准了这一思路和相关立项。由于难以确认上部抬升之后能否顺利回落到大修后的二层之上，2006年4月，上部抬升方案在国家文物局于朔州召开的"应县木塔抬升修缮方案评审会"上被专家否定。

柴泽俊后来曾评述四套修缮方案的优缺点：落架大修方案实施技术上较成熟，可彻底加固残损构件，纠正扭曲变形，但构件更换率较大，拆卸下来构件的存放、消防任务也很大；现状加固方案保存历史信息多，但不能从根本上解决木塔残损、变形等病状，加固不好还有可能引发更大的麻烦；上部抬升方案是将木塔上部险情较轻的部分抬起，用传统修缮办法解体修缮塔体下部，能从根本上整治木塔下部的病状，保留较多历史信息，但抬升装置科技含量高、技术复杂、难度大、风险大、投资较大；钢架支撑方案则是用钢架子在木塔内外槽柱间，把木塔支撑起来，由钢架荷重。塔身、台基加上在塔内设置的钢架重量，对木塔地基的危害较大。用钢架在塔内支持，对木塔主体承重构件损坏较多，使木塔内部承重体系发生变化，改变木塔原貌。

7月3日，中国文物保护技术协会来函通知，柴泽俊当选为协会第四届理事会副理事长。

同月，柴泽俊将应县木塔修缮保护工程方案评审论证会上已确定的施工方案加以补充、修正，将专家们的各种意见汇总，由应县木塔修缮保护工程管理委员会分别报送七位院士签字确认。

8月初至12月末，柴泽俊对应县木塔继续深入勘察。他后来回忆：

（1）邀请北大考古文博学院，对木塔各层木构件、墙体表层、壁画墙面和塑像泥层、砖、石等取小样60种，进行碳-14测试，结论为几乎全是辽物。

（2）对佛宫寺庙院内外及其周围进行考古钻探是由山西考古所钻探中心完成的。除寺院东、西两侧为居民区不能详探外，其余基址基本探清。

（3）应县木塔消防应予重视，经与省市县消防部门联系协商，增加编制、增强设施。并请核工业部第七设计院承担木塔消防设计。

（4）根据国家文物局文物司和省文物局意见，请国家建筑研究院建筑历史研究所承担应县木塔及应县县城规划设计。后因地、县资料提供不全，且又欠付费用，未成。①

8月中旬，"木塔办"提请山西省文物局按照工程申报规程，将应县木塔施工方案上报国家文物局待批。

9月末，柴泽俊的专著《解州关帝庙》由文物出版社出版。早在20世纪50年代后期，柴泽俊就开始关注解州关帝庙，多次实地勘测，反复研究关帝庙的沿革、布局、规制和建筑构造的特色，拍摄各种照片，实地测绘建筑图样。从1998年开始着手这部专著的写作。全书分为研究篇、附录、实测图、彩色图版及图版说明。研究篇分八章，主要稽考了关帝庙的建庙缘由、庙宇始建及历史沿革、庙宇形制和规制，并对单体建筑逐一剖析。附录考证关圣祖祠的沿革、建筑布局与构造、彩塑艺术等内容。彩色图版中收录的大多是柴泽俊早年拍摄的珍贵照片，极具收藏价值。

是月，山西省永济市鹳雀楼复建工程竣工。

10月初，柴泽俊在大同华严寺指导修缮工程。

10月中旬，柴泽俊向山西省文物局分管领导询问应县木塔保护方案上报国家文物局的情况。得知尚未上报时，柴泽俊焦急地说："木塔事关重大，岂能因我们山西方面自身的延误，失去审批的最好机会，贻害后人！"

10月底，国家文物局局长张文彬同志退休。

11月中旬，山西省文物局终于上报了应县木塔的保护修缮方案。

11月末，柴泽俊在五台佛光寺勘察。

12月，国务院副总理李岚清同志退休。李岚清副总理在任期间十分关注木塔保护事务，曾多次向国家文物局询问。

同月，柴泽俊陪同新任国家文物局局长的单霁翔勘察应县木塔。

同月，在国家文物局召开的专家会上，采用投票表决的方式通过了应县木塔保护修缮的"上部抬升方案"。

2003年　癸未　六十九岁

1月17日，《中国文物报》刊登柴泽俊《中国古建筑保护理念与

---

① 柴泽俊《应县木塔修缮小忆》（未刊稿）。

〈威尼斯宪章〉》一文。柴泽俊看到《中国文物报》连续刊登了不少同志谈修缮保护古建筑的理念和指导思想，其中不少文章涉及《威尼斯宪章》的一些条款和原则，但是有的文章的观点不一定符合中国古建筑修缮保护的实际。他开宗明义地指出："任何理论、主义、公约、宪章、条例等，都必须与本国或本地区的实际情况相结合，必须针对具体情况进行具体分析，必须根据总的原则制定适合本国或本地区情况的'实施办法'、'实施规划'或'操作规范'。不结合实际的理论是空洞的理论。对理论的简单照搬或断章取义引用，不仅不能指导实践，甚至还可能误导实践。不接受先进理论指导的实践是盲目的实践，不仅徘徊不前，还可能走向盲目境域，甚至会走向误区。这是许多事实早已证实了的真理，古建筑保护也不应该例外。"此文后来收入《柴泽俊古建筑修缮文集》。

2月，北京发现首例"非典"病例，3月很快蔓延，北京、山西等地一时间成为"非典"重灾区。

3月7日，《中国文物报》刊登柴泽俊《对古建筑"原状"的理解》一文。此文后来收入《柴泽俊古建筑修缮文集》。

3月14日和28日，《中国文物报》分两次刊登柴泽俊《怎样保存古建筑"原状"》一文。此文后来收入《柴泽俊古建筑修缮文集》。

4月初，柴泽俊撰写《古建筑的历史变迁》一文，《中国文物报》于6月6日、13日、27日分三次发表。本文实际是对前述《中国古建筑保护理念与〈威尼斯宪章〉》《对古建筑"原状"的理解》《怎样保存古建筑"原状"》三篇文章的继续与深入。柴泽俊在文中强调："我们常常在一群、一组和一座古建筑上看到几个不同时代的布局、殿宇、构件、做法和附属文物。这种变迁是历史造成的。虽然不是该古建筑创建或重建时的原状，但却是经过相当长历史阶段保留至今的状况。这种状况多数是具有历史、艺术和科学价值的，可以视作原状保存，不应随意拆除或改动。但也有少数古建筑在历史上的添建和修补是极为拙劣的，影响或贬低了该建筑的环境、风貌和三大价值，应予恢复原状。这是两种截然不同的情况。对于这两种情况的判定，一定要采取慎重态度。既要有现场勘察研究记录，又要有科学资料作依据，经过反复分析研究乃至专家们论证后确定。

切不可粗心大意，一挥而就，以免造成有价值文物的损害。"① 此文后来收入《柴泽俊古建筑修缮文集》。

5月中旬，柴泽俊双腿和双手出现发麻、无力的症状。住进山西省人民医院，查出脑部动脉粥样硬化，且部分梗死。后颈部通过大脑的两支主动脉血管，其中一支已完全堵塞，另一支已被堵了3/5。情况危急，鉴于当时太原的医疗技术有限，医生建议去北京301医院治疗。但此时全国性的"非典"疫情尚未得到有效控制。

6月下旬，"非典"疫情解除。

7月初，柴泽俊入住北京301医院心脑血管科。入院三天后，在其颈部植入支架。二十天后，又在其心脏部位介入两枚支架。

8月30日，柴泽俊出院。

11月18日，柴泽俊撰写《激起的回忆》一文，纪念祁英涛先生对永乐宫迁建的贡献。

12月中旬，时隔二十年后，柴泽俊又一次考察五台佛光寺和南禅寺。

2004年　甲申　七十岁

3月，国家文物局批复同意采取抬升修缮的方案思路实施应县木塔保护工程，并对方案深化工作提出了进一步的要求。

4月，"木塔办"向山西省文物局提交修缮意见并报呈山西省人民政府，提出应县木塔应尽快修缮。

5月初，山西省副省长宋北杉、山西省文物局新任局长施联秀、山西省文物局总工程师柴泽俊等前往北京，向国家文物局局长单霁翔汇报应县木塔相关事务。单霁翔局长指示，广泛征求意见，继续考察研究，要求山西省文物局定期监测应县木塔状况。自此，山西省文物局应县木塔保护修缮工程委员会每月两次对木塔实施监测，将记录上报国家文物局。

5月中旬，应香港旭日集团董事长杨钊先生邀请，柴泽俊赴香港考察一处古建筑。杨钊先生提出请柴泽俊撰写一部有关佛寺壁画的专著，由旭

---

① 柴泽俊《古建筑的历史变迁》，《柴泽俊古建筑修缮文集》，文物出版社，2009年，第206页。

日集团出资，拟在文物出版社出版。柴泽俊允诺，书名定为《山西佛寺壁画》，此书于 2006 年 3 月由文物出版社出版。柴泽俊在扉页后面写道："香港旭日集团董事长杨钊先生虔诚佛陀，尤崇佛教文化。受杨先生嘱托，实地考察了山西佛寺壁画，逐一鉴别测量，拍摄彩照，经研究撰写成文，收集成册，并由杨先生资助、文物出版社出版发行。诚属弘扬佛教文化之一大功德尔。"

7 月，柴泽俊赴大同云冈石窟，就其窟檐的样式修建问题与相关学者展开讨论。有人提出要建现代式样的玻璃罩，柴泽俊认为应采用"古建式"，这样才符合国家的文物保护原则。经过讨论，大家一致认同"古建式"。

7 月 13 日，《山西晚报》在《人文视点》栏目，以一个整版的篇幅，发表该报记者李遇对柴泽俊的专访，柴泽俊在采访中强调："对于世界遗产，保护是第一位的。"

8 月初，柴泽俊接到永乐宫报告，称三清殿壁画出现裂缝，赴现场指导解决。根据国家文物局要求，柴泽俊对永乐宫周围的一些不协调的有碍文物保护的餐馆和店铺向当地政府提出整顿的意见。

9 月，柴泽俊赴襄宁考察古建筑，对襄宁的古建筑保护提出指导意见。

同月，柴泽俊向山西省文物局提出退休申请。

柴泽俊年谱 · 晚年生活

2005 年　乙酉　七十一岁

2005 年春，柴泽俊接受香港旭日集团董事长杨钊先生托付，筹备出版《山西佛寺壁画》。他选择山西 22 处佛寺壁画加以整理和研究，并精选了 258 幅彩色照片作为该书彩版，可以从中领略画师造诣，感受画风、画艺和画作神韵。他还对唐、五代、宋、辽、金、元、明、清历代山西境内佛寺壁画列表统计，对 22 处佛寺壁画在各个建筑中的具体位置和尺寸也做了统计表。他在"后记"中写道："为使这本专集资料详实可靠，初稿写就，笔者又亲赴寺庙对壁画的题材、风格、面积、榜题、碑文等逐一核查校订，力求真实无误。"

2005 夏，柴泽俊整理洪洞广胜寺勘察资料，撰写《洪洞广胜寺》及《简论五十年来山西文物建筑保护工程及其成就》。

《洪洞广胜寺》《山西佛寺壁画》及论文《简论五十年来山西文物建筑保护工程及其成就》的撰写受到三晋文化研究会的支持。三晋文化研究会成立于 1988 年，是由山西省的老领导、老专家、学者和文化名流组织的以研究山西文化为主题的社会团体。在近二十年的发展中，先后出版《三晋文化丛书》92 部、《山西历史文化丛书》32 辑 320 本，还将《三晋文化石刻大全》列入编纂计划。柴泽俊从该研究会成立起就担任理事，之后又历任常务理事和副会长。在 2008 年三晋文化研究会第五届理事会换届选举中，柴泽俊连任副会长，并被评为优秀主编。他的多部专著被列入"三晋文化研究丛书"和"山西历史文化丛书"。可以说，三晋文化研究会对柴泽俊研究山西古代建筑及其附属文物给予了热情的关注和大力的支持。柴泽俊也用自己的研究成果回报了关心和支持他的三晋文化研究会。

2005 年秋，由于多年来颈椎变形严重，柴泽俊只能依靠"板架"支撑在桌面撰写文章。他还感觉双眼视力明显减弱，视物有重影现象。

2005 年冬，柴泽俊接受中央电视台财经频道记者采访，谈永乐宫壁画的迁移。同时接受采访的是曾任山西画院院长的王朝端先生，王先生时年六十六岁。

2006年　丙戌　七十二岁

1月，柴泽俊的专著《洪洞广胜寺》由文物出版社出版。

广胜寺位于山西省洪洞县东北17公里的霍山南麓，分上寺、下寺和水神庙三处，是1961年国务院公布的第一批全国重点文物保护单位。广胜寺不仅是珍贵的历史文化遗产，也是古老寺庙与自然山水相结合的风景名胜。寺内元代殿宇结构奇巧，飞虹塔和各殿屋脊上的琉璃构件精致富丽，殿内木雕和塑像大都完好，水神庙明应王殿的壁画记载了当时社会风貌和戏剧演出形式。这些都是我国文物中的珍品，既有确切的年代可考，又留有匠师姓名，是研究我国建筑史、雕塑史、绘画史、戏曲史和琉璃艺术史的宝贵资料。

20世纪30年代，一些学者对广胜寺内所藏金版"赵城藏"进行了研究，1935年梁思成先生考察该寺并发表文章，广胜的建筑开始受到学术界的重视。20世纪五六十年代不少专家学者对其进行过考察研究。1972年，广胜上寺一部分建筑出现残损现象，柴泽俊主持了修缮设计和施工。

在勘察和修缮过程中，柴泽俊深切感受到广胜寺的珍贵的历史价值，开始收集资料，与有关人员测绘上下两寺的总体布局和建筑的各部尺寸，测绘塑像、壁画、琉璃的尺寸，拍摄照片，抄录碑文、题记和文献资料。20世纪80年代初，柴泽俊将书稿交付出版社，因种种因素，当时未能出版。柴泽俊退休后，在文物出版社及地县文物管理部门的催促下，又重新撰写书稿，将原来的黑白照片全部换成彩版，在诸多同志的帮助下完成了这部专著。

该书分建筑篇、艺术篇、修缮篇、实测图、彩色图版和图版说明几大部分。广胜寺是我国元代建筑中因材施建最典型的作品，用材之经济、结构之特殊为全国仅见。在建筑篇中，柴泽俊对各殿独特的建筑进行了研究，特别对飞虹塔这座通体为五彩琉璃镶嵌的楼阁式塔，就其造型、结构逐层详细记叙，并依据史料记载对该塔的历史演变进行了研讨。在艺术篇中，柴泽俊对各殿的雕塑和壁画进行了生动形象的描述和考证研究。在修缮篇中，收录了部分殿宇的修缮设计说明书和修缮工程技术报告。这是一部全面记录和研究广胜寺的重要著作。

3月，柴泽俊的著作《山西佛寺壁画》由文物出版社出版。

4月，柴泽俊在山西省眼科医院检查，发现双眼眼底已形成较大面积的黄斑，眼球晶体变形，双眼视力大幅度下降，左眼尤甚。

同月，中央电视台第十套科技栏目专访柴泽俊，再谈永乐宫迁建之事。

6月，杨永生、王莉慧编写的《建筑史解码人》一书由中国建筑工业出版社出版，柴泽俊入选了该书的"建筑史解码人"。该书共介绍了77人，包括从20世纪30年代的营造学社算起，至新中国成立后在中国建筑史研究上做出突出贡献的专家学者。

9月，柴泽俊为山西省文物局编写的《山西文物建筑保护五十年（初编）》撰文《50年来山西文物建筑保护工程及其成就》。全文约五万字，全面总结了山西五十年来古建筑保护工程的实践经验，阐述了古建筑保护修缮的理论原则。李志荣教授评价此文说："不仅是研究山西古代建筑需要学习的文献，考虑到山西古建筑在全国所占比例之巨，也应该成为全国古建筑保护研究领域认真研读的重要文献。"

11月，柴泽俊被中国文物保护技术协会聘为"中国文物保护技术协会古建筑保护专家指导委员会专家"。

2007年　丁亥　七十三岁

4月，因心血管疾病，柴泽俊在山西省人民医院住院治疗。他在医院病房接受了中央电视台第十套科技栏目记者关于鹳雀楼和普救寺古建筑保护修缮的采访。

5月，山西省名人联合会主办的刊物《天下山西名人》总第5期发表了殷学元撰写的文章《妙手回春 古建筑"修旧如旧"——访全国著名古建筑、文物专家柴泽俊》。

6月初，柴泽俊在北京同仁医院住院治疗。因眼底出血，左眼球晶体被摘除，手术失败。右眼黄斑病变，视力仅为0.1—0.2，必须长期吃药才能勉强维持现状，医生叮嘱须避免强光，严禁疲劳用眼。

眼睛是人体最宝贵的器官之一。柴泽俊曾经有一双明亮的眼睛，鉴识了多少珍贵的文物，勘察、测绘、拍摄了多少重要的古建筑和附属文物资料，保护修缮了多少精美的庙宇殿堂，写下了多少厚重的著作。在一生的风风雨雨中，他见证了坎坷、艰辛、喜悦，他不能没有眼睛，但他却没有能够像抢救文物一样抢救这一双眼睛。这一打击足以使常人万念俱灰。他还有写多部书稿的计划，可家人、同事都劝他说，已经算是功成名就了，就此搁笔吧。他第一次犹豫彷徨了。他一生做过多次手术，一次次疾病不仅没有打垮他，反而使他在精神上愈挫愈奋，每一次都在向生命的极限挑战。一个年已七十三岁的老人，还能重新振作吗？在此后几年时间里，他以陆续出版的著作做了证明。

2008 年　戊子　七十四岁

4 月，柴泽俊的专著《山西古代彩塑》由文物出版社出版。

这部著作由"研究篇"和彩色图版组成。在"研究篇"的第一章，柴泽俊概述了彩塑源流。他从雕与塑的关系和彩塑的肇始年代讲起，讲到佛教的传入和道教的兴起使雕塑有了更为广阔的表现领域，山西古代建筑的数量居全国首位，寺观建筑尤多，随着寺观建筑保存下来的古代泥质彩塑的数量也是巨大的。柴泽俊说："根据山西省文物普查资料和实地勘查统计，山西省现存历代寺观泥质彩塑一万三千余尊，其中唐代彩塑八十二尊、五代彩塑十一尊、宋辽金彩塑三百九十四尊、元代彩塑三百八十六尊、明代彩塑五千九百七十八尊、清代彩塑约六千二百尊。"

柴泽俊选取山西二十一座寺院及其彩塑，做了翔实的记录、考证和研究，涉及寺观沿革、建筑格局、石窟壁画、佛道典籍、文献史志、彩塑组合和布列方式、尊像名称和渊源、宗教流派等方面。随文附有每座寺院的彩塑实测数据表，对塑像的位置和名称、身姿、总高、座高、像高、头高都做了准确的记录。这对于研究历代彩塑各部位的形体比例是极为珍贵的数据资料。

彩色图版部分收入二百七十三幅珍贵的照片，图片精美，传神夺目，均为柴泽俊几十年来勘察拍摄的精心之作。

7 月 4 日，三晋文化研究会隆重举行了《山西古代彩塑》出版座谈会，原山西省老领导王庭栋、郭裕怀、李玉明等出席。《山西日报》《生活晨报》等作了报道。

2009 年　己丑　七十五岁

1 月 16 日，《中国文物报》刊登了北京大学考古文博学院李志荣教授《柴泽俊谈古代建筑保护修缮问题》一文。

5 月，柴泽俊在山西省人民医院住院，下肢双侧髂外动脉、股动脉管腔闭塞及双侧胫前后动脉中重度狭窄，双侧支架介入治疗。至此，柴泽俊先生头部、心脏、双下肢根部，即全身上、中、下三处都被介入支架。

6 月，《柴泽俊古建筑修缮文集》由文物出版社出版。该文集的文章分别归入"调查研究篇""修缮保护篇"和"其他"。"调查研究篇"由二十五篇不同时期的研究文章组成，大体分为这样几类：一是古代建筑的背景环境问题，怎样理解和保护古建筑的"原状"；二是山西几处重要的木构古建筑构造、晋祠历史文物、普救寺考证；三是山西古代寺观壁画及永乐宫艺术；四是两处道教石窟。"修缮保护篇"收入九篇文章，长篇论文《简论五十年来山西文物建筑保护工程及其成就》约 4 万字，是全面总结山西五十年来古建筑保护工程实践的文献。此外是有关普救寺修复工程的文章。"其他"篇中收入五篇文章，包括 20 世纪 80 年代初期柴泽俊讲授的佛教知识点滴，回忆文章《从事古建筑调研保护四十五年小忆》，揭露抗日战争时期日本帝国主义摧残山西文物的文章《抗日战争中文物遭残纪略》等。

8 月，由文物出版社出版的"中国文博名家画传"系列之一的《柴泽俊》传记出版。

2010 年　庚寅　七十六岁

5 月 9 日，柴泽俊参加三晋文化研讨会。他撰写了会议论文《山西古建筑历史地位和文化价值刍议》。全文分五个小节，二万字左右。作者考察了唐、五代至明清古建筑在山西的保存现状，从寺庙宫殿的庄严富丽、高塔楼阁的奇巧结构、民宅庭院的朴实典雅，论述了华夏民族的文明成就和文化传统。

是年夏季，柴泽俊携老伴与山西省文化界的老友在交城中庄疗养。

10 月 20 日，柴泽俊向"纪念中国建筑宗师李诫逝世 900 周年系列活动"组委会发信，并附上撰写的文章《李诫大师建筑思想永放光辉》。

2011 年　辛卯　七十七岁

1 月，中共山西省委老干部局主办的刊物《山西老年》刊登了文章《柴泽俊：半个世纪的古建情怀》，作者是李国光。

3 月 17 日，《山西晚报》在"厚重山西"栏目整版刊登了报道《柴泽俊：古建专家就像百科全书》，作者是本报记者谢燕。

4 月 14—15 日，柴泽俊与老伴在太原晋祠博物馆一起接受中央电视台《大家》栏目组的专访。这一消息由《山西晚报》"三晋新闻"栏目于 4 月 20 日发布。题目为《CCTV 科教节目〈大家〉栏目莅并，山西古建筑研究第一人柴泽俊受访》。

5 月 8 日，《山西晚报》"山西新闻"栏目刊登《全国现存宋前古建，山西占 3/4》一文，内容是本报记者谢燕与山西省文物局局长王建武带领的专家组专访古建大家柴泽俊。柴先生谈了两个问题：为何山西能保留这么多珍贵的古建，数量众多的古建怎么保护。

9 月 20 日，《山西晚报》"山西·特稿"版面刊登整版文章《本报记者赴京近探晋翼会馆——记民间文保人士曾一智、山西古建大家柴泽俊谈"刘老根会馆"建筑问题》。

2012 年　壬辰　七十八岁

1 月 23 日，为表彰柴泽俊先生在文博战线做出的突出成绩，山西省文物局党组研究决定授予柴泽俊"文博大家"荣誉称号，并赠予牌匾。山西省委省政府相关领导出席授匾仪式，并向柴先生颁奖。同时获得此项荣誉称号的还有山西省文物系统著名学者张颔先生。

1 月，《山西档案》杂志刊载《山西壁画与文物保护——古建专家柴泽俊先生访谈录》，采访人是山西师范大学历史学院副院长张焕君和太原师范学院历史系副主任王杰瑜，整理人是山西师范大学历史学院讲师李淑芬，刊物封面照片是柴先生在家中依靠架板工作的情景。

3月5日,《山西晚报》"黄河关注"版面以整版篇幅刊登文章《文博大家·柴泽俊》,并配有多幅照片。

同月,由中共山西省委前进期刊总社主办,三晋文化研究会、中国平遥国际摄影大展组委会、美国联系图片社合作编辑的《映像 PICS》刊载文章《古建大家柴泽俊》,作者是阎扶。6月,《中国经济网》发表文章《柴泽俊:古建"家底"是值得敬畏的考验》,作者是弓金星。

7月,《山西晚报》在"山西·特稿"栏目,用两个整版的篇幅,报道了五十年前那场规模和影响都很大的古建筑和文物搬迁,文章题目是《我国文物迁移史创举 山西运城永乐宫搬迁记》,作者为本报记者刘斌。

12月,因双小腿、足部浮肿,肌酐检测过高,尿液呈蛋白阳性,柴泽俊在山西省人民医院肾病科住院,月余出院。

2013 年 癸巳 七十九岁

3月,由山西省古建筑协会主办、山西省文物局主管的刊物《山西古建》发行了创刊号。创刊号刊登了柴泽俊撰写的文章《修缮保护工程中几个原则问题的理念》。文章主要讲了几个方面的问题:不改变文物建筑原状理念、如何保存文物建筑原状、历史的变迁即历史信息与可读性史料的理念、坚持保护和使用原构件理念、可识别性理念、油饰断白和彩画做旧理念、背景环境保护理念。

6月初,《山西古建筑文化综论》一书由文物出版社出版。出版前夕,文物出版社副社长周成先生撰文《古建人生的收官之作——读柴泽俊先生的〈山西古建筑文化综论〉一书》,发表在《中国文物报》上。

8月,新华通讯社主办的刊物《瞭望》登载《柴泽俊:从辍学娃到古建筑名家》一文。小标题引用柴先生的讲话:"文物古建是历史文化和文明的见证,不可再生,也不能被篡改。如果不爱惜'旧物'就等于割断历史。"作者是《瞭望》新闻周刊记者王学涛、刘翔霄。

12月,柴泽俊筹备撰写《永乐宫迁建纪实》。

2014 年　甲午　八十岁

1 月，柴泽俊拟定了《永乐宫迁建纪实》一书的结构。全书打算主要分为九个部分。第一部分至第五部分讲述永乐宫的文物价值，迁建前的准备工作，揭取壁画、拆卸建筑和迁运工程，修复永乐宫古建筑，加固修复永乐宫壁画；第六部分讲永乐宫迁建完成后的争论与评价；第七部分至第九部分为实测与设计图、黑白图版、彩色图版。柴泽俊开始抓紧撰述工作。

6 月初，因重感冒引发高烧和肺部感染，柴泽俊住进山西省人民医院重症监护室。十天后出院，出院后继续写作。

2015 年　乙未　八十一岁

1 月 31 日，晚 9：20，中央电视台第二套《经济半小时》播出报道《山西：文物大省为何"糟蹋"文物》，第二天早 8：30 重播。报道中，记者实地走访查看了山西乡村的几处文物残损现状，并在柴泽俊家中采访，柴泽俊说道：保护文物是全社会的责任，更是各级政府和党委的责任。要重视不可再生的文物，要把保护文物列入各级政府和党委的议事日程上来，要高度重视，仅靠文物部门的努力是不够的。节目播出后在山西乃至全国引起很大震动。当天晚上，山西省政府负责人就批示加强对文物的保护。时任山西省文物局局长王建武同志在春节团拜时，对柴泽俊说：有省委、省政府的重视和支持，我们保护文物的工作就会顺利。

5 月 3 日，柴泽俊在山西省中医研究院肾病科住院，月末出院。

7 月 25 日，柴泽俊在家中接受中央电视台记者采访。

27 日，柴泽俊在山西省人民医院肾内科住院，症状：吃不进饭，双小腿及脚面浮肿。

8 月 4 日（周二），19 时 12 分至 17 分，中央电视台新闻联播节目播出报道，题目是《柴泽俊：守得清贫，耐得寂寞》。其时柴泽俊仍在医院住院。

8 月 18 日，文物出版社决定出版《柴泽俊古建筑全集》，开始筹备工作。

8月20日，中国民族建筑研究会授予柴泽俊"中国民族建筑事业终生成就奖"。

9月初，柴泽俊出院。

10月8日，文物出版社副社长周成等一行五人来到柴泽俊家，商谈出版《柴泽俊古建筑全集》事宜。柴泽俊审阅了文物出版社草拟的"出版筹备文件"，并签署了意见。谈及柴泽俊近期撰写《永乐宫迁建纪实》的写作情况，周成先生建议把《永乐宫迁建纪实》的书名改为《山西永乐宫迁建亲历记》。

近十几天来，柴泽俊全身浮肿，夜晚常气喘，饮食吞咽困难，只能少量进食。

10日，早10点，柴泽俊把二女婿张传泳叫来，在书房交代尚未完成的手稿事宜，并嘱其整理部分草稿，并请他向文物出版社周成先生转述，周成先生建议的书名《山西永乐宫迁建亲历记》可否改为《山西永乐宫迁建亲临纪实》，请周成先生确定。此时先生已没有力气讲话，指着手稿说："……怕……完不……成了……，留下……遗憾吧！"当日下午3时，柴泽俊又住进如山西省人民医院肾内科。

10月12日，柴泽俊连续做了两天血液过滤，身体似有好转，能少量进食。

10月13日上午，再次做血液过滤。傍晚，柴泽俊出现眩晕、意识模糊、呼吸困难和心悸无力现象。晚上，肾病科向家属下达《病危通知书》，给柴泽俊服氯化钾口服液。

10月14日、15日、16日，连续三天，柴泽俊出现眩晕、呼吸困难、痰咳不出来的现象，夜晚无法入睡，熬到天亮。

17日上午，心血管科会诊，发现心脏前区已出现95%以上的大面积梗死，用自费药"冻干重组人脑利钠肽"救治，暂缓血滤。住院两月后，病情似有所好转。

12月12日，柴泽俊出院。出院两周内身体无力，大不如前。

同月下旬，柴泽俊继续撰写《山西永乐宫迁建亲临纪实》。

2016 年　丙申　八十二岁

1 月，柴泽俊的身体时好时坏，每日仅进食不足三两食物，继续撰写《山西永乐宫迁建亲临纪实》中的第五部分（《加固修复永乐宫壁画》）及结语和后记，近四万余字。柴泽俊与亲人交谈时显得很急切，似乎已感觉到"大限"将至，奋力拼搏，不敢怠慢。先生说："虽身体衰弱，所幸思维尚清晰，只是感觉记忆略不如前，必须抓紧、抓紧！"

月末，柴先生不顾眼疾，拖着病体，从大量的永乐宫照片中选出 20 世纪 50—60 年代拍摄的近二百张照片，编写了图片说明，整理了实测图图纸。

2 月 3 日上午，山西省文物局局长王建武同志率局领导班子成员，在山西省古建筑保护修缮研究所所长和副所长等的陪同下，在春节前拜望柴泽俊先生。当他得知近四十万字的《山西永乐宫迁建亲临纪实》一书，在柴先生病体极度衰弱的情况下竟撰写完成，激动地长久握着柴先生的手说：这不是简单的一部"纪实"，是你在晚年又一次为中国古代建筑领域留下的一部丰厚的财产。

4 月初，柴泽俊委托二女婿张传泳带着《山西永乐宫迁建亲临纪实》一书的手稿复印件前往北京，交给文物出版社副社长周成先生。周成先生看到老人的最后著作，感慨不已，表示力争年内出版。

4 月中旬，柴泽俊心脏数次出现衰弱症状，住进山西省人民医院心内科。输液十天后，由于肾功能障碍，排尿弱，导致双腿及双脚再度浮肿，停止用药，开始利水。

月末，柴泽俊出院。由于饮食严重不足，身体极度消瘦。双腿肌肉萎缩，无力站立，起卧需要两人搀扶，在室内依靠"代步车"缓行。

5 月，柴泽俊为曾任山西省书法家协会副主席的袁旭临先生的著作《碑刻选录》题词，全文如下："文化是民族的灵魂，书法是文化的脊骨，挺起脊骨，撑起凸腹，文化满腔，五千年来中华民族发展进程中，文化形成了贯穿始终的历史文明，这是中华民族立于世界文明之林的精髓，永居不败之地。"

6 月初，柴泽俊请山西省针灸医院大夫来寓所为其针灸。

同月 18 日，中央电视台科教节目制作中心《大家》栏目王成辉编导来访。当王成辉编导得知柴泽俊身体虚弱，几近无法行动后，推荐广州复大肿瘤医院的李朝龙教授为其治疗。因柴泽俊行动不便，无法前去就诊，只得把病情自述和影像资料通过微信发给李朝龙教授，李教授给他开了中药方剂，嘱服一个月。柴泽俊服药十天，病情似有好转，双腿较前有力。为配合治疗，他强迫自己尽力多吃，增加营养。尽管如此，每日仅能吃二两多一点。他身高 1.82 米，体重不到 110 斤，瘦骨嶙峋。因为长期营养跟不上，他双腿肌肉严重萎缩。此刻的柴老只盼着自己的书能早日出版。

9 月，柴泽俊的《山西永乐宫迁建亲临纪实》由文物出版社出版。这部凝结着老人永乐宫情结的专著，在他身体极度衰弱的状况下，历时两年零两个月终于完成。

10 月 4 日，这一天是柴泽俊先生八十二岁的生日。他依然在与疾病抗争：吃不下饭，他强迫自己多吃一口，再多吃一口；肾衰竭造成浮肿，他克制自己每天少喝一点水；双下肢瘫软无力，在家人的协助下他坚持直立、缓慢拖行，尽力多走几步；为预防心梗、脑梗和肠道出血等随时可能危及生命的疾病暴发，他付出了极大的努力，"不放弃"是他始终的信念。

柴泽俊的老伴李英珍女士回忆跟随柴先生度过的艰辛岁月，常常以眉户剧西京调说唱：

> 想起来我过去也是可怜，多年来家务事一人承担，做饭时想多做又恐没面，做少了孩子不够吃又觉可怜，小女儿住院我陪着提心吊胆，大女儿仅六岁没人管更是可怜，上班时说说笑笑还算喜欢，回到家一人干活更感孤单，他因为工作需要迁移永乐宫八年在外不少，白天在工地晚上看笔记又看图纸，亲眼看亲手摸亲自和工人一起去操作，受表扬又遇到嫉妒心可也不少，回到单位正是"文革"挨整不少，"文革"后又工作操心不少，考虑工程事考虑培训班跑腿不少，为了搞好研究写书不少，又费眼又费心身体就不好，多次住院动手术受罪不少，所以我一定把他照顾周到！

11 月 20 日，柴泽俊因吞咽困难，全天仅进食一两左右。因排尿不畅，体内积水，双小腿及脚腕浮肿，入住山西省人民医院肾内科病房。

12 月 7 日凌晨，柴泽俊突然呼吸急促，意识模糊，被送入 ICU（重症加强护理病房）抢救。第二天下午，他逐渐清醒。第三天撤掉呼吸机，但不能进食，只能通过胃管补充营养液。五天后转入肾内科普通病房，胃管还是撤不了。

12 月 30 日 11 时，柴泽俊再次出现晕厥和呼吸衰竭，又一次抢救。此后数日，完全依靠呼吸机呼吸及胃管进食，头脑清晰，却无法用语言表述。

2017 年　丁酉　八十三岁

1 月 3 日，柴泽俊开始发烧，体温达 38℃—40℃。晚上血压下降为 65/44 毫米汞柱，加"高压泵"一支。呼吸机制氧浓度由 35% 提高到 60%。

4 日晚，他的血压再次下降，加"高压泵"2 支。呼吸机制氧从 60% 提高到 100% 纯氧。心率每分钟 110—156 次。生命体征出现异常。

5 日凌晨 4：50，柴泽俊的心脏停止跳动。一代古建大家撒手人寰！这一天是中国农历小寒和腊八节。

柴泽俊先生逝世后，国家文物局发来唁电，全文如下：

> 山西省古建筑保护研究所：
>
> 惊悉山西省文物局原总工程师、山西省古建筑保护研究所原所长、中国文物技术保护协会理事、我国著名的古建筑研究与保护专家柴泽俊先生猝然辞世，不胜悲痛惋惜，谨此致以深切哀悼，并请你们向柴泽俊先生家属转达诚挚的慰问。
>
> 柴泽俊一生致力于我国古建筑和文化遗产保护事业，兢兢业业，勤勤恳恳，先后主持、指导了五台山南禅寺大殿、朔州崇福寺弥陀殿、太原晋祠圣母殿等 100 余项古建筑保护修缮工程，全程参与了永乐宫迁建工程，创造了中国古建筑搬迁与壁画保护的奇迹。柴泽俊先生不辞劳苦，徒步行程数万公里，实地考察并撰文刊出，对山西古建筑有卓越功勋。柴泽俊先生集实践操作与理论研究于一身，笔耕不辍，编撰出版了《三十年来山西古建筑及其附属文物调查保护纪略》、《山西古建筑通览》等 20 余部专著 60 余篇学术论文，开启了学术研

究的新领域，为认知山西古建筑提供了重要资料。柴泽俊先生平易近人，诲人不倦，培养了一大批年轻的业务骨干，对山西省文物保护人才队伍建设贡献卓著。柴泽俊先生的一生，守得住清贫，耐得住寂寞，勤奋耕耘，默默奉献，是当之无愧的文博大家，他的溘然长逝，是我国古建筑与文化遗产保护事业的一大损失。

望家属节哀！

柴泽俊先生安息！

国家文物局

文物出版社发来唁电，全文如下：

山西省古建筑保护研究所并转柴泽俊先生亲属：

惊悉柴泽俊先生病逝，不胜惊悼！柴先生是著名的古建筑专家，长期担任山西省古建筑保护研究所所长等重要职务，数十年如一日致力于古建筑的保护、维修和研究工作，成果累累，著作等身，享有盛誉。

柴泽俊先生与文物出版社有着长达 60 年的合作情谊。在文物出版社初创的 20 世纪 50 年代，柴先生就在我社出版过《晋祠》一书。20 世纪 80 年代以来，柴先生的几乎每一部重要作品都是在我社出版的。这些作品有古建筑修缮工程报告，有古建筑研究专著，有学术论文集，有古建筑和古文物图录，集资料性、学术性、收藏性和可读性于一体，深受学界欢迎，产生了较大的社会影响。

柴泽俊先生的逝世是古建筑界和文物考古界的重大损失，我社也失去了一位优秀的师长和杰出的合作者。我们要化悲痛为力量，继承柴先生的遗志，为文物考古事业不断奋斗。

柴泽俊先生千古！

文物出版社

2017 年 1 月 5 日

东南大学建筑学院、湖北省古建筑保护中心、临汾市文物旅游局、汾阳市文物旅游局等相关单位和晋宏逵、侯卫东、黄滋、周成等生前好友也发来唁电，对柴先生的逝世表示沉痛哀悼。

6日，柴先生生前好友来寓所吊唁者络绎不绝。同日山西晚报头版及三个版面刊登了悼念文章。

7日，凌晨5时，天空飘雪，落地融化，地面湿润。上午9时，家人在山西太原永安生命园举行了简单的遗体告别仪式。10时，天空放晴，安放骨灰。告别仪式上宣读了如下悼词：

> 我国著名的古建筑学家、山西省文物局原总工程师、山西省古建筑保护研究所原所长、研究员柴泽俊先生，因病医治无效，于2017年1月5日5时10分在太原去世，享年83岁。
>
> 柴泽俊，1934年10月4日出生，山西临汾人，1991年加入中国共产党，享受国务院政府特殊津贴。曾任山西省文管会古建筑队副队长、山西省古建筑保护研究所所长、山西省文物局总工程师、研究员、中国文物技术保护协会理事、三晋文化研究会常务理事、山西土木建筑学会理事、山西省建筑设计委员会副主任、五台山研究会理事等职。
>
> 柴泽俊先生的一生充满艰辛与传奇。学历仅是高小毕业，19岁时因一个偶然的机会，参加了晋祠献殿的落架翻修工程，并由此开始了半个世纪的古建筑保护生涯。2011年5月中旬，中央电视台科教频道《大家》栏目，报道了柴泽俊先生一生为古建事业奋斗的事迹。2012年被山西省文物局授予"文博大家"称号。2015年8月4日中央电视台《新闻联播》节目播出《柴泽俊：守得清贫，耐得寂寞》，给予了柴老高度评价。
>
> 1954年至20世纪90年代中期，柴泽俊先生长期工作在古建筑保护工程第一线，先后主持、指导修缮了五台南禅寺大殿、朔州崇福寺弥陀殿、太原晋祠圣母殿、大同华严寺大雄宝殿和天津蓟县独乐寺观音阁等100余项古建筑保护修缮工程。由他主持的朔州崇福寺弥陀殿、太原晋祠圣母殿修缮工程严格贯彻了我国古建筑修缮"不改变文物原状"的原则，成为国家级样板工程。著名的芮城永乐宫迁建工程中柴泽俊在祁英涛先生的指导下，全程参与了永乐宫的迁建工作，耗时八年之久，这一重大搬迁工程创造了中国壁画保护的奇迹，为柴先生的古建筑学术生涯奠定了坚实的基础。柴泽俊先生参与和主持的项

目，获全国科技大会奖 2 项、省科技成果一等奖 3 项、省科技奖 5 项、优秀论文奖 2 项。个人先后荣获全国文博系统先进个人、山西省文物系统先进个人、山西科技工作先进个人、山西优秀专家、中国民族建筑研究会"中国民族建筑事业终身成就奖"。

柴泽俊先生徒步行程数万公里，实地考察和研究过山西 100 多个县市的重要古建筑、古代壁画、彩塑、琉璃等地上文物，辛勤调研、记录整理了数万张卡片，并逐一进行鉴定，为报请公布国家和省市级文物保护单位提供了重要资料和依据。根据调研所得，撰文刊出的山西宋辽金（公元 12 世纪）以前的木结构古建筑 106 座，占全国同时期木结构古建筑的 72.6%，受到各级领导和学术界的广泛重视。还撰文公布了山西元代木结构古建筑 350 多座，古代彩塑 10000 余尊，古代优秀壁画 7000 余平方米，这些都居全国首位，这些资料的公布使山西古建筑等地上文物在全国的地位显著提高，也成为山西被列为文物大省的重要条件。

半个世纪以来柴先生集理论研究与实践操作于一身，并将其研究成果整理成文字，先后发表学术论文 60 余篇，编撰出版了《山西古建筑通览》《朔州崇福寺》《朔州崇福寺弥陀殿修缮工程报告》《太原晋祠圣母殿修缮工程报告》《山西寺观壁画》《繁峙岩山寺》《解州关帝庙》《洪洞广胜寺》《山西佛寺壁画》《山西琉璃》《山西古代彩塑》《山西古建筑文化综论》《柴泽俊古建筑文集》《柴泽俊古建筑修缮文集》等二十余部专著。其《三十年来山西古建筑及其附属文物调查保护纪略》《山西古建筑通览》为摸清山西古建家底和认知重要古建筑的价值提供了重要资料；《朔州崇福寺弥陀殿修缮工程报告》是我国文物建筑保护方法和技术方面的第一部著作，为本行业树立了样板；《山西佛寺壁画》《山西琉璃》《山西古代彩塑》为山西壁画、琉璃、彩塑的研究树立了重要标尺。柴泽俊先生退休后，依然关心着古建筑保护事业的发展，就在前不久撰写完成并出版了《山西永乐宫迁建亲临纪实》，受到党组织和业内人士多方高度评价。他退休后身体不好，十多年坚持与病痛做斗争，表现了积极乐观的人生态度。

柴泽俊被国家和省政府委以重任，多次参与国内外重要文物的保护修缮与考察交流项目。他代表国家文物局率领专家组主持制定布达拉宫全面修缮总体设计方案；主持制定了最初的应县木塔修缮加固方案；赴台湾验收并指导归安灵石资寿寺失盗的十八罗汉头像；主持设计的永济鹳雀楼复建模型作为澳门回归时礼物，赠澳陈展；参加了在罗马举行的"中国·山西文物精华展览"的万国博览会。

柴泽俊先生平易近人、诲人不倦，积极培养和提携后辈，年轻一代的古建工作人员，每每在文物保护中遇到重要难题，都会请他具体指导，而他总是乐此不疲，与后辈们一起研究解决问题。他主持开办古建筑保护研究专业培训班，与山西大学联合主办文物大专班，为东南大学等国内大专院校的研究生班讲课，合1500余课时，培养了文物保护专业人才百余人。正是在他的鼓励和带动下，山西的文物保护队伍保持稳定发展。

柴先生不愧为中国古建筑保护事业的先行者之一，无论在顺境还是逆境，都以非凡的毅力和过人的胆识，以实践为师，以古人为师，矢志不渝，勇往直前，为山西的古建筑事业奉献着一腔热血，实践着他的人生信条，走出了自己的路，也见证了共和国古建筑文化遗产保护事业的艰难历程。他意志坚定、治学严谨、著述等身、堪为楷模！

柴泽俊先生千古！

柴先生的师长、同事、朋友、学生、弟子从全国各地发来大量挽联和悼词、挽诗。摘录数则以作纪念：

难老泉清五台云深几番指认宋殿唐构斗拱奇终成东川逝水
条山松翠醍海月明屡次聆听元画明塑佛道别常怀西山落日

      ——运城李百勤敬挽

汗洒永乐黄河滔滔至今言旧事
业留魏城条山巍巍永世铭丰功

      ——永乐宫文管所全体员工

柴翁人不朽霁月映光辉
壮岁来永乐古宫献青春
精技移壁画情注建筑群
著述浸心血文博建奇勋

      ——永乐宫文物保管所全体敬悼

大家道归河汾文博尽桃李
巨匠仙逝山右古建皆丰碑

——渠传福（告别大厅选用）

师表长存，古建山西开创者
踏遍三晋，寺观研究第一人

——后学张庆捷

西江月·沉痛悼念恩师
黎明噩耗惊醒，古建泰斗落殒。
著作等身成故文，四大成就功丰。

此去灵霄路远，恩师一路走好。
完成先生未尽事，后人道远任重。

——孙书鹏

深切缅怀古建大师柴泽俊同志千古
好友泽俊平阳人氏
少年贫困辍学苦练
智慧磨难大器晚成
三门峡水库将兴建
永乐宫古建要搬迁
千年古庙移动难险
全国专家群聚芮城
搬迁古建众说纷纭
青年泽俊参与其中
名家意见铭记于心
壁画瑰宝揭启难成
这项任务泽俊担承
参阅文献苦思冥想
多种方案难中求易
墙面贴膜保护名画
直线切割剥离墙画

一一编号登记在册
装箱轻放移往新墙
整修补缺重贴墙上
整旧如旧不容走样
永乐新宫容光焕发
万人称赞光耀华夏

八十九岁老翁李玉明敬挽
2017 年 1 月 5 日

惊闻柴泽俊先生仙逝，不胜痛惜，当年先生为抢救吉县宋元古建皇天后土庙的身影历历在目。

咒怨斗建今指戍，
中华痛失梁思成。
先生音容万古在，
土木华章留三晋。

——后学阎金铸携女儿雅梅

后　记

这部年谱想要展现的是柴泽俊先生八十二年的生命历程。《左传》上讲，人有三不朽：立德，立功，立言。柴老恰是如此。

立德者，为道德楷模，崇尚品德，弘扬道义。中国传统观念中历来是品德为上，才智、成就与品德统一方能构成完整的生命价值。在品德方面，柴老表现在：视保护古建为第一生命，却绝不收存文物；"文革"中保护老领导、老上级，临大险而不改其节；精心培养古建人才，长存识才鉴才、树人立品的胸怀。

2015年8月4日，中央电视台新闻联播节目以《柴泽俊：守得清贫，耐得寂寞》为题报道了他的清贫人生和古建保护研究历程。

立功者，在其事业中开新天地，在中国古建保护与研究史上开新纪元。其一，他将传统保护修缮技能与现代科技相结合，开创性地践行梁思成先生倡导的"修旧如旧"的古建保护理念，留下了精品工程和修缮典范，如永乐宫迁建、五台南禅寺唐代大殿修缮复原、洪洞广胜寺弥陀殿毗卢殿落架大修、朔州崇福寺弥陀殿落架大修、太原晋祠圣母殿落架大修、资寿寺十八罗汉头像归安、应县木塔残损测量及加固方案等十几处山西珍贵古代建筑的保护修缮。其二，他主持和指导完成了多处外省市的古建筑工程设计及施工，如主持完成西藏布达拉宫总体修缮方案并获准施工。其三，他指导完成了山西省内一百零八个县的一百多处古建筑修缮、复原的设计与施工。其四，他对古代建筑及其附属文物调研、勘察、考证、设计的方案与实践成为文物工作者入门的向导。

立言者，是其语言、文章、著作足可传世，长久地影响着社会的进程，如达尔文的进化论，柏拉图、卢梭的哲学，司马迁、班固的史学巨著，以立言而不朽。

柴泽俊先生的著作，约可分为四类。

第一类：重点文物保护专题研究，如《朔州崇福寺》《洪洞广胜寺》《繁峙岩山寺》《解州关帝庙》。

第二类：对古代建筑中附属文物的研究，如《山西琉璃》《山西古代彩塑》《山西寺观壁画》《山西佛寺壁画》。

第三类：重点文物修缮保护施工技术研究，如《太原晋祠圣母殿修缮工程报告》《朔州崇福寺弥陀殿修缮工程报告》《柴泽俊古建筑文集》《柴泽俊古建筑修缮文集》。

第四类：综合类，如《山西古建筑文化综论》《山西永乐宫迁建亲临纪实》《山西古建筑木结构模型》《中国木结构构造讲义》（铅印本·1982年）、《山西风物志》（合著）、《山西古建筑通览》（合著）、《大同华严寺·上寺》（合著）、《中国名胜词典》（撰写山西省内大部分词条）等。

柴老的著作，知识渊博，器识宏通，独树一帜，融儒、道、释文化于一炉，兼收百家优长。柴先生的著作足以传世，故谓立言不朽。

柴泽俊先生创建了文物史上三个"史无前例"：

其一，《朔州崇福寺》《解州关帝庙》《洪洞广胜寺》《繁峙岩山寺》，开创了对大型寺庙及其附属文物进行全方位完整研究的先例。

其二，《朔州崇福寺弥陀殿修缮工程报告》《太原晋祠圣母殿修缮工程报告》，开创了对大型寺庙落架大修施工中各环节和程序的完整记录和研究。

其三，《山西古代壁画》《山西古代彩塑》《山西古代琉璃》和《山西佛寺壁画》，开创了在中国古代建筑领域对古代建筑附属文物的完整研究。

如果说梁思成先生树立起了中国古代建筑这面大旗，那么柴泽俊先生则是这面旗帜下的主将。他开创性地将中国古代建筑的修缮保护与附属于古代建筑的古代琉璃、古代彩塑、古代戏台、寺观壁画、古代碑刻造像的保护和研究汇聚在中国古代建筑这面大旗之下，并取得卓越的成就。他是梁思成先生古建思想的继承者、捍卫者和发扬光大者。

柴泽俊先生对于中国古代建筑的保护与研究有开拓之功，不可磨灭，薪尽火传。

这本年谱是2014年6月开始编写的，时至今日终于完成。

我们为什么要编写这部年谱？缘起于2008年笔者和周成先生合作在

文物出版社出版了《柴泽俊》一书。这是一部简略的人物传记，被收入《中国文博名家画传》系列丛书之中。此后的几年，笔者一直觉得还有许多可以增补的空间。笔者拜读了梁启超、胡适、季镇淮、耿云志等名家编撰的年谱及他们对做年谱的论述，便产生了编写柴泽俊年谱的想法。

柴先生出生于一个贫困的农民家庭，三岁时父亲亡故。小学是在动荡与多变中勉强读完，初中只上了二十多天。二十岁的他仅凭着这点文化程度，开始在古建筑工地做临时工。因能吃苦，肯学习，第二年转成正式工作，开始步入古建筑保护修缮领域。在一些工匠、师长的指点下识别古建筑构件，了解其结构，掌握造型艺术。听建筑大师刘敦桢讲建筑，学懂深奥艰涩的"天书"——宋《营造法式》和《清工部工程做法则例》；听雕塑大师刘开渠讲彩塑；听国画大师陆鸿年、潘絜兹讲壁画；从河津琉璃匠师学习琉璃制作技能；向佛学大师赵朴初、晋祠象离和尚学佛学；向测绘人员学测量；向祁英涛、杜仙洲等古建筑专家学绘图；在永乐宫八年组织迁建施工，亲自学习砖瓦烧制、砍磨对缝、大券砌筑、补配残件、搭套构件，边学边干。

在"文革"中他被隔离审查、挂牌批斗和抄家，珍贵的学习研究资料丢失殆尽，身心受创。

他从二十岁到七十岁的五十年中，调研勘察了山西全省近90%的庙宇宫殿、实物遗址，足迹遍及山西全境的乡村区县。20世纪80年代起，柴泽俊先生举办各类培训班、大专班，并在全国各地讲学，培养出大批古建筑战线的骨干；他晚年笔耕不辍，先后有二十多部著作问世，部部都是传世珍品。2011年4月中央电视台专题片《晋祠》在太原拍摄，柴先生与老伴共同讲述20世纪90年代修缮圣母殿的往事；2012年4月山西文物局授予柴泽俊"文博大家"牌匾；2015年元月中央电视台采访柴先生，谈山西作为文物大省如何保护文物的问题；2015年8月4日晚19点，中央电视台《新闻联播》节目报道柴泽俊，题目是《柴泽俊：守得住贫，耐得寂寞》，讲述他完成永乐宫迁建、保护山西平遥古城墙等成就；2015年8月文物出版社决定编辑出版《柴泽俊古建筑全集》。

笔者就是想通过年谱这种传记形式叙述柴先生如何从一个仅有小学文化的农村孩子成长为一代古建大家，希望从这些被年月分割的、经过笔者收集剪裁的资料里，能够展示出柴先生的成长经历，保护修缮原则理念的形成轨迹，社会活动、学术活动、著述、家庭、朋友及新闻媒体的评论、同事同仁的评价，他所生活的时代背景对他的影响，同时也为后继的研究者提供真实准确的材料。

这部年谱资料来源主要是柴泽俊先生的著作和散见于报刊的柴先生的文章以及诸多记者、同事对他的评价报道，另外还参考了柴先生一些没有发表的文章手稿，如《应县木塔保护小记》《保护文物轶事趣谈》等，还有柴先生晚年对笔者口述的资料。

这部年谱的体例：

1. 以公元纪年为顺序，配以农历纪年，按谱主年龄顺次记录。

2. 谱中记事，时间能够准确记载的按年、月、日顺序编入，时间不可详考的按年、月、旬记。

3. 柴先生著述按写作时间或出版发表时间记。

4. 时代背景大事记，以"是年"方式记录，有些与谱主紧密联系的事件也融于编年体中。

5. 年谱中凡是录入谱主文章都在引文之前或之后标出所录文章之出处，引用他人文章亦同。

限于笔者学识，这部年谱只能算是初编，距较高水准的年谱相差甚远，故深感不安。借此感谢文物出版社给了笔者这样一个难得的出版机会，以成全笔者作为晚辈与柴先生的翁婿之情。

本书由张传泳执笔，孙芙蓉、柴琳共同录入了全书的文字。孙芙蓉还扩印了书中的照片，并把全书文字和数码照片传给了文物出版社的责任编辑。她俩为执笔者解决了录入难题，同时也表达了她们对柴先生的怀念之情。

本书错谬不足之处，敬请读者不吝批评指正。